おまかせコースのつくり方

18店・22通りのコースで学ぶ
ガストロノミーの表現法

この本を使いはじめる前に

・本書は、『月刊 専門料理』2018年2月号「特集◎おまかせコースで心を掴む」、2018年7月号
「特集◎黄金世代のおまかせコース」の内容に追加撮影・取材を加え、新たに編集したものです。

・コースの内容と料金は、撮影当時のものです。現在は変更になっていたり、提供していない場合が
あります。

・料理解説中の調理時間や分量は目安です。めざす仕上がりに応じて適宜調整してください。

全国のレストランで、若い世代の料理人が
おまかせコース主体の営業に取り組む例が増えています。

主流は10品前後、時に15品ほどに及ぶ少量多皿のコース。
おまかせコースを選ぶ理由はさまざまですが、

今、使いたい食材で、今、食べて欲しい料理を作り、
できたてを最高のタイミングで提供できる。
仕入れをコントロールしやすいためコスト管理が容易で、
なおかつフードロスを減らすことができる。
何より、料理人の個性を思う存分発揮することが可能……

などなど、作り手にとって多くの魅力があることがわかります。

一方で、越えなければならないハードルもあります。

コース全体をどう構想し、一つ一つの料理に落とし込むのか?
お客をコースの世界に引き込むために、どんな工夫が必要か?
常に新作を考案し、メニューを入れ替えていくための方法は?

そんな疑問に答えるのが、本書の役割です。
フランス料理、イタリア料理、スペイン料理、イノベーティブ。
各ジャンルで日本を代表する18店の料理と考え方を例に、
魅力的なおまかせコースのつくり方を解説します。

Contents

2 .... はじめに

第1章
13人のコース論

8 .... **川手寛康**
Florilège

16 .... **高田裕介**
La Cime

24 .... **手島純也**
hôtel de yoshino

32 .... **荒井 昇**
HOMMAGE

40 .... **前田 元**
MOTOï

48 .... **石井 誠**
Le Musée

56 .... **小林 圭**
RESTAURANT KEI

64 .... **目黒浩太郎**
abysse

72 .... **室田拓人**
LATURE

78 .... **春田理宏**
Crony

86 .... **鳥羽周作**
sio

94 .... 砂田裕智
Ñ

102 .... 米田裕二／米田亜佐美
SHÓKUDŌ YArn

第2章
岸田周三が考える、究極のおまかせコース

110 .... 岸田周三
Quintessence

第3章
1人のシェフ、2つのコース

128 .... 生井祐介
Ode

138 .... 石井真介
Sincère

148 .... 高橋雄二郎
le sputnik

158 .... 藤田政昭
LACERBA

168 .... 料理解説
230 .... 取材店一覧

撮影｜天方晴子 (HOMMAGE, sio, le sputnik)
伊藤高明 (abysse)
大山裕弘 (LATURE, Quintessence, Ode)
合田昌弘 (Florilège, Le Musée, Crony, Sincère)
高見尊裕 (La Cime, hôtel de yoshino, MOTOÏ, Ñ, SHÓKUDŌ YArn, LACERBA)
武田正彦 (RESTAURANT KEI)
水島 優 (RESTAURANT KEI)
取材・文｜柴田 泉 (Ode, Sincère, le sputnik, LACERBA)
デザイン｜原田光丞 [Printed Union]
編集｜丸田 祐

第1章 13人のコース論

各店で実際に提供されていたおまかせコースを再現。
品数、量、抑揚のつけ方、味の濃淡、器の選び方まで、
意図するところを余すところなく聞く。

Florilège

フロリレージュ

Hiroyasu KAWATE
川手寛康

—01

ある日のコース（2018年5月撮影）
1万3000円（税、サ10%別）

1	投影 ヤングコーン 茄子
2	帆立 フロマージュブラン
3	稚鮎 花山椒
4	椎茸 バッカス
5	サスティナビリティー 牛
6	コントラスト 牡蠣
7	サーモン タルタル
8	分かち合う
9	パッションフルーツ
10	マンゴー ココナッツ
11	贈り物 アマゾンカカオ
12	パート・ド・フリュイ

Florilège

1 投影 ヤングコーン 茄子
手前はヤングコーンのポレンタを詰めたヤングコーンの皮。スプーンにはナスのムースを詰めたナスの皮のタルトを盛る。

3 稚鮎 花山椒
焼いた稚アユの一夜干し、黒酢と一番だし風味の新タマネギ、白味噌をフダンソウで巻き、アユの内臓のソースとともに。トマトのカクテルを別添えする。

2 帆立 フロマージュブラン
ホタテの昆布締めとカブのマリネをミルフィーユ状にし、フロマージュ・ブランのムースを合わせた。

料理解説 | P.169

08 | 09

4 **椎茸 バッカス**
シイタケの濃厚なだしをベースとしたフランに、同じだしにバッカスチーズと
生クリームを加えたスープを客前で注ぐ。

サスティナビリティー 牛
和牛の経産牛のカルパッチョにジャガイモのピュレ、パセリオイルを添える。熱々のコンソメをかけて提供。

コントラスト 牡蠣
牡蠣にオカヒジキをまとわせて揚げた熱々のフリットに、牡蠣のシャーベット、牡蠣の泡、レモンのメレンゲを合わせて。

7
サーモン タルタル
宮崎県産西米良サーモンのタルタルに、炭火で焼いた皮をのせて焼き魚風の香ばしさを加えた。アカザの葉を添えて。

8
分かち合う
岩手県産のホロホロ鳥を丸ごと焼き、お客同士で「分かち合う」。付合せのモチ米のガレットで日本らしさを打ち出した。

9 パッションフルーツ
1品目のデザート。パッションフルーツのジュレやソルベをその皮に詰めた。

10 マンゴー ココナッツ
生のマンゴーにマンゴーのソース、ココナッツのブランマンジェの組合せ。

11 贈り物 アマゾンカカオ
アマゾンカカオをムースとクランブルに仕立て、赤ジソのゼリーのシートで覆った3品目のデザート。

12 パート・ド・フリュイ
チェリーにパート・ド・フリュイをかけたプティ・フール。

Florilège

大きな厨房を囲むようにカウンター席が配された、「劇場型レストラン」の最たる例とも言える「フロリレージュ」。川手寛康氏は、その内装を生かしたライブ感あふれるプレゼンテーションで、環境に配慮して生産された国産食材を中心に使った品々を提供する。メニューは昼7500円（約7品）、夜1万5000円（約11品）のおまかせコース。2015年の移転から1年半ほどは、各品のテーマを決めてから食材や味をあてはめるスタイルをとっていたが、最近は「サスティナビリティー」など店の核として続けたい品のみを定番として残し、他はテーマにとらわれず、より季節感や流れの緩急を意識した品々でコースを構成する。

上「すべてを隠さずにお客さまに見せたい」という川手氏の考えから、2015年3月の移転時にオープンキッチンを採用。周囲をコの字型に囲むカウンター16席に、半個室6席を備える。　下「サスティナビリティー 牛」とともにお客に渡すメッセージカード。フードロスと環境保護への思いを、さりげなく伝える。

今回は全12品のコース。「投影」「サスティナビリティー」など印象的なメニュー名が目立つ。

このようなメニュー名はコース内に4〜5品ほどで、以前より減らしたほうだ。というのも、もともと移転して1年半ほどは、皿ごとに「季節を投影する」「サスティナブルな食材を使う」といった明確なコンセプトを決め、全品に強いメッセージ性を込めたコースを提供していた。料理名も「本質」「風土」「再生」「ヘテロ」など、コンセプトに基づいた料理名を全品につけていたのだが、今は食材や味わいから料理を考えることも多く、そういう品は食材名だけを並べたメニュー名としている。

実は、そうしたコンセプチュアルすぎるレストランから脱却しようという思いが、その背景にはある（笑）。テーマに縛られると、自分自身の料理表現が窮屈になってしまうと気づいたからだ。ただし私が料理やこの店を通して伝えたい考えが変わったわけではないので、考えの核となる「投影」「サスティナビリティー」「分かち合う」「贈り物」などを定番として残し、他の品は食材の仕入れごとに変えるスタイルとしている。なお定番品も、「サスティナビリティー」以外は季節ごとに使う食材を変えている。

コースを組む際に意識している点は？

私は「日本から発信するフランス料理」を大切にしており、日本の風土を反映した季節感の表現は欠かせない要素だ。

1皿目のアミューズである「投影〜」はまさにその象徴で、旬の野菜を主役にした品を、「季節を投影」する意味で毎回お出ししている。今回はヤングコーンのポレンタをその皮に詰めたものと、ナス尽くしのタルトをスプーンに盛ったもの。それぞれ単体で出すこともある。その場合、たとえばヤングコーンを籠に複数盛り、お客さま自身で皿に取っていただく形としてワクワク感を演出する。季節感をより強く感じていただけるよう、調理してからもとの形を模した見た目に戻すことも多い。

2品目の「帆立〜」は、昆布締めにしたホタテとマリネしたカブを重ね、フロマージュ・ブランのムースを添えた品。各パーツの異なる甘みが主役の冷前菜だ。コース序盤なので、シトロンキャビアやレモンの酸味を添えて食欲を高める効果を狙った。甘みを立たせたこの品に対し、次の

「稚鮎〜」はアユの内臓のソースで苦みを前面に出してメリハリをつけた。苦みをすっきりリセットしてから次の品に進んでいただくため、トマト果汁と炭酸水の一口ドリンクを添えた。

次はスープ仕立ての料理。前菜にこうした品を組み込むのは、クラシックなフランス料理的な構成に見える。

個人的にスープが好きなので（笑）。また、スープはコースの流れに緩急をつけるアクセントと考えており、組み込む位置はそのつど異なるが、前菜の一品として入れることが多い。
今回の「椎茸〜」は、客前でシイタケのフランに、シイタケとチーズで作る熱いスープを注ぎ、香りを楽しんでもらうというもの。シイタケとトリュフのスライスを添え、日本と海外のキノコの"競演"の意味合いも持たせた。
続く「サスティナビリティー〜」はとくにメッセージ性の高い品だ。和牛の中でもあえて出産経験のある経産牛を使い、カルパッチョ仕立てにしたこの一品だけは、メニュー名、仕立てともに固定している。加工用とされることが多い経産牛を使うのは、年々数が減っている和牛をサスティナブルな食材として次の世代に残していくため。また、限りある食材を大切にしたくて、コンソメには営業で出た野菜の端材などを使用し、フードロスを減らす意味合いも込めた品にした。
ただ、このようなテーマは伝え方によっては重くなりすぎるので、口頭で説明するのではなく、思いを記したメッセージカードを料理とともにさりげなくお渡ししている。近年はお客さまの食に対する意識が高く、こういった思いも伝えやすくなったと感じる。
最後の前菜「コントラスト〜」は、一皿に異なるテクスチャー、湿度、味を詰め込み、ヘテロ感（不均一性）を出した品。牡蠣のフリットとシャーベット、泡、レモンのメレンゲなど各要素を対比させて、それらが融合した時に生まれる新しい味わいを楽しんでいただく一品だ。
次は宮崎県の山の中で養殖されている西米良サーモンを使ったタルタルで、量や仕立てから前菜かと思えるかもしれないが、あくまでも魚料理という位置づけだ。シンプルな肉料理と対比させる狙いもあり、前菜〜魚料理までは構成を複雑にして、見た目では味がわからないような作り込んだ品とすることが多い。

確かに今回も、メインの肉料理はそれまでの品と比べてシンプルだ。その狙いは？

コースのクライマックスとなる肉料理は、素材のおいしさをストレートに感じていただける品にしたいと思っている。使う肉は牛、豚、鴨、ハト、仔羊、今回用いたホロホロ鳥など毎回バラバラだが、メニュー名は「分かち合う」に固定。「塊で焼き上げた肉を、その場にいるお客さまで分かち合って、皆で一つの命をいただく」ことがコンセプトで、焼き上げた肉をお見せした後に切り分けて、一皿ずつ盛りつける。
今回は岩手県産ホロホロ鳥のロースト。日本らしさを打ち出す素材としてモチ米を香ばしいガレットにして添え、ホロホロ鳥や鴨のだしがベースのソースの他、味わいに変化をつける要素としてエゴマの葉のペースト、キノコのジュを合わせた。

そして、締めくくりのデザート3品へと続く。

「パッションフルーツ〜」のように素材の味をストレートに表現した品、「マンゴー〜」のように食材の組合せやテクスチャーの違いを楽しんでいただく品、アマゾン産カカオを時季ごとにさまざまに仕立てる「贈り物〜」の3種を順にお出しする。今回はすべて冷製だが、冬季は温かい品を一品組み込むことにしており、たとえば温かなチョコレートのデザートなどを出すことも多い。プティ・フールは毎回、季節の果物にパート・ド・フリュイをかけて固めたもの。個人的にパート・ド・フリュイが好きではなかったので、「よりフレッシュ感があっておいしい形はないか？」と考えて生まれたものだ。
なお、ドリンクはフランス料理だからと言って、必ずしもワインを合わせる必要はないと考えており、ワインの他、カクテルやノンアルコールカクテルのペアリングに力を入れている。私が作った料理をソムリエやバーテンダーが試食し、自由にドリンクを考えて合わせるスタイルだ。

川手寛康 | Hiroyasu KAWATE

1978年東京都生まれ。高校の食物科を卒業後、都内のレストランを経て「ル・ブルギニオン」（東京・六本木）でスーシェフを務める。2006年に渡仏。帰国後は「カンテサンス」（東京・白金台／当時）のスーシェフを経て、'09年に南青山で独立。'15年に外苑前に移転。

1–02

Yusuke TAKADA
高田裕介

La Cime

ラ シーム

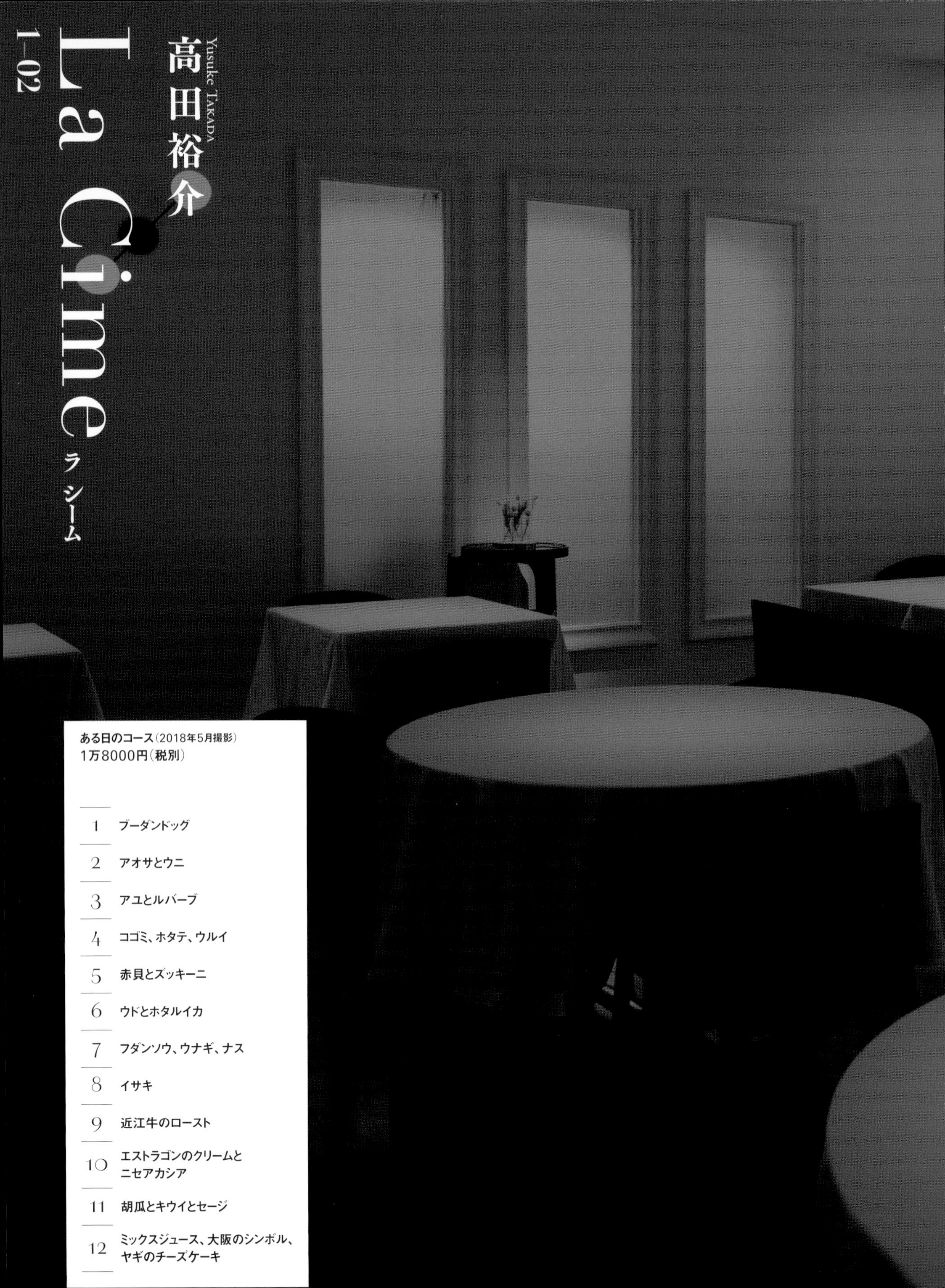

ある日のコース（2018年5月撮影）
1万8000円（税別）

1	ブーダンドッグ
2	アオサとウニ
3	アユとルバーブ
4	コゴミ、ホタテ、ウルイ
5	赤貝とズッキーニ
6	ウドとホタルイカ
7	フダンソウ、ウナギ、ナス
8	イサキ
9	近江牛のロースト
10	エストラゴンのクリームと ニセアカシア
11	胡瓜とキウイとセージ
12	ミックスジュース、大阪のシンボル、 ヤギのチーズケーキ

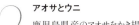

1 ブーダンドッグ
ブーダン・ノワールに竹炭の衣をまとわせて揚げた、高田氏のスペシャリテ。熱々に温めた溶岩石の上に盛る。

2 アオサとウニ
鹿児島県産のアオサをかき揚げ風のフリットに。生のウニと、カツオだしで炊いたアオサをたっぷりのせる。

3 アユとルバーブ
昆布や緑茶、米を合わせた衣をまとわせて焼いた稚アユ。甘ずっぱいルバーブを別添えして、ともに味わってもらう。

コゴミ、ホタテ、ウルイ

コゴミの下には炭火であぶったホタテと生クリームで煮たウルイが隠れている。野菜のスープを流した器に盛って提供する。

赤貝とズッキーニ 5

ハゼノキのオイルで和えたアカガイに、奄美大島特産のきび酢と黒糖で風味をつけたズッキーニのスープをかけて食べる冷前菜。

6 ウドとホタルイカ

ホタルイカや赤パプリカを煮たペーストを皿に敷き、塩ゆで、生、ピュレと3通りに仕立てたウドを盛る。貝のだしの泡をかけて。

7 フダンソウ、ウナギ、ナス

炭火で焼いたウナギとナスをフダンソウで巻き、ウナギとシイタケのだしで食べる。フダンソウのオイルがアクセント。

8 イサキ

イサキのポワレと新玉ねぎのソテーの組合せ。甘夏風味のパプリカのペーストとチョリソの泡を添えて提供。

9 近江牛のロースト
牛のロース肉をロースト。短冊切りにして揚げたグリーンアスパラガスと苦みのあるアンディーヴの葉を添え、仔豚の頭肉やカラマツの枝とともに焼いたジャガイモとともに供する。

La Cime

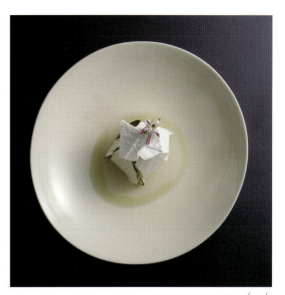

10 **エストラゴンのクリームとニセアカシア**
エストラゴン風味のクリームにブルーベリーをしのばせ、甘い香りのするニセアカシアの花を散りばめた1品目のデザート。

11 **胡瓜とキウイとセージ**
キュウリとキウイフルーツのピュレ、フロマージュ・ブランをセージ風味のメレンゲで覆う。ソースにもセージの香りを移してさわやかに仕上げた。

12 **ヤギのチーズケーキ、大阪のシンボル、ミックスジュース**
店のある大阪の食文化を意識して仕立てた3種の小菓子。フランスの伝統菓子をモチーフにすることもある。

大阪のビジネス街・本町に2010年に開店し、2016年には内装やコースをリニューアルして新たなスタートをきった「ラシーム」。オーナーシェフの高田裕介氏は、習作を含め年間200品ほどの新作を生み出す旺盛な創作意欲を武器に、昼は8500円（約9品）、夜は1万8000円（約12品）のおまかせコースを提供する。「試作を重ねるうちに料理が変わっていき、コースについての考えも日々変わる」と語るように、品数や皿順に明確な決まりを設けず、食材の入荷状況やお客の好みによって料理内容を臨機応変に変更する。決めているのは、氏が「唯一のスペシャリテ」と謳う「ブーダンドッグ」からはじめることと、出身地・鹿児島は奄美大島の郷土性を表現した品や「クスッと笑えるような」遊び心あふれる品など、とにかく多彩な品々を組み込むことのみ。日々のクリエイションから生まれる自由な発想で、毎回新たな驚きを生むコースを作り上げている。

2016年2月に内装をリニューアルし、コースの価格も見直して昼夜おまかせ1本での営業へと舵を切った。現在は個室を含めて26席で、ダイニングの壁は高田氏の地元・奄美大島の白い砂浜を意識して塗り替えた。

2016年のリニューアルで、コースの内容はどのように変わった？

夜に関して言うと、3本あったおまかせコースを1本に絞り、当時もっとも高価格だった1万6000円のコースよりも2000円価格を上げた。品数や流れは大きくは変えていないが、国産の食材をより多く取り入れ、盛りつけにより力を入れるようになったということは言える。大阪のレストランではほとんどない価格帯だったので大きな挑戦だったが、幸い受け入れられ、今に至っている。

夜のコースはアミューズと前菜を合わせて7品前後、魚料理1品、肉料理1品、デザート2品、プティ・フールという構成で、内容は食材の旬によって徐々に入れ替えていくスタイルだ。とはいえ、この形はあくまでも基本であって、実際にはお客さまの好みや食材の仕入れ状況、自分の新たなアイデアによって品数・内容を変更することが非常に多い。季節をコースに色濃く反映したくて、毎日と言っていいほど新作を考えているので、コースにおける定番品は存在しない。

ただ、唯一の例外がブーダン・ノワールを竹炭のホットドッグ生地で包んで揚げた「ブーダンドッグ」。これだけは、数年前から必ずアミューズの1品目として提供している。フランスと私の地元、奄美大島の食文化に共通する要素である豚の加工肉を用いて、私のルーツを示すとともに、「フランス料理の心を忘れない」という決意を表す品でもある。現代は料理ジャンルごとに調理法や食材に決まりがあるわけではなく、当店もフランス料理店と言えど日本の食材や調味料をこだわりなく用いるが、私のベースにあるのはあくまでフランス料理。そんなメッセージをコース冒頭で打ち出している。

ブーダンドッグの後はアミューズ・前菜が6皿前後続く。ここでの狙いは。

コース前半の品数を豊富にし、テクスチャー、味わい、ビジュアル、香りが異なる多彩な品々を組み込むことで、「この中のどれか一つでもお客さまの記憶に深く刻まれてほしい」と願っている。何品目までがアミューズで何品目からが前菜、という区別はなく、流れも毎回変わるが、最初に手でつまんで食べるフィンガーフードをブーダンドッグを含めて2〜3品お出しし、次に前菜的な品が続くことが多い。

今回で言うと、2品目の「アオサとウニ」と3品目の「アユとルバーブ」がフィンガーフードにあたる。前者はアオサのかき揚げにウニとカツオだしで炊いたアオサをのせたもの。後者は稚アユにご飯を巻いて焼き、シロップで炊いたルバーブやそのゼリー、ルバーブと赤スグリの果汁などを付け合わせたもの。アユの苦みとルバーブや赤スグリの強烈な甘ずっぱさを立たせることで、コースにメリハリをつけている。またアユの塩焼きを連想させるビジュアルとして、1品目のブーダンドッグとは逆に、「こんな日本らしい品も出しますよ」とそれとなく伝える役割も担っている。

4〜6品目までは、ホタテとウルイ、アカガイと干しズッキーニ、ウドとホタルイカに野菜のペーストなど、旬の貝やイカ、そして山菜を使った料理を立て続けにお出しする。こうすることで、コースの流れの中で初夏の季節感をスケール感豊かに表現しようと考えた。

前菜最後の「フダンソウ、ウナギ、ナス」は、焼いたウナギとナスをフダンソウで包み、フダンソウのニョッキとオイルを合わせたもの。最近はこのように、主役の食材を何通りかに仕立てて一皿に盛り込むこともある。フダンソウ（ブレット）は奄美大島とフランスの両方で食べられることから、自分自身のルーツに重なる食材として、昔からよく使っている。

コースの前半が長めだが、コース自体のクライマックスはどこにおいているか。

自分的にはやはり前菜だ。いろいろな品が次々に出てくる楽しみを感じていただきたい。でも、コースのとらえ方は人それぞれでいいとも思っているので、あえてクライマックス感を出すことはあまりしない。お客さまそれぞれの感性で、自由な箇所で盛り上がりを感じていただければいいと思う。前菜の次は魚料理。今回はイサキのポワレを、パプリカと甘夏のソース、チョリソ風味の泡、スープ・ド・ポワソンという3種のソースで食べていただく仕立てだ。私はコースの中で意識的にフレッシュ感を散りばめるようにしていて、この品も甘夏のさわやかな甘みと酸味がポイント。次の「近江牛のロースト」が旨みが強い品なので、その前にさっぱりとリフレッシュしてもらおうと考えた。「近江牛の〜」は、牛ロースのローストに、短冊切りにしたアスパラガスの根元のフライを添えた一品。ジャガイモにバター、仔豚の頭肉、カラマツの葉などを合わせて焼いた"ジャガバター"を添える。味が濃い要素が多いので、軟白栽培していな

いアンディーヴの苦みのある葉をかじって口中をリセットしてから、デザートに進んでいただく。

デザートは2品で、さわやかで軽いものから先に提供する。今回はエストラゴンのクリーム、ブルーベリー、ニセアカシアの花を合わせた一品と、キュウリのピュレやフロマージュ・ブランをセージのメレンゲで覆い、セージのソースをかけたもの。野菜の新しい使い方を探る意味で、2品目のように野菜のデザートとすることも多い。

私自身、食後に甘いデザートを食べたいという気持ちがあまりないこともあり、焼き菓子など重厚な味わいのものは避ける傾向がある。しかし女性のお客さまはとくに、食後にしっかり甘いデザートを食べたい方が多いので、どなたにも楽しんでいただけるよう、軽くかつ満足感のある品をめざしている。

最後のプティ・フールは、ココアバターとホワイトチョコレートで固めたミックスジュース、サワーポメロという柑橘のゼリー、シェーヴルのチーズケーキ。当店がある大阪名物のミックスジュースや通天閣にある神像、そして大阪の有名なチーズケーキ屋を表したものだ。パート・ド・フリュイなど古典的なものをお出しすることもあるが、今回のように遊び心から生まれた品がとくに好評だ。

1年間でものすごい数の新作を作っていると聞いた。

年間に200品ほどだろうか。とはいえ、大半は営業では出さない品で、雑誌などのメディアやイベント、店のSNSなどで発表するためのもの。これらは特定のお客さまを想定せず、自分自身のクリエイション欲にまかせて作っている。ただ、もちろんこれらを起点にした品をオンメニューすることも。その時は、たとえば自分としてはメインは主役の食材一点勝負でいきたいが、お客さまは付合せがあったほうが楽しいかなと考えて多彩な副素材を合わせたり、個人的にはものすごく好きなビジュアルだけれど店で出すには派手すぎると思って奇抜さを薄めたり。店でお出しする品は、あくまでお客さま第一に考えている。

高田裕介 | Yusuke TAKADA

1977年鹿児島県・奄美大島生まれ。調理師学校のフランス校を卒業後、大阪市内のフランス料理店などに勤め、2007年に渡仏。「タイユヴァン」「ル・ムーリス」（ともにパリ）などで修業。帰国後の'10年に独立し、'16年2月に同地でリニューアル。

1-03

手島純也 Junya TESHIMA

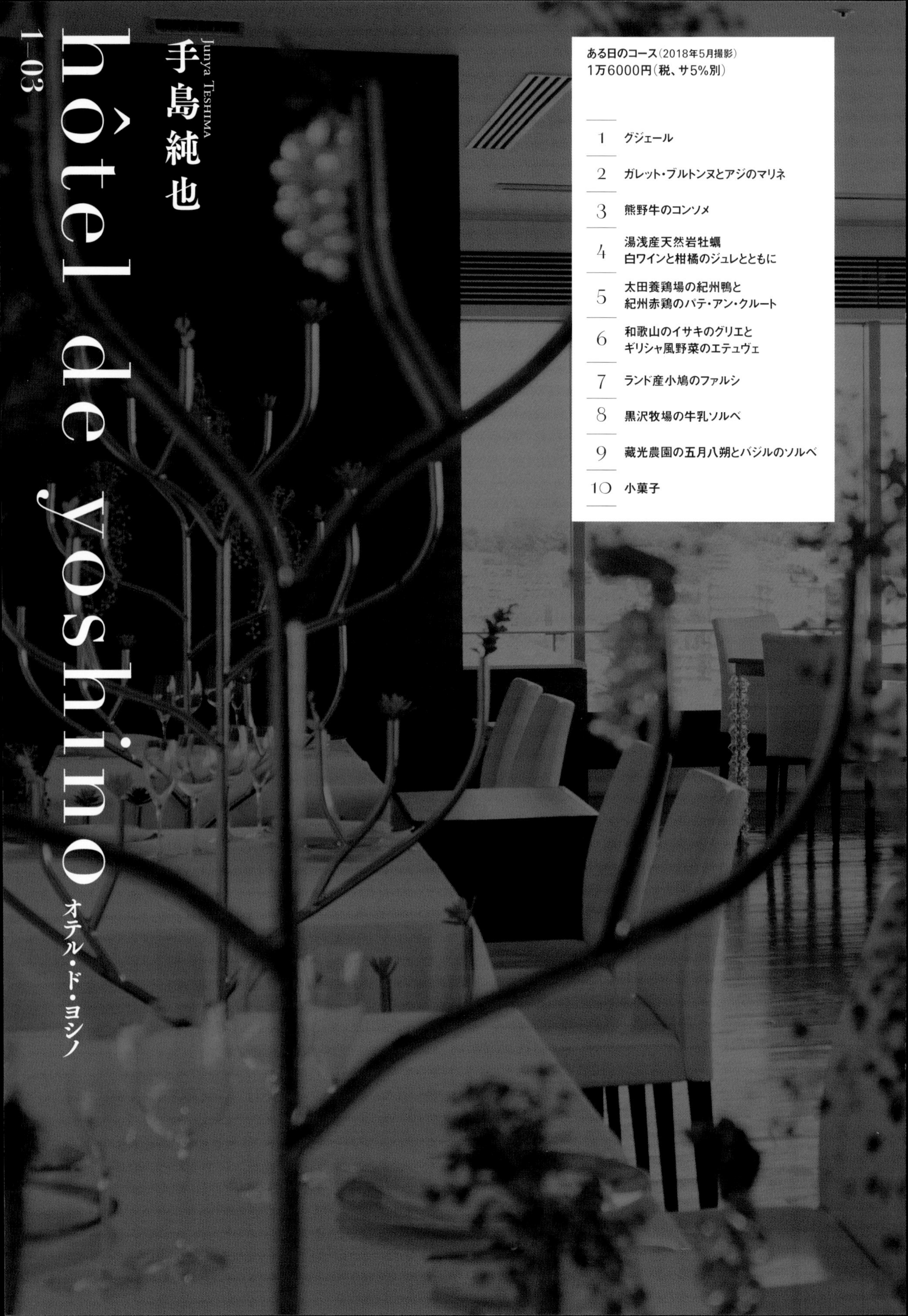

hôtel de yoshino

オテル・ド・ヨシノ

ある日のコース（2018年5月撮影）
1万6000円（税、サ5%別）

1	グジェール
2	ガレット・ブルトンヌとアジのマリネ
3	熊野牛のコンソメ
4	湯浅産天然岩牡蠣 白ワインと柑橘のジュレとともに
5	太田養鶏場の紀州鴨と 紀州赤鶏のパテ・アン・クルート
6	和歌山のイサキのグリエと ギリシャ風野菜のエテュヴェ
7	ランド産小鳩のファルシ
8	黒沢牧場の牛乳ソルベ
9	藏光農園の五月八朔とバジルのソルベ
10	小菓子

hôtel de yoshino

1 グジェール
フランス料理の伝統的なアミューズとしてグジェールを用意。グリュイエールの塩気がシャンパーニュによく合う。

2 ガレット・ブルトンヌとアジのマリネ
そば粉入りのガレット・ブルトンヌの上にカリフラワーのクリームとシードルヴィネガーでマリネしたアジをのせた、ブルターニュ風の一品。

3 熊野牛のコンソメ
フランス料理の精神が詰まったコンソメは手島氏がこだわりを持つ品の一つ。夏は牛、冬はジビエのコンソメなどをコースに組み込む。

4

**湯浅産天然岩牡蠣
白ワインと柑橘のジュレとともに**

和歌山産の生の岩牡蠣を、赤ワインヴィネガー風味で供する。ライムの皮のはちみつマリネを散らし、白ワインのジュレで覆って。

5

**太田養鶏場の紀州鴨と紀州赤鶏の
パテ・アン・クルート**

和歌山産の鴨と鶏を使ったクラシックなパテ・アン・クルート。グリーンペッパーの塩漬けとプルーンの赤ワイン煮を付け合わせる。

6 和歌山のイサキのグリエとギリシャ風野菜のエテュヴェ
魚料理はヴィネガーで煮たアーティチョーク、パプリカ、カリフラワーなどたっぷりの野菜とともに。野菜の煮汁をベースにしたソースを流す。

7 ランド産小鳩のファルシ

キャベツで包んだ小バトの胸肉のファルシに腿肉の炭火焼きとササミのグリエを添えた。鳩のジュにソース・ボルドレーズやコンソメを加え、フォワグラでつないだ香り高いソースとともに。

8 黒沢牧場の牛乳ソルベ
プレデセールは和歌山県海南市産の牛乳と少量の砂糖のみで作る、シンプルなソルベを定番で提供。

9 藏光農園の五月八朔とバジルのソルベ
メインのデザートは、樹上で完熟させて甘さと風味を高めた和歌山県産ハッサクが主役の品。中にはバジルのソルベが隠れている。

10 小菓子
小菓子は定番のカヌレに加えて、季節のフルーツを使ったマカロンやフィナンシェなどフランス料理らしい品を揃える。

hôtel de yoshino

吉野 建氏が2005年に和歌山市に開いた「オテル・ド・ヨシノ」。同店で2007年よりシェフを務めるのが、吉野氏のパリの店「ステラマリス」で修業を積んだ手島純也氏だ。それまでフランス料理の根付いていなかった和歌山の地で、手島氏は連綿と受け継がれてきたフランスの伝統料理・古典料理を徹底的に追求することで、自身のアイデンティティを確立。全国からお客が集うレストランへと成長させた。

メニューは、昼3700円、5600円、8800円、夜7000円、1万円、1万6000円の各3コースとし、ともに前者2つはプリフィクス、残る1コースがおまかせだ。県外客が8割を占める週末は、その大半がおまかせコースをオーダー。和歌山の食材の豊かさと、フランスの食文化の魅力を凝縮させた10品で、お客を魅了し続けている。

店は和歌山駅から車で10分ほどの複合施設の12階にある。和歌山市内を一望できる店内は白を基調にした清楚なデザインで、木を模した金属製のオブジェがアクセントに。テーブル30席と、最大6名収容の個室1室を設ける。

今回は、夜の1万6000円のコース、「MENU CHEF」をベースに紹介していただく。全体の構成は?

あとの2コースはプリフィクスで、こちらで料理すべての流れを決めるおまかせコースは、このコースのみとしている。構成はスナック、アミューズ、スープ、前菜2品、魚料理、肉料理、プレデセール、デセール、小菓子というフランス料理らしさを意識した流れにしており、最初の一品としてグジェールをお出しするのが当店の定番だ。当店で「メゾンブーシュ」と呼ぶこの品は、食前の軽い一品のイメージ。現地の二ツ星、三ツ星店では、席につくと多様なスナックが供され、シャンパーニュとともに楽しむのがお約束。そうした文化を伝えたく、しかし品数が多いとお腹がふくれてしまうため、一品に絞っている。グジェールは、修業先の「ステラマリス」や「タイユヴァン」でも提供していた思い出深い品だ。

続くアミューズは、季節の素材を使った一口、二口で完結する一品という位置づけ。今回は、サバなどの魚介を白ワインで煮るブルターニュの料理「コトリヤード」から発想した。ここ和歌山で獲れたアジをシードルヴィネガーでマリネし、ブルターニュでおなじみのソバ粉を使ったガレット・ブルトンヌを合わせ、特産のリンゴを添えた。全体をブルターニュつながりでまとめており、そこにはストーリーがある。自身の料理を創造するうえで、この「ストーリー」が重要だと、フランス修業の最後に師匠の吉野シェフ（建氏）に厳しく説かれ、以来ずっと心に留めている。

次はコンソメ、その後前菜が2品続く。

コンソメこそフランス料理の粋であり、まさにエッセンスの詰まった品だ。私のコンソメは、"全部飲みきっておいしい"ではなく、"一口目から旨い!"をめざしており、静かにはじまった食事をここで少し高揚させる狙いがある。今回は地元の黒毛和種、熊野牛を使ったが、冬にはジビエのコンソメなど、季節ごとのスープをお出ししている。

前菜1品目は、この地の豊かさを強調すべく、和歌山の魚介を使った品とする。ただし、日本料理や鮨にはかなわないという思いから、生で供することは稀で、今回の岩牡蠣は例外中の例外。9年ほど前、初めてこの岩牡蠣に出会ったときは本当に"たまげた"。殻を含めると700g以上もあり、見た目も味わい比類ない存在感があ

る。それゆえ、あえて手を加えず、下にクリームを敷き、上に白ワインのジュレをかけるだけの仕立てとした。「スペシャリテ」という言葉を自分の料理に使うのはおこがましいと思うが、この品だけはそうした一品として、毎年5〜9月頃に定番でお出しし、多くのお客さまに好評をいただいている。

前菜2品目には、今回のパテ・アン・クルートや、フォワグラのテリーヌなど「これぞフランス料理」という食材、仕立ての品を用意する。ここもコースの中での小さな山場だ。パテ・アン・クルートは長年作っているが、生地の焼き加減の調整など、いつも向上させられるポイントが見つかり、料理人として作り続ける醍醐味のある品だ。

前菜の後は魚料理、肉料理と続くが、フランス料理のコースは"クレッシェンド"であるべきだ。肉料理を最高潮の山場として楽しんでいただくため、魚料理は野菜をたっぷり使って軽やかに仕立てる。ただし、その野菜も生ではなく、今回の蒸し煮のようにフランス料理らしい火入れを施すのが大切だろう。

肉料理は小バトだ。素材選択の理由は？

小バトはサイズ的に扱いやすく、血も使えていろいろな加工ができ、重層的な料理作りに向くことから、自分がめざす料理とマッチする素材だ。今回は端肉や内臓を使ったファルスと胸肉、フォワグラをキャベツと網脂で包んで焼き、腿肉は炭火焼き、ササミはグリエに。ソースはガラや首ヅル、内臓を使い、仕上げにコニャックを香らせる。この"香り"が重要で、香りがフランス的でなければフランス料理ではない、というのが私の持論。味や香りを「日本に寄せる」のではなく、フランスらしい表現でフランス料理の既存のおいしさを超えるというのがめざすところであり、常に精度を上げて食べ手に驚きを与えたいと思っている。

付合せはクラシックな取合せにならって豆類と、肉料理の定番のガルニチュールであるポム・ガレットにした。こうした手の込んだ付合せは意識して取り入れており、肉料理が仔牛の背肉のローストなどシンプルな仕立ての時は、付合せにさらに細かな仕事を施して特徴を出すことも多い。

なお当店の夏の看板料理に、オコゼに魚介のすり身を詰めてローストした魚料理があるが、インパクトが強いので、これをお出しする時は魚料理が最大の山場となり、肉料理は軽めに仕上げることになる。昔は、全皿を食べ手の記憶に残したいと思い、野球で言うならば真ん中ストレートの羅列だった。しかし年月を経て、カーブやフォークも使えるようになり、緩急をつけることを覚えた。けっして「抜く」わけではなく、「抑制」することで、その前後が生きてくるということだ。

デザートは2品、そして小菓子で締めくくる。

ここからは静かな余韻の時間であり、なだらかに終幕を迎えるよう心がける。プレデセールは牛乳のソルベ。県内の山で放牧酪農を行なう黒沢牧場の牛乳に、ほんの少し砂糖を加えただけのごくナチュラルな品で、定番でお出ししている。一方メインのデザートは季節に応じ、フルーツ王国和歌山らしくフルーツを使った品や、フランスの名菓を作ることが多い。今回は樹上で熟成させたハッサクに、ホワイトチョコレートのムースやクランブル、バジルのソルベを合わせた。小菓子は3種で、うち1種はカヌレを定番としている。他はレモンのマカロン、フランボワーズのフィナンシェなど、季節感のあるものを織り交ぜる。

以上、計10品というのは、多皿の店が増える中、おまかせコースとしては品数が少ないほうだろう。個人的にはもっと品数を絞りたいくらいだが（笑）、あれこれ食べたいという要望をいただくことが多く、お客さまの望みを叶えることが大切だと考えている。

当店には私が愛する伝統料理、古典料理を食べたくて来てくださる方もいれば、デートや冠婚葬祭で来店される方も多く、利用動機はさまざまだ。そうした皆さま全員に満足して帰っていただくことが、この店を守る自分の役目。それゆえ、本コースも「おまかせ」と謳っているものの、予約をいただいた際に希望を伺い、コースの核となる肉料理の内容を決めていただくことが大半だ。それに合わせて、お客さまごとに料理のラインナップを考えていく。おまかせと一口にいっても、その形は一律ではない。私はこの店で、いわば「オートクチュールのおまかせコース」をめざしている。

手島純也 | Junya TESHIMA

1975年山梨県生まれ。地元のレストランを経て2002年に渡仏。パリの「ステラマリス」をはじめ、当時三つ星の「タイユヴァン」やカフェなど数店で約5年間働く。帰国後、芝パークホテル「レストランタテルヨシノ 芝」の料理長を務め、'07年9月より現職に。

1-04

荒井 昇
Noboru ARAI

HOMMAGE
オマージュ

ある日のコース（2018年5月撮影）
1万5000円（税、サ10%別）

1	ピスタチオとリコッタチーズのタルトレット
2	鰊のマリネ
3	仔牛のモレ
4	イカ墨のパンスフレ
5	緑野菜
6	リサトマトのタルタル
7	サクラマスのショーフロア
8	マナガツオのグラブラックス
9	冷製の鴨フォワグラ
10	シャルトリューズ ピジョン
11	ブレス産小鳩のロティ
12	雷おこしのブランマンジェ
13	ヴェルヴェーヌ風味フロマージュブランの ソルベ北あかりとショコラブラン
14	リ・オ・レ
15	フキノトウとキャラメリアのムース アマゾンカカオ
16	食後の菓子

HOMMAGE

2 鰊のマリネ
マリネしたニシンにピマン・デスプレットをまぶし、エゴマの葉で巻く。丸く抜いたピキージョのマリネとチョリソをかぶせて。

1 ピスタチオとリコッタチーズのタルトレット
ピスタチオのタルトレットにメープルシロップと合わせたリコッタを絞り、ピスタチオのラングドシャをのせる。ピスタチオオイルがアクセント。

3 仔牛のモレ
仔牛のバラ肉をソテーし、クミン、カレーパウダー、カカオとともに煮た「モレ」を、円柱形のタマネギチップに盛り込んだ。

4 イカ墨のパンスフレ
イカスミ入りのパンを揚げて、パン・スフレに。ふくらんでできた空洞にイカのゲソの煮込みを絞り、アオサのジュレをのせて提供。

5 緑野菜
グリーンアスパラガス、小メロン、キウイフルーツなどをパルミジャーノで和えてグラスに盛り、グリーンアスパラガスの泡を絞る。

料理解説　P.176

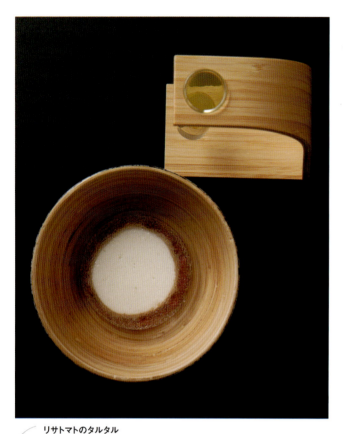

7 サクラマスのショーフロア
真空加熱したサクラマスをクラシックなショーフロワ仕立てに。キュウリのゼリーを流した皿に盛り、キュウリの花を添えて提供。

6 リサトマトのタルタル
フルーツトマトのタルタルにモッツァレッラの泡を絞り、飴のディスクをのせる。マリーゴールドとコリアンダーのオイルを浮かべたトマトのエキスを別添えして。

8 マナガツオのグラブラックス
マナガツオは日本酒、醤油、昆布だしに漬け、ディルをまぶして焼く。北欧の魚料理「グラブラックス」と日本の「幽庵焼」のハイブリッドを意識した一品。

9 冷製の鴨フォワグラ
フォワグラに、ルバーブのコンフィチュールとワケギを白味噌で和えた"ぬた"をのせて。いぶりがっこや生ハムも加え、旨みたっぷりに仕上げた。

HOMMAGE

シャルトリューズ ピジョン

10 ハトの腿肉と胸肉をペーストにして、ニンジン、ダイコンで飾ったシャルトリューズ仕立てに。熱々のハトのコンソメを客前で注ぐ。

ブレス産仔鳩のロティ 11

ハトの胸肉のロティとソース・サルミという王道の組合せ。中華風のアワビ粥、ガーリックバターのクロケットという付合せで変化をつける。

12 **雷おこしのブランマンジェ**

店のある浅草名物、雷おこし風味の一口サイズのブランマンジェは定番のアヴァンデセール。

HOMMAGE

13 **ヴェルヴェーヌ風味フロマージュブランのソルベ
北あかりとショコラブラン**
ヴェルヴェーヌが香るソルベに、ジャガイモとホワイトチョコレートのクリームと、ジャガイモのチップスを添えて。

リ・オ・レ 14
フランスの伝統的なデザートであるリ・オ・レを酒粕や日本酒を用いて再構築。筒型のラング・ド・シャに詰めて、ローズウォーターをスプレーして仕上げる。

15 **フキノトウとキャラメリアのムース　アマゾンカカオ**
フキノトウとミルクチョコレートのムースに、パウダー状に仕立てたアマゾンカカオのソルベをかけたチョコレートのデザート。

食後の菓子 16
プティ・フールは浅草にちなんだ型で焼き上げるフィナンシエが定番。あられやカヌレとともに盛り合わせる。

荒井 昇氏が地元、東京・浅草に「オマージュ」をオープンしたのは18年前のこと。当初は手軽なプリフィクスコースとしていたが、店の移転、料理の進化、チームのブラッシュアップを経て、開業10年目におまかせコース（夜6000円、8000円、1万円）に変更。2013年からは価格と内容を段階的に引き上げ、現在の夜のコースは1万5000円、2万円の2本。いずれもアミューズ5品とデザート4品の品数は変わらず、間の料理が価格によって5～6品、6～7品と変わる。

コースは伝統的なフランス料理への思いを表現した品と、独自性を打ち出した品の両方で構成。22席に対して荒井氏含め8名という手厚い厨房体制が生み出す、緻密さと完成度の高さも特徴だ。「古典と現代の振り幅と、手間をかけてこそ生まれる味の深みと多彩さ。この2つを武器に、インパクトのあるコースを心がけています」（荒井氏）。

コースの大まかな流れは？

基本構成はアミューズ5品、野菜料理、魚介料理、フォワグラ、肉料理、アヴァンデセール、デザート3品、小菓子という流れだ。今回は夜の1万5000円のコースで、野菜1、魚介2、フォワグラ1、肉料理2品だが、フォワグラ以外の品数はケースバイケースで変化する。

アミューズは変化に富むフィンガーフード4品と、スプーンで食べるグラス入りの1品という構成が基本。いわば「冒頭からアクセル全開」というのが当店のスタンスで、アミューズは店の本気度を伝えるところと考えている。

それゆえ、フィンガーフードと言えども細かい仕事をきちっと施す。これらをテンポよく提供し、お客さまのテンションを一気に上げるのが狙いだ。最後にお出しするグラス入りの品は、野菜のみずみずしさを伝えることを意識したもの。次の野菜料理へと自然につないでいく。

アミューズに続く野菜料理では、高知・おかざき農園のトマトを用いた。水きりしたフルーツトマトの果肉をコリアンダーやエシャロットのみじん切り、トリュフォイルで和えた「トマトのタルタル」が主役で、モッツァレッラのエスプーマとオパリーヌを重ねる。添えたのは試験管に注いだフルーツトマトのエキスで、これを途中で飲みながら食べていただく。

魚介料理の1品目は、サクラマスのショーフロワ。クラシックな仕立てが目を引く。

驚かれるお客さまが多い（笑）。うちのような個人店でも、こうした手間のかかる伝統的な料理に取り組み、安定して提供できる――そう示すのは、日本のフランス料理の未来にとっても意味あることだと思ってお出ししている。今回はミ・キュイのサクラマスを、ホースラディッシュの香りをきかせたソースでコーティングした。ゼラチンをギリギリまで少なくしており、軽やかかつ香り鮮やかな現代的な仕立てだ。ショーフロワという料理を知らない人にもおいしく、知っている人には「こんなクラシックな料理が食べられるとは」と喜んでいただける品だと自負している。

続く料理は、北欧の魚のマリネ「グラブラックス」を自分流に仕立てたもの。マナガツオを日本料理の幽庵地でマリネしてから、グラブラックスに欠かせないディルをまとわせて焼いた。ソースはスープに近いさらさらしたもので、サバ節のだしとナノハナのピュレをベースに、ガルムで味つけし

浅草駅から徒歩10分ほどの一軒家の1階に厨房、2階に客席22席を配す。落ち着いた雰囲気の店内に、美濃焼の色鮮やかな位置皿が映える。2018年8月には、店の裏手にカジュアルなビストロ「ノウラ」をオープンした。

て日本と西洋の旨みの融合を意識した。旨みをピュアに感じられるスープは、食べてホッとするもの。コースの中でひと休みしていただく感覚で組み込んでいる。

9品目のフォワグラの料理については？

フランス料理店にとってフォワグラ料理は欠かせない存在というのが私の考え。コースに必ず入れている。今回の品は、「うちの店で最高峰のフォワグラ料理を作ろう！」と、今までの経験を重ね合わせて考案した。構成は、下から、ナチュラルな味つけのフォワグラ、ルバーブのコンフィチュール入りのワケギの白味噌和え、メープルシロップと澄ましバターをぬったパート・ブリック、いぶりがっこのみじん切り、生ハム、サラダ。白味噌和えの部分を、たとえばグリーントマトと新ショウガのコンフィなど時季のものに変えながら、通年で提供可能だ。
この料理の原型は、修業先でレジス・マルコンシェフが作っていた、フォワグラとイチジクのチャツネのマーブル仕立てを生ハムで巻いた料理にある。開店当初からここから着想を得た料理を提供しており、今回の品もその発展形にあたる。また、かつて秋田で修業していた時に聞いた「フォワグラをいちばんおいしく食べられる味つけは、わさび醤油」という一言から、発酵調味料の深い旨み――今回でいえば白味噌――をピンポイントで加える手法を思いついた。いぶりがっこも、秋田時代に出合った食材。上品な燻香がフォワグラとよく合う。

肉料理もごくクラシックな仕立てだが、付合せがユニークだ。狙いはどの辺にあるか？

シャルトリューズの中身は、ハトのムース。注いだのはハトのコンソメだ。「絶対においしい」と確信を持って言える組合せで、フランス料理の醍醐味が詰まっている。メインの仔バトは、胸肉のローストにソース・サルミを添え、アワビ入りの中華粥とクロケットを合わせた一皿。アワビの粥は、中国料理人の篠原さん（裕幸氏）とコラボレーションをした時に教わったもの。「ハトとアワビ」は味わいとして好相性なうえ、名乗りとしてもインパクトがある。クロケットの中にはガーリックバターで炒めたハトのミンチが入っており、ナイフを入れるとバターが溶け出して香りが一気に立つ仕掛けだ。中華粥はフランス料理店において異色ではあるが、そこもポイントで、メインでは「これぞフランス料理」「でもどこか個性的」という印象になるよう意識している。

その後はデザート、小菓子と続く。

アヴァンデセールの一口で食べるブランマンジェは定番の品だ。地元浅草を意識して、煎った米とピーナッツで雷おこし風味とした。続く3品のデザートは、ソルベやフルーツを使った品、古典の再構築系、チョコレート系という異なる3タイプを楽しんでいただく。
今回の1品目はヴェルヴェーヌが香るフロマージュブランのソルベ。2品目はリ・オ・レの再構築。酒粕入りのリ・オ・レ、日本酒のゼリー、日本酒のアイスクリームを用いて大人の味に仕上げた。3品目にフキノトウのムース入りのチョコレートをお出ししたら、最後の小菓子へと続く。小菓子は大提灯など浅草にちなんだモチーフの型を用いた焼きたてのフィナンシェを中心にした盛合せで、バターの香りにつられ、満腹とおっしゃっていても召し上がる方が多い（笑）。コースの最初と最後は食事の印象を左右する場面なので、アミューズと同様、デザートと小菓子でもバリエーションをもたせ、手間もしっかりかけるようにしている。

全体を通してみると、フランス料理らしさとモダンさが、はっきりとわかる形で混在しているのが印象的だ。

自分は、フランス料理への思い入れが非常に強い料理人だ。修業時代にあたる1990年代は、フランス料理らしいフランス料理が輝いていた時期。26歳で店をオープンしてから10年ほどは「これこそ正統なフランス料理」というヴィジョンがあり、「フランスらしさを守るのが自分らしさ」と思っていた。しかし店を続けていくうちに、それでは限界がやってくると気づいた。一度ゼロから考え直し、ようやくここ数年で自分なりの料理を見出すことができたかな、と思っている。つまり、世界の料理の流れに好奇心を持ち、いいと思うものは自分の解釈で取り入れ、かつ伝統的フランス料理への思いも表現する。その両方があるのが自分らしいし、当店の個性としてお客さまに楽しんでいただける――そんな考えを反映したのが、今お出ししているおまかせコースだ。

荒井 昇 | Noboru ARAI

1974年東京都生まれ。都内のフランス料理店で修業後、'98年に渡仏。ローヌの「ル・クロ・デ・シーム」（現「レジス・エ・ジャック・マルコン」）などで働く。帰国後、2000年に地元の浅草で「オマージュ」を開業。'09年に同じ浅草内の現在地へ移転。

IOi:

モトイ

ある日のコース（2018年5月撮影）
1万4580円（サ10%別）

1	ナッツ エピス風味
2	グジと栃餅と白玉
3	鱧の焼霜と朝風胡瓜のクーリ
4	豚バラ肉を広東の技法を用いて焼き上げました
5	フォアグラとアスペルジュソヴァージュ マコモ茸のマリネ
6	スッポンとモリーユのパネ
7	オマール海老のヴァプール 香りを立たせた葱と共に
8	平鱸と春キャベツ、シェリーヴィネガーのソース エピスの雫
9	フランス産乳飲み仔羊のロティ 香ばしいラヴィオリと
10	黒酢とオリーブ
11	抹茶のチーズケーキ
12	紅ほっぺのヴァシュラン
13	ミニャルディーズ

1 ナッツ エピス風味

中華の定番つまみであるヘーゼルナッツの砂糖がけ。マドラス、パキスタンという風味の異なる2種のカレー粉をかけて複雑味を出した。

2 グジと栃餅と白玉

一口大のアミューズ。右から、煮きった醤油とミリンに浸けたアマダイとパリパリに焼いた春巻きの皮、蓮の実餡入り白玉と生ハム、からすみとロックフォール入りの栃餅。

3 鱧の焼霜と朝風胡瓜のクーリ

京都らしくハモを焼き霜にして、キュウリのクーリとハモの肝のソースを添えた。オリーブオイルを数滴たらし、ハモのだしを固めたゼリーシートをかぶせて提供。

4 豚バラ肉を広東の技法を用いて焼き上げました
下ゆで、マリネ、乾燥のプロセスを経て、皮目をパリパリに焼いた豚のバラ肉に、サバの熟れ寿司のペーストを添えた。

5 フォアグラとアスペルジュソヴァージュ マコモ茸のマリネ
塩麹でマリネしたフォアグラにオイル漬けと醤油漬けにしたネギ坊主を散らし、黒蜜とシャンパンヴィネガーのソースをかける。

6 スッポンとモリーユのパネ
スッポンとモリーユの煮こごりにセモリナ粉をまぶしてこんがり焼いた。スッポンのだしで炊いたリゾットとともに食べる一品。

MOTOï

オマール海老のヴァプール　香りを立たせた葱と共に
ゆでたオマールにネギ、ショウガ、レモンの皮をのせ、客前で高温のオリーブオイルをかける。立ち上る音と香りを楽しんでもらった後、甲殻類のジュにXO醬を合わせたソースとともに盛りつける。

**平鱸と春キャベツ、
シェリーヴィネガーのソース　エピスの雫**

氷温熟成させたヒラスズキのポワレに、春キャベツを添えて。フュメ・ド・ポワソンベースのソースにたらした辣油がアクセント。

**フランス産乳飲み仔羊のロティ
香ばしいラヴィオリと**

乳飲み仔羊のロティに添えたのは、焼き餃子風に"羽根"を付けたラヴィオリ。中にはオイスターソースで味つけした仔羊のミンチが詰まっている。

MOTOÏ

10　黒酢とオリーブ
アヴァンデセールは、黒酢をきかせたオリーブオイルのソルベ。さっぱりとした味わいで肉料理とデザートの橋渡しをする。

抹茶のチーズケーキ　11
スポンジ生地のパウダーの下には、濃茶とフロマージュ・ブラン。ともに口に運ぶと抹茶風味のチーズケーキが完成する。

12　紅ほっぺのヴァシュラン
グランデセールは、イチゴが主役の一品。和三盆のクリームや花椒風味のメレンゲを添え、客前で白味噌のソースをかけて提供。

ミニャルディーズ　13
京都らしく大徳寺納豆を用いたり、中国風にキンモクセイの香りをきかせるなど、小菓子でも店の個性を表現する。

2012年に誕生した「MOTOÏ」。開業時よりシェフを務める前田 元氏の名前を店名に掲げるように、氏の経験と創造性が発揮された料理を特徴とする。修業時代、フランス料理志望でホテルに入社するも配属先が中国料理店だった前田氏。ならば、それを武器にしようと10年間中国料理の技法を学び、その後、フランス料理を習得した。

メニューの品数や値段はオープン時からほぼ変えておらず、昼夜ともにおまかせコースを提供。昼は10品構成の「Collection de Saison」(7830円)、夜は13品の「Création」(1万4580円)を基本とし、個室のみで提供する特別コースを別に設ける。ジャンルをまたいだ経験を自身の個性として表現する前田氏のガストロノミックな料理が評判を呼び、近年はアジアなど海外からもお客を呼んでいる。

京都・烏丸御池駅から徒歩5分ほどの場所にある、大正時代築の呉服商の家屋をリノベーションした店内。日本、そして京都の歴史と文化を感じさせる空間に、テーブル32席と最大8名収容の個室1室がある。

中国料理とフランス料理の修業を経験しているが、自身のコースはどのような構成にしている?

当店は「グランメゾン」を謳っており、料理のベースやコースの流れは伝統的なフランス料理に則っている。そこに何かアクセントであったり、自分の色を加える術として、中国料理の技術や素材、発想方法などを活用する、というスタイルだ。

そうした考えのもと、夜はつまみ、アミューズ、前菜4品、甲殻類・貝類、魚料理、肉料理各1品、デザート3品、小菓子からなる「Création」(創造)と題した1万4580円のコースを提供する。内容は1ヵ月〜1ヵ月半で大きく変えるが、常に"今の季節"を切り取りたいので、細かい点は日々変える。

ただし、1品目の「ナッツ エピス風味」は定番でお出ししており、ワインリストを眺めながら、シャンパーニュのつまみとして召し上がっていただく。当店では、ワインのペアリングはあえて推していない。リストを見てボトル選びから楽しんでいただくのも、グランメゾンならではの魅力だと考えるからだ。

続くアミューズは、1枚の皿に一口大の品を2〜3点並べることで食事への期待感を高める趣向。今回はカラスミとロックフォールを包んだ栃餅、中華のハスの実餡を包んで揚げた白玉、醤油とミリンのタレに浸けたアマダイとパリパリの春巻の皮の3種を盛った。ここで私の修業経験を中国風のニュアンスを出し、「普通のフランス料理店とはちょっと違うぞ」とお客さまの関心を引く狙いだ。

この後、前菜が4品続く。前菜で力を入れる点は?

前菜1皿目はとくに季節感を重視して仕立てる。今回はハモとキュウリで京都の夏を表現した一品で、骨切りして皮目だけ炭火であぶったハモに、糠漬けにしたアサカゼキュウリのピュレをソース代わりに添え、上にはハモのだしで作ったゼリー状のシートを被せている。こう聞くと、和を強く感じるかもしれないが、たとえば糠漬けを使ったのは、中国料理には野菜を塩水に漬けて乳酸発酵させた泡菜があるし、フランス料理にもピクルスとマリネがある。それと同じ感覚で使える、と考えたからだ。

前菜2皿目は、自分が学んだ広東料理へのオマージュであり、皮をごくクリスピーに焼いた豚のバラ肉「焼肉」(シウヨッ)を当店なりに進化させながら作り続ける定番メニューだ。何

を添えるかはその時々で変えており、今回はサバの熟れ寿司をペーストにしてつけて食べる仕立てに。こうした発酵ものは豚肉と相性がよく、強い旨みを楽しめる一品に仕上がる。前菜3皿目は塩麹でマリネしたフォワグラのテリーヌだ。これも定番で、付合せやソースをそのつど変える。今回はネギボウズをオイルや醤油に浸けたものと、アスパラガスの花と新芽を散らした。週に4回ほど、京都や滋賀の農家さんの畑に出かけ、話をさせていただくとともに、こうした野菜や草花を摘み、自然と触れ合って学びつつ楽しんでいる。

前菜の最後には変化球的な、印象に残りやすい品を持ってくる。今回はスッポンを使った料理だ。煮凝りに粉を付けて香ばしく焼き、下にはスッポンのだしで炊いたリゾットを敷いた。今回は米を使ったが、このタイミングで、クスクスやビーフンなどの炭水化物を取り入れてお腹を落ち着けていただくことが多い。

次のオマールの料理は、客前でのプレゼンテーションも印象的だ。

実際人気があり、よくお出しする一品だ。さっと蒸したオマールの身とたっぷりの白髪ネギをココット鍋に入れ、お客さまの前で熱々のオリーブオイルをかける。すると油がはぜてジュワーッと音がし、湯気と香りも立ち上る。非常に食欲がそそられる瞬間だ。その場でサービススタッフが皿に盛り、ソースをかけて提供する。こうした光景はグランメゾンならでは。レストラン文化の大切な要素であり、サービススタッフのやりがいにつながるとも思う。

さて次は魚料理だが、前の品が食材的にも味的にもリッチなものなので、ここは抑え気味に。今回はヒラスズキを焼き、シェリーヴィネガーのソースを合わせ、辣油をたらした。先のオマールにしてもソースに自家製XO醤を混ぜているが、ベースはオーソドックスなジュ・ド・クリュスタッセだ。このように、前菜の後はフランス料理らしさを強めるよう心がけている。

肉料理は、牛肉なら牛肉をバンと焼き、「肉を食べた!」と感じていただけるストレートな皿とすることが多い。コースの後半はわかりやすいおいしさを表現したほうが、満足度が高まると思うからだ。ただ今回は旬の乳飲み仔羊を使い、中国料理店で勤務。ローストに加えて羽根付き餃子を作った(笑)。フランスで、仔羊の端肉をソーセージにすることからの発想

で、餃子の羽根にあたる部分はチュイルの要領で作製。ぱっと見はチュイル、でも裏返すと餃子、というユーモアを取り入れた。

デザートは3皿続く。こちらの流れは。

1皿目は肉料理の後なのでさっぱりしたものを少量お出しする。今回は黒酢のソルベとオリーブオイルのアイスクリーム。中国とフランスのコラボだ。2皿目は、濃茶にフロマージュ・ブランを重ね、スポンジ生地のパウダーで覆った品。3皿目をよりデザートらしく楽しんでいただくため、ここではかなり甘みを抑える。そしてその最後は、今回は滋賀の農家さんが作る紅ほっぺが主役の品。本当においしいイチゴで、営業前に自分で受け取りに行くのが日課だ。このおいしさをダイレクトに伝えたいとパティシエに話したところ、フレッシュのイチゴに、シュトロイゼルや和三盆のクリーム、ヴァニラアイスクリーム、花椒風味のメレンゲを合わせ、白味噌のソースを別添えする現在の形に行き着いた。

小菓子は6種を用意。大徳寺納豆のガナッシュを挟んだマカロンやキンモクセイのパート・ド・フリュイなど個性を出した品と、オーソドックスなカヌレなどを盛り込む。小菓子も含めて甘い品が4皿続くのは多く思われるかもしれないが、自分がフランスのグランメゾンを訪れた際、これでもかというほどにデザートが出てきて、そこにフランス料理の贅沢さを感じたものだ。それを伝えたいと思い、こうしている。

数年来、計13品のこの構成でやっており、自分の中でコースの黄金比のようなものができ上がってきている。だからこそ、より完成度を高めたい。そこで一つ自分が課題としているのが、ここ京都をもっと表現することだ。普段から、タケノコを竹やぶまで採りに行ったりと、客人をもてなす「馳走」の精神でバイクであちこち駆け巡っているが、自分でまわれる範囲に個性豊かな食材が無数にあるのが京都の魅力だ。今後はもっと文化や風習を学んでその表現に努め、「MOTOÏに行けば京都を丸ごと体感できる」と思っていただける店にしたいと思う。

前田 元 | Motoi MAEDA

1976年京都府生まれ。京都グランドホテル(当時)に入り中国料理店で勤務。都内ホテルを経て2006年渡仏。1年間働き、京都ホテルオークラ「ピトレスク」(京都・烏丸御池)、「HAJIME」(大阪・肥後橋)でフランス料理を研鑽し、'12年より現職。

1-06

石井 誠 Makoto Ishii

Le Musée

ル・ミュゼ

ある日のコース（2018年5月撮影）
2万円（税、サ10％別）

1	森 収穫
2	森 森のエクレア
3	森 モリーユのコンソメ
4	海 神秘
5	海 白を重ねて…
6	海 初夏の新緑
7	海 両性具有
8	繋がり 様々な表情を…
9	大地 泉
10	大地 炭
11	初夏 ミルフイユ
12	初夏 苺
13	初夏 桜
14	初夏 粗茶

Le Musée

1 森 収穫
黒オリーブとカカオのクロッカンで仕立てた"土"に埋まったホワイトアスパラガスのフリットを、お客自ら引き抜いて食べてもらう。

2 森 森のエクレア
竹炭入りのエクレアに、トリュフのデュクセルやホワイトアスパラガス、カスタードクリームを挟んだ。黒い器に黒い石を置き、その上に盛る。

3 森 モリーユのコンソメ
サイフォンの下ボールにキジのコンソメを、上ボールに乾燥モリーユやネズの実、紅茶を入れて客前で加熱。抽出したてのモリーユ風味のコンソメの香りを楽しむ一品。

料理解説 P.181

4 海 神秘
昆布だしを注いだ器に、表面に包丁目を入れたアワビの薄切りを浮かべる。アワビの肝のチュイルをのせ、液体窒素で煙を立たせて提供。

5 海 白を重ねて・・・
ポシェした牡蠣とともにモッツァレッラやホワイトアスパラガスを盛り、昆布だしの白い泡をあしらう。キャヴィアとニリンソウの花を添えて。

6 海 初夏の新緑
塩をしてあぶったキンキ、山菜のリゾット、ハーブ類、ミル貝、マテ貝、ホッキ貝などを盛合せに。客前でパセリのソースをかける。

7 海 両性具有
昆布だしでポシェしたオスのシャコに、卵に見立てたウニを合わせ、ホワイトアスパラガスやエンドウ豆を添えた。さわやかな香りのコブミカンの泡をのせて提供する。

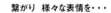

8 繋がり 様々な表情を…
北海道産の牛乳を様々な形に仕立てた一品。左から牛乳のレデュクション、ハーブ風味の自家製フレッシュチーズ、牛乳のソルベ。

大地 泉

今回のコースは肉料理を2品続ける構成。1品目は北海道産仔羊のローストで、葉ワサビを添え、客前でガラス皿の窪みに仔羊のコンソメを流す。

大地 炭

北海道産のハトを炭火で焼き、藁で燻す。ジュ・ド・ピジョンの他にレモンのピュレ、サフラン風味のブール・ブランの泡を添えて風味豊かに仕立てた。

11 初夏 ミルフイユ

デザートへのつなぎ役として提供する、ホワイトアスパラガスのフイユタージュ包み焼き。カマンベール風味のアイスクリームを添えて。

12 初夏 苺

北海道で初夏に旬を迎えるイチゴに、メレンゲと冷たいホワイトチョコレートのパウダーを合わせた。

13 初夏 桜

最後のデザートは道明寺餅につぶ餡を添え、桜のリキュールの泡をかけた日本的な一品。

14 初夏 粗茶

抹茶にグリーンアスパラガスのジュを合わせた「粗茶」でコースを締めくくる。

イタリア料理に携わりながらほぼ独学でフランス料理への理解を深め、2005年、北海道・札幌は円山公園のほど近くに「ル・ミュゼ」を開業した石井 誠氏。
石井氏がコンセプトに掲げるのは、"食とアートの共存"だ。オープンから今に至るまで、一貫して皿の上に自分自身、そして北海道という土地の表現を試みてきた。
オープン当初より徐々にコースの価格帯を上げながら表現の幅を広げ、全国各地からゲストを集めてきた同店。現在、夜は1万5000円と2万円の2本のコースを提供するが、ともに品数は10皿前後、多くとも14皿以内とし、約2時間の食事の中で世界観を伝えることをめざす。「普段ガストロノミーになじみの薄い地元の方にも足を運んでいただきたい」との思いから、1〜2月のフグや9〜10月のマツタケなど、旬の食材にフォーカスしたコースも通常メニューと同価格で用意し、幅広い層に訴求する。

コースの構成は？

夜のコースは1万5000円と2万円の2本で、いずれも皿数は10〜14皿が基本だ。今回紹介するのはホワイトアスパラガスにフォーカスした、初夏限定の特別コース(2万円)となる。
私は1つのコースを形作るうえで、いくつかテーマを設けており、それに沿って料理をお出ししている。今回で言えば「森」「海」「繋がり」「大地」「初夏」の5つだ。
これらのテーマは、季節ごとにコースの内容を変える際にそれぞれ刷新しているが、どのコースも、スタートは必ず「森」をテーマとする。これは、当店が立地する"宮の森"という、眼前に円山公園を、背には豊かな森林を擁する地域に由来するところが大きい。道外からお越しくださるお客さまも多いので、料理を通してこの森に分け入っていただき、北海道の季節感を伝えると同時に、現実から非現実へと迷い込んでいただく——そんなイメージも込めている。
最初の3皿は、ヒノキの香りをつけたお手ふきとともに一斉にお出しする。今回はオリーブやパン粉で作る"食べられる土"に埋めたホワイトアスパラガスのフリット、トリュフのデュクセルを詰めた竹炭入りの黒いエクレア、そしてコンソメの3品。コンソメはキジのコンソメにモリーユやアスパラの香りをアンフュゼし、鮮烈な香りを楽しんでいただく仕立て。客席でコーヒーサイフォンを使って抽出し、その場で注いで提供する。いずれの皿も、森に由来する素材を随所に使い、森を想起させるような仕立てとし、一気に当店の世界観に引き込む狙いだ。

次にテーマが海に変わる。

森から海へ、というのも定番のテーマの流れで、ここでは北海道らしい、海の幸の豊かさを伝えられたらと考えている。まず「神秘」と題したスペシャリテから。これは海水をイメージして昆布と塩のみを水出ししてとっただしに、生のアワビの身を浮かべ、アワビのチュイルを器の縁に渡した一品。提供時に液体窒素で白煙を立たせて、まさに神秘的な雰囲気で提供する。ごくシンプルな仕立てではあるが、素材一つひとつを選りすぐり、だしを引く温度や時間も、数年間思案と改良を重ねてたどり着いたのが今の形だ。余計な要素はそぎ落とし、表現の「純粋性」を追求した作品という点において、私自身はもっとも自分らしい料理だと感じている。

札幌駅から車で15分ほど、円山公園のほど近くに店を構える。2階建ての店舗の1階部分には白が基調の広々としたメインダイニングを、2階には3つの個室を備える。壁を彩るのは石井氏が絵を習う、画家の松浦章博氏による絵画。2020年にはリニューアルを予定している。

次にアワビ同様、一口で海を感じさせる厚岸産の牡蠣を使った冷前菜。塩湯で軽くポシェした牡蠣に昆布風味のジュレと泡を添え、ホワイトアスパラガスやモッツァレッラを合わせて、異なるトーンの「白」を重ねた一品だ。

6皿目のキンキのあぶり焼きは、数種類の山菜を具材にしたリゾット、ホタテやハマグリなどの貝類、たっぷりのハーブを重ねて、初夏の北海道ならではの一品としている。そして「両性具有」と銘打ったシャコの料理。「シャコはメスが抱いている卵がおいしいけれど、身自体はオスのほうがおいしい」というジレンマを、オスのシャコの身に、卵に見立てたバフンウニを抱かせて盛ることで私なりに解決した料理だ。ここにコブミカンの香りを移した清々しい風味の泡と、エンドウマメを添え、さわやかに召し上がっていただく。

ここまではいわゆる前菜、魚、甲殻類というクラシックな流れになっているが、順番を固定しているわけではない。以前はコースの冒頭に肉料理を持ってきたり、最後に野菜料理を出したりと、かなりエッジのきいた順番でお出ししていたこともある(笑)。そうした冒険的な試みもいいのだが、最近は自分として、店として、コースの自然な流れができてきたので、それに沿った形でお出ししているという状態だ。

口直しを挟んで肉料理へ、という流れだ。肉料理が2品出るのは基本形だろうか?

まず「繋がり〜」は、肉料理の前のワンクッションおくための一品。道外からお越しくださる方にとって、北海道に対して抱くイメージの一つに、「乳製品のおいしさ」があると思う。その期待値を超える仕立てができたらと考案したのが、興部町にあるノースプレインファームの牛乳を使ったシンプルなソルベ、ジャム、フレッシュチーズの3種盛りだ。役割としては口直しだが、単なる口直しに終始せぬよう、この地らしい、印象的な味わいをめざしている。

肉料理は仔羊のスープ仕立ての品と、リソレ、ロースト、炭火、燻製と段階的に火を入れたハトの料理の2品。軽い仕立ての仔羊と、しっかりめのハトでバランスがとれると考えてこのようにしたが肉料理は毎回必ず2品をお出しすると決めているわけではない。コースの流れは味や食感の緩急を基準にトータルで考えるので、たとえば冬のフグのコースのように、肉に匹敵する力強さのある素材を使う場合は、肉料理自体を組み込まないこともある。

1品目の肉料理「大地 泉」は、オーブンと炭火でじっくり芯温を上げ、一口大に切った仔羊の鞍下肉を仔羊のコンソメとともに味わう仕立て。一口サイズで仔羊を味わうという趣向は、北海道のソウルフード「ジンギスカン」に着想を得ている。2品目のハトは、北海道・赤平市で獲れたもの。安平町産のホワイトアスパラガス、店の近郊で採れたモリーユを北海道産の白ワインでブレゼしたもの、アイヌネギ(行者ニンニク)の葉などを合わせた。皿の上にある要素すべてを、北海道らしい、また自分自身親しみのある素材で構成している。

私はどんなに質のいい食材であれ、そこに自分との縁やルーツが感じられないと、"手になじむ感覚"を得ることができない。食材を使いこなすには、「自分の中にあるもの」、つまり自分がリアリティを感じられる食材でなくては難しい。私が北海道産の素材をふんだんに用いる理由の一つが、そこにある。

デザートは、ホワイトアスパラガスからはじまるユニークな構成だ。

デザートのテーマは「初夏」。生ハムを巻いたホワイトアスパラガスをフイユタージュで包んで焼き、カマンベールのグラスを添えた「初夏 ミルフイユ」は、デザートというよりも、肉料理で盛り上がったテンションを落ち着かせて、デザートへ自然に移るためのステップと捉えると分かりやすい。

本格的なデザートは、まずイチゴの果肉とメレンゲの上に、液体窒素で冷やし固めたホワイトチョコレートのパウダーをふりかけたモダンかつ軽やかな一品を。次に道明寺餅に粒餡、桜のリキュールを合わせた泡を重ねた品へと続く。イチゴも桜も、本州では早春のイメージかもしれないが、北海道では5月が旬。そんなこの土地ならではの季節感を伝えたいと考えた品だ。

コースを締めくくるのはグリーンアスパラガスのジュと抹茶を合わせた「粗茶」。このコースはアスパラにはじまり、アスパラで幕を閉じる。その一貫したストーリーも楽しんでいただきたいと思う。

石井 誠 | Makoto Ishii

1973年北海道生まれ。札幌プリンスホテル(北海道・札幌)を経て'95年に渡欧。フランス、イタリア、スペインの料理と文化に触れる。'98年「レストラン エノテカ札幌」のシェフに就任。2005年に「ル・ミュゼ」をオープン。'11年に拡張リニューアル。

RESTAURANT KEI

1-07

レストラン ケイ

Kei KOBAYASHI
小林 圭

ある日のコース（2018年5月撮影）
150ユーロ

1	シソのアイスグラニテ
2	ブレットとリコッタのバルバジュアン
3	サーディンのタルトレット
4	エスカルゴのブイヨン
5	ラングスティーヌ、マヨネーズ、キャヴィア
6	野菜の庭
7	フォワグラのロティ、苺のエスプーマ
8	スズキ、トマトのコンフィ
9	オマールの燻製
10	ミントのグラニテ
11	仔豚
12	ヤギのチーズ
13	柑橘のスムージー
14	黒糖のババ
15	フランボワーズのギモーヴグラッセ
16	キャラメルのタルトレット

RESTAURANT KEI

1 シソのアイスグラニテ
シソの葉をアンフュゼした湯にグラニュー糖や梅酒、米酢を加えてグラニテに。バジルオイルを流したティースプーンにのせて提供する。

2 ブレットとリコッタのバルバジュアン
バルバジュアンはモナコの郷土料理。スュエしたフダンソウにリコッタを混ぜ、クロロフィル入りの緑色のパイ生地で挟んで揚げる。

3 サーディンのタルトレット
タルトレットにアンチョビクリームと赤タマネギを盛り、ヨーグルトクリームの泡を絞る。オイルサーディンとサリエットを飾って。

4 エスカルゴのブイヨン
エスカルゴと新タマネギのソテーを盛り、エスカルゴバターをのせ、エスカルゴの煮汁を注ぐ。蓋をして、1分後に食べるようすすめる。

5' 左の料理と対になる「牡蠣、ハドックのエスプーマ」。ごく浅く火入れした牡蠣に、燻製にしたハドック(コダラ)のエスプーマを合わせた品で、魚醤とたまり醤油の風味をきかせている。入荷する食材の質やゲストの好みに応じて、どちらか一方を提供する。

5 **ラングスティーヌ、マヨネーズ、キャヴィア**
最高品質のアカザエビをごく短時間ポシェ。オマールのジュにマヨネーズやケチャップ、タバスコを加えた「カクテルソース」をまとわせる。

6 **野菜の庭**
旬の野菜やハーブ30種前後をサラダ仕立てにしたスペシャリテ。タプナード、トマトのヴィネグレット、ルーコラの泡とともに盛り、客前でクランブルをかける。

RESTAURANT KEI

7 フォワグラのロティ、苺のエスプーマ
味噌で風味をつけたフォワグラに、イチゴの泡とマリネを添えた。イチゴ風味のメレンゲとコーヒーパウダーをふって提供。

8 スズキ、トマトのコンフィ
スズキはウロコを立たせるように揚げ焼きに。皿の中心にはバジルオイルで和えたシトロンキャビアを流し、トマトのコンフィをのせる。

9 オマールの燻製
半生に火を入れたオマールを、藁で瞬間燻製に。客前で蓋を開けて香りを楽しんでもらった後、シイタケのラグーを流した皿に盛る。

10 ミントのグラニテ
肉料理の前に口直しのグラニテを挟む、フランス料理王道の構成。ミント風味ですっきりと口中をリフレッシュさせる。

11 仔豚
イベリコ豚の仔豚を低温で加熱。スライスして皿に盛り、仔牛のバラ肉をフォン・ブランで煮出したソースを流す。ピペラードのエスプーマやラディッキオを別添えして。

12 ヤギのチーズ

シェーヴルチーズに生クリームやオリーブオイルを混ぜて、サイフォンで絞る。仕上げにシードル風味のソースをかけ、コショウをふる。

13 柑橘のスムージー

1品目のデザートはフルーツを主体にすることが多い。本品では10種類の柑橘をソルベやムースに仕立てた。

14 黒糖のババ

デザート2品目はより濃厚な味わいに。ここでは自家製のフルーツラム酒を使った、黒糖風味のババを提供。

15,16 フランボワーズのギモーヴグラッセ キャラメルのタルトレット

小菓子は2種。フランスの伝統的な菓子をシンプルに、かつモダンに表現する。

RESTAURANT KEI

フランスを代表する三ツ星レストラン「アラン・デュカス・オ・プラザ・アテネ」(パリ)のスーシェフを長年務めた後、2011年に独立を果たした小林 圭氏。フランスの地方とパリのレストランでの長い修業経験を生かし、食材の質や調理技術にいっさいの妥協を許さない「ガストロノミーの皿」を追求する。メニューは昼夜ともにおまかせコースのみ。昼は約10皿(58ユーロ)と約15皿(125ユーロ)、夜は約13皿(110ユーロ)と約15皿(150ユーロ)のコースを揃える。この他にキャヴィアやトリュフといった高級食材を贅沢に使った199ユーロのコースも別途用意。おまかせコースと言えども、その日入荷した食材の質やゲストの好みに応じて料理の内容を調整したり、肉料理は3〜4種の中から選択ができたりとプリフィクス的な要素も備え、より幅広くゲストの要望に応える。

店はパリ1区、ルーヴル美術館から徒歩約10分の一等地にある。巨匠ジェラール・ベッソン氏から引き継いだ店舗は白と淡いグレーに揃えられた、エレガントな内装で彩られている。

夜のコースは13皿と15皿の2本のおまかせコースと、食材のグレードを上げたスペシャルコースという構成だ。

基本はおまかせだが、メインの肉料理は3〜4種の中からお好きなものを1つ選んでもらう。また、アレルギー食材はもちろん、ゲスト1人ひとりの苦手な食材も必ず確認し、そのつど料理を調整するようにしている。おまかせコースというとお客さまに選択の余地が与えられないのが普通だが、店の都合で、好きではないものまで食べなくてはいけないとなるといい気持ちはしないはず。ゲストがどう思うか、ということは常に想像し、可能な限り趣向を凝らす。

夜は今回紹介した全15皿前後(150ユーロ)のおまかせがベーシックなコースだ。量はそれほどいらない、というお客さまには13皿のコースをおすすめしている。品数に関しては、多彩な食材を使いたい、けれど各食材の印象を弱めたくはない——そのせめぎ合いだ。

料理の入れ替えは月や季節ごとにコースの内容を一新することはなく、食材の旬に応じて料理を少しずつ変えるスタイルをとっている。ただ常に進化していきたいという思いがあり、同じ食材を使うにしても既存のルセットよりも少しでもよい料理が開発できればそちらにシフトする。コースも日々変化、成長している。

コース全体の物理的な量としては600〜700g、ここにワインなどを飲んで1kg〜1.5kg。カロリーにすると1500kcalくらいを目安にしている。これより多いと胃が疲れ、苦しくなる。今は健康や体型を気にされるお客さまが多いので、こうした数字も意識するようになった。

今回のコースは、ティースプーンにのせたシソのグラニテからスタートする。全体の流れは?

まずグラニテで、これからはじまるコースに向けて、口中をさっぱりとリフレッシュしていただく。続いて揚げものなど、シャンパーニュとよく合うフィンガーフード2種をお出しする。今回は生地に練り込んだクロロフィルの鮮やかな緑色が目を引くモナコ発祥の揚げもの「バルバジュアン」と、オイルサーディンのタルトレットを用意した。アミューズの最後にはブイヨンスープをお出しするのが定番で、ほっとする味わいで前座を締めて本格的な料理へ、という流れだ。次のパートでは、最初に食材の力をダイレクトに見せる皿をお出しする。今回はアカザエビとキャビア。どちらも、フ

ランス国内で手に入る中で最上の素材と自負している。「当店はこれだけよい食材を探す能力と、生産者との信頼関係があります」ということをアピールする皿と言えるだろう。それだけに入荷した食材の品質には細心の注意を払っており、満足いく品質でない場合や、ゲストの好みによっては代替の品をお出しできるよう準備を整えておく。それが「牡蠣、ハドック〜」で、こちらは力強い旨みと海の香りを持つ牡蠣をオーブンで軽く加熱し、酸味のあるソースを流し、ソバの実やクレソンを合わせた一品だ。

次に出るのが、スペシャリテのサラダだ。

食材のパワーをストレートに見せた後は、私の料理の中でもっとも複雑な構成の料理をお出しする。何十種類もの野菜やハーブをそれぞれ生もしくは固ゆでにし、ルーコラ風味のエスプーマやトマトのヴィネグレット、レモンのジュレなどをあしらった品だ。一つひとつは慣れ親しんだ野菜でも、一口ごとに新鮮な驚きを与えられたらと思い、甘み、酸味、苦みなどいろいろな味と食感が楽しめる仕立てにしている。

これに続くのは、コースの中のアクセント的な皿。サラダと魚料理という比較的穏やかな印象の料理の間に挟まる品なので、メリハリをつける意味で、素材としては肉を使うことも多い。今回はフォワグラのロティにイチゴの果肉とソース、メレンゲ、コーヒーパウダーを合わせ、酸味と苦み、香りでフォワグラの油脂分を断ち切る仕立てとした。

その後は、魚、甲殻類、口直し、そして肉料理へと続く。フランス料理王道の流れだ。

魚は今回のスズキの他、マトウダイやルージェなどもよく使う。スズキはオープン当初からの定番の料理で、日本料理の松笠焼きのようにウロコを立たせ、夏場はさっぱりとさせたいので今回のようにバジルオイルやトマトを合わせる。ゲスト自身にトマトを崩してバジルオイルと和えていただくことで、皿の上でトマト風味のヴィネグレットができ上がるという趣向だ。スズキもルージェも、シンプルなポワレやムニエルにして、フュメ・ド・ポワソンベースのソースを合わせただけでも十分おいしい魚だ。しかし、それでたとえばアラン・デュカス氏の魚料理に勝てるだろうか？ 私が作るのはフランス料理だが、日本人ならではの技術や知識を駆使して、フランス人の料理人と勝負できる仕立てを考えることも時に必要だと思う。

甲殻類は、オマール。オマールと燻香の組合せが好きで、塩湯にさっとくぐらせた身にカレーパウダーをふって炭火で焼いた後、瞬間燻製にかけている。付合せのシイタケのラグーを盛った皿とともに燻煙を充満させた鍋を運び、客席でプレゼンテーション。レストランは、おいしいものを食べる場所であると同時に、五感を楽しませる場所でもあるので、テーブル上での仕上げや香りの演出など、ライブ感のある提供方法も大切な要素だ。

口直しのグラニテを挟み、肉料理に。肉はハトや牛、ジビエ各種などの中から1つを選んでいただく。今回はオーブンと保温庫、炭火を使って加熱したイベリコ豚の仔豚の肩肉。火は通っているのにレアを思わせるタタキのような食感を引き出した。この食感を生かすべく、ほどよい厚さを残したスライスにして盛りつける。

次はチーズだろうか？

チーズ料理、という位置づけだ。シェーヴルチーズと生クリームなどを合わせて泡状にし、オリーブオイルやシードルのソースを上からかけている。当初チーズはプレートで用意し、コース外のオプションとしていたが、なかなかオーダーが入らない。ならばコースに組み込み、かつ、当店でしか味わえないスタイルでお出ししよう、ということで一品料理に仕立てている。

デザートは「パティスリー・ドゥ・シェフ・フジウ」(東京・高輪不動)などで経験を積んだ高塚俊也君にシェフ・パティシエをまかせている。彼に使ってほしい食材や仕上がりのイメージを伝え、試作と改良を重ねて精度を高めていく。今回は10種類の柑橘をソルベやムースなどに仕立てた「柑橘のスムージー」に、自家製のフルーツラム酒を使った「黒糖のババ」の2皿。1品目にはさわやかな果物系を、2品目にはクリームやショコラなど濃厚な素材を使い、趣向の異なる品を提供するようにしている。最後はシンプルな小菓子2種で締めくくる。

RESTAURANT KEI

小林 圭 | Kei KOBAYASHI

1977年長野県生まれ。'98年に21歳で渡仏。「オーベルジュ・デュ・ヴュー・ピュイ」(ラングドック=ルシヨン)や「ル・セール」(アルザス)を経て「アラン・デュカス・オ・プラザ・アテネ」(パリ)でスーシェフを務める。2011年にパリで独立。

abysse アビス
目黒 浩太郎 Kotaro MEGURO

1-08

ある日のコース（2017年12月撮影）
9800円（税、サ10%別）

1	イクラ セルフィーユの根
2	バフンウニのブリニ
3	寒ブリ ラディッシュ
4	真ダコ 本ワサビのブイヨン
5	クルマエビ エビイモ
6	白子 マッシュルーム
7	真ダイ 青汁 黒トリュフ
8	ル・レクチェのベニエ クレーム・キャラメル
9	フォレ・ノワール
10	ホワイトチョコレート

1. イクラ セルフィーユの根

かつおだし、日本酒、ミリン、醤油の地に浸けたイクラに、クールブイヨンと牛乳でのばした根セルフイユのピュレを合わせた。

2. バフンウニのブリニ

海藻パウダー入りの温かなブリニに、軽く塩をふった常温のウニをのせる。シンプルながらお互いの甘みが引き立て合う一品。

3 **寒ブリ ラディッシュ**
主役はヴィネグレットをからめたブリ。ヘーゼルナッツのクランブルとラディッシュをのせ、
マスカルポーネとダイダイのソース、黒オリーブのオイルを流す。

4 真ダコ 本ワサビのブイヨン

マダコはゆでてからグリルして香ばしさを引き出し、鶏のブイヨンベースのスープと合わせる。スープに加えた本ワサビがアクセント。

5 クルマエビ エビイモ

エビイモのキッシュにクルマエビのソテーをのせて、エビのソースを合わせた。サクラエビのパウダーをふり、キンセンカの花びらを散らす。

6

白子　マッシュルーム

ポシェしてから表面を焼いたタラの白子に合わせたのはマッシュルームのソース。ムカゴとエゴマを散らし、キノコパウダーをふって。

7

真ダイ　青汁　黒トリュフ

ゆでたマダイをケールのスープに浮かべた。スープにはバジル、セルフイユ、コリアンダーなどのハーブも加えて香り豊かに仕上げる。

8 ル・レクチェのベニエ　クレーム・キャラメル

デザート1品目は洋ナシの一種、ル・レクチェを熱々のベニエに。クレーム・キャラメルの冷たいソースとの温度差も楽しんでもらう。

9 フォレ・ノワール

フォレ・ノワールをアレンジした、チョコレートがベースのデザート。グリオットをパウダーにして散らし、冬の森の様子を表現した。

10 ホワイトチョコレート

プティ・フールは一粒のホワイトチョコレートでシンプルに食事の幕を引く。オープン当初から変わらず提供する一品。

「アビス」のオーナーシェフである目黒浩太郎氏は、修業先のフランス・マルセイユで魚料理の魅力に開眼。魚介料理が売りの「ル・プティ・ニース・パセダ」（マルセイユ）での経験や、「カンテサンス」で学んだ技術を活かし、2015年の独立以来、デザート以外のすべての品に魚介を使うコースでお客の心を掴んできた。

2019年3月には、東京・南青山から代官山へと移転し、リニューアルオープン。世界基準のレストランをめざし、昼の営業を日曜のみに絞る一方、スタッフは増員。また、「周囲と視線が合いにくく、1卓ごとに世界が完結するため、ゲストにとって最上の快適性が生まれる」と、個室を除くフロアのテーブルを円卓で統一した。

メニューは昼夜ともにおまかせコース1本で、夜のコースは約13品・1万5500円。今後は魚介料理に限定せず、ジビエなど肉類も織り交ぜた料理を組み込んでいく予定だ。

代官山駅から徒歩数分の、少し奥まったエリアにある新築ビルの1階へと移転。40坪のスペースにテーブル約20席と個室1（6席）を配す。内装は「碧い森」をテーマに海や森に共通するイメージを表現した。

昼・夜ともにおまかせコース1本だ。移転によりコースの構成はどう変わったか？

現在の夜のコースはアミューズと前菜8～9品、メイン1～2品、デザート2品、プティ・フールの計13品で1万5500円だ。移転前は10品9800円だったが、品数を増やし、料金も変えた。
新店では新たに、「碧い森」というテーマを設定した。私が独立してから移転するまでの4年の間に、「日本の旬の魚介でコースを組む」というコンセプトはしっかり浸透したと思う。ゲストの半数を占める海外客からの手応えも感じていたため、移転に際して大きく変えるつもりはなかったが、オーガニックな食材や自然環境保護への興味が自分の中で増し、海だけにこだわることに違和感を覚えてもいた。abysseという店名には、「深海」の他に「奥深いもの」という意味がある。そこで、新店では後者にフォーカスし、料理と内装の両面で青とも緑とも言えるような深海と深い森の世界を表現することにした。日本の魚介を中心に使いつつ、今後は魚介にジビエを合わせるなど、肉を使った料理にも挑戦したいと考えている。

今回掲載したのは移転前の2017年12月のコースだ。この時の構成は？

現在では変わっている部分も多いのだが、この時点では、アミューズ、前菜5品、メイン、デザート2品、プティ・フールという構成だった。
メインまでの7品すべてに魚介を使うため、コースを組み立てる際は「魚介から考える」ことを習慣づけていた。赤身、白身、青魚、甲殻類、イカやタコ、貝類や魚卵などの中から、できるだけバリエーション豊かにピックアップし、そこから野菜やキノコなど組み合わせる副素材を決め、具体的な仕立てを考えるという流れだ。内容はおよそ1ヵ月半サイクルで変えており、それは今も変わらない。
アミューズは、醤油やカツオだしに浸けたイクラと根セルフィユのピュレを合わせたもの。イクラは当初、ピクルスにする予定だったが実際に試してみるとプチプチとした食感が薄れ、味わいも日本人が抱くイクラのイメージからかなりかけ離れたものになってしまった。いたずらに真新しさを追うよりも、おいしいことがいちばんと考え、最終的に日本人になじみ深い味わいとした。
次は海藻パウダーを練り込んだパンケーキに生ウニをの

せた品。コースに肉を使わないという縛りがある場合、肉に代わるボリューム感をいかに出すかも、お客さまに満足していただくためのポイントになる。この品のように生地を使った料理をコースに組み込むことで、食後にしっかり満腹になっていただけると思う。

続く3品目は、前の2品に比べて構成要素が増え、味わいも複雑だ。

ヴィネグレットをからめた寒ブリを主役に、ヘーゼルナッツのクランブルを散らし、マスカルポーネとダイダイのソース、そして黒オリーブのオイルの2種類のソースを流して、フランス料理らしい重層的な味わいに仕上げた。私の料理は魚介の持ち味を生かした穏やかな味わいが多いため、「和食っぽい」と言われることもあるが、技術の根幹はフランス料理にある。それが伝わる料理になっていると思う。なお、この3品目までは確実にテンポよくお出しできる仕立てとすることも、メニューを作る際の大きなポイントだ。どんなにすばらしい料理でも、お客さまに「遅いな」と思わせたら、食後の印象が悪いものになるだろう。中でもコースの序盤は、お客さまをアビスの世界にぐっと引き込むためのとくに重要な時間帯と考え、提供スピードやタイミングにも細心の注意を払う。

4品目の「真ダコ〜」は、食感が楽しめるよう大ぶりに切ったタコを焼き、丸鶏でとったブイヨンを合わせた品。コースに肉を使わないと言ったが、ブイヨンは別。肉を意識させることなく強い旨みを加えることができるため、鶏のブイヨンを常に用意し、要所で使っている。提供しはじめたばかりの頃はタコをたっぷり10切れほど盛っていたが、「さすがに食べ飽きてしまうかも」と考え、徐々に減らしてこの形になった。この料理に限らず、常に今の仕立てを完璧と思わず、日々改良を重ねて高みをめざすことが、料理人として私が貫いている姿勢。そのため、ひと月ほどの間に、味も仕立てもガラッと変わる品も少なくない。

続く「クルマエビ〜」はねっとりとした食感と自然な甘みを持つエビイモをキッシュ仕立てにし、クルマエビのソテーをのせて、クルマエビの風味豊かなソースをあしらった品。前菜ラストの「白子〜」は、ソテーしたタラの白子を主役に、濃厚なマッシュルームのソースをたっぷりと流し、フレッシュのマッシュルームをのせた品だ。仕上げに、北海道で採れた天然キノコのパウダーをふることで、旨みと風味をぐっと引き上げている。

7品目はメインディッシュ。メインは、皮目がパリッとなるようにフライパンで白身魚を焼いたり、あるいは豪快にグリエするなど、コースの華であるメイン料理らしい、ボリューム感と力強さを打ち出した仕立てとすることが多い。それゆえ、ゆでたマダイをスープ仕立てにした今回の品は、当店にとってはレアケースだ（笑）。焼いて香ばしさを出すよりも、マダイの身と皮の間にあるゼラチン質の旨みをストレートに味わっていただくことを意識した結果、たどり着いた仕立てで、ケールのスープを流して、冬らしい温かなメイン料理としている。

ケールのスープをベースに、ブロッコリーやハーブ類で全体を緑色に統一した今回のメイン料理の他、タコの温前菜では皮目の赤色をテーマカラーにして同じ赤色のマイクロオラックを散らしている。これは、「赤い料理」「緑色の料理」といった印象的な色の品を組み込むことで、コースにメリハリをつけようという狙いがある。

ここで料理編が終わり、デザートに入る。

2品出すデザートの1品目は、衣をまとわせて揚げた洋ナシに、クレーム・キャラメルのソースを合わせたもの。コースには揚げものを一品組み込むことが多く、今回はデザートに取り入れた。2品目はグリオットを使うフランスのチョコレートケーキ「フォレ・ノワール」のアレンジ。デザートは、その時の旬のフルーツや、冬ならチョコレートを使うなど季節感を出しつつ、1皿目と2皿目でガラッと印象が変わるものを提供する。

プティ・フールは真珠に見立てた一口サイズのホワイトチョコレート。魚介をコンセプトにするにあたり考えた品で、唯一、定番で出していた品でもある。定番品でコースを締めくくることで、「アビスに来た」という記憶をしっかりと刻んでいただく。そんな効果もあると思う。

目黒浩太郎 | Kotaro MEGURO

1985年神奈川県生まれ。都内のフランス料理店を経て2011年に渡仏し「ル・プティ・ニース・パセダ」（マルセイユ）で1年間修業。帰国後〈カンテサンス〉（東京・御殿山）に2年間勤めた後、'15年4月に独立。'19年3月に東京・代官山に移転。

LATURE

ラチュレ

室田拓人
Takuto MUROTA

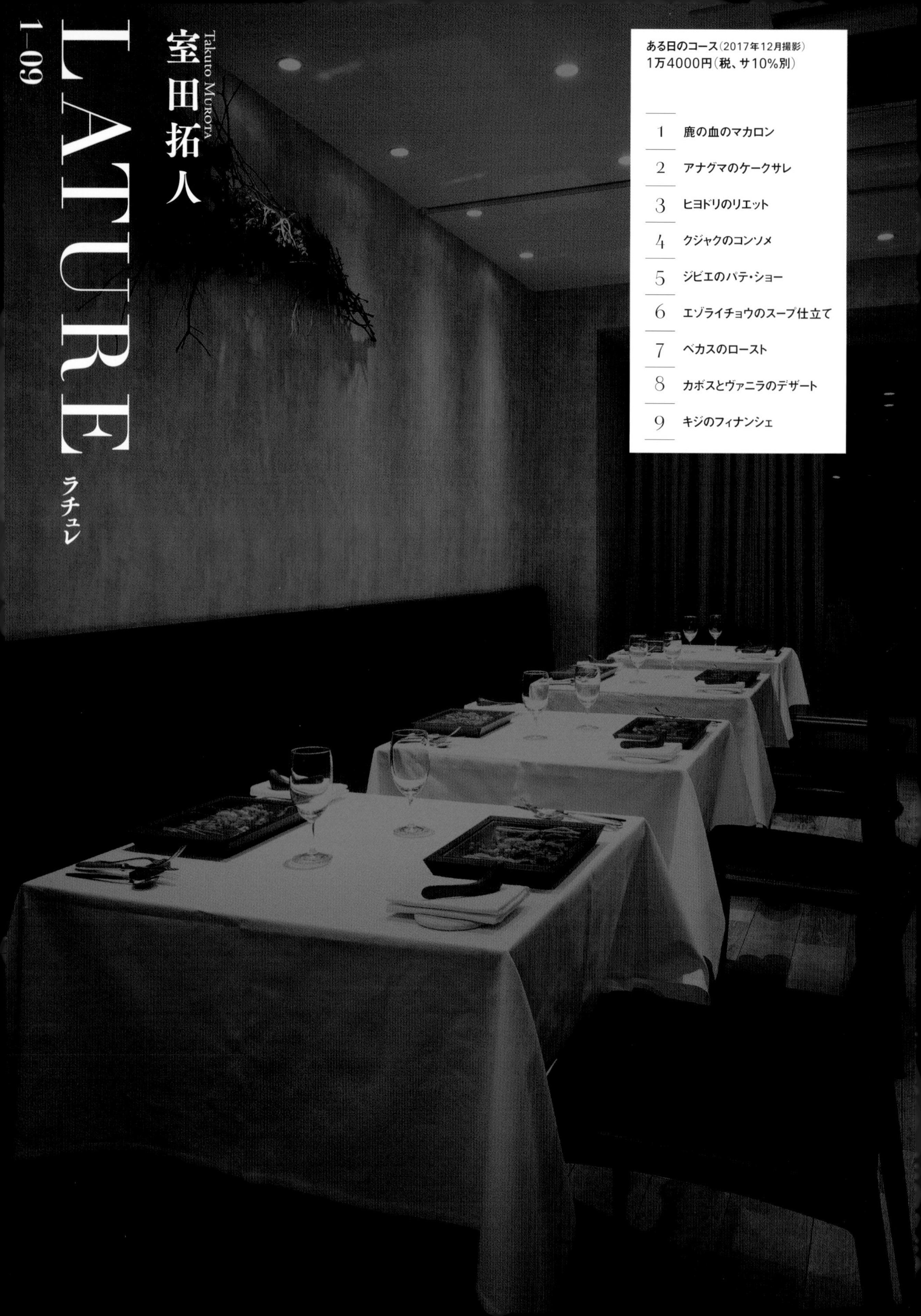

1-09

ある日のコース（2017年12月撮影）
1万4000円（税、サ10%別）

1	鹿の血のマカロン
2	アナグマのケークサレ
3	ヒヨドリのリエット
4	クジャクのコンソメ
5	ジビエのパテ・ショー
6	エゾライチョウのスープ仕立て
7	ベカスのロースト
8	カボスとヴァニラのデザート
9	キジのフィナンシェ

1 鹿の血のマカロン
シカの血を練り込んだマカロンでブーダン・ノワールを挟んだ一口アミューズ。シカの毛皮を敷いた木箱に収めて提供する。

2 アナグマのケークサレ
アナグマのベーコンと松ノ実を加えたケークサレで、クリのはちみつと合わせたクリームチーズを挟む。松ぼっくりを器代わりに。

3 ヒヨドリのリエット
小鳥形のトーストでヒヨドリのリエットとミカンジャムを挟み、木の枝を模したオブジェに盛る。リエットは骨ごと挽いたヒヨドリを赤ワインやコニャックで煮たもの。

4 クジャクのコンソメ
火を入れたクジャクのササミとシャントレルやヒラタケなど時季の茸を器に盛り、客前でクジャクのコンソメを注いで香りを立たせる。

5 ジビエのパテ・ショー
用いた肉はシカ、クマ、イノシシなど。フォン・ド・ジビエがベースのソース・マデールを流し、根セロリのピュレを添える。

6 エゾライチョウのスープ仕立て
北海道に生息するエゾライチョウの胸肉と腿肉をソテーし、器に盛る。アサリのだしでナメタケやハクサイを煮出したスープを注いで提供。

7 ベカスのロースト
スコットランド産ベカスをフライパンとオーブンでロースト。レバーペーストを添え、ソース・サルミを流してクラシックな仕立てに。

9 キジのフィナンシェ
小菓子のフィナンシェは、キジの脂を用いて作ったもの。デザートにもジビエの要素を組み込み、世界観を統一する。

8 カボスとヴァニラのデザート
ホワイトチョコレートのボールにヴァニラのムース、カボスのコンポートを詰めた。濃厚な甘みをカボスの酸味がすっきりと洗い流す。

多彩なジビエを取り入れたコースでジビエマニアの心を引きつけてやまない「ラチュレ」。オーナーシェフの室田拓人氏は渋谷で本格的なジビエ料理を打ち出し、人気を博したフランス料理店「deco」のシェフを6年間務めた後、2016年8月に満を持して独立した。

ラチュレとは「自然の雫」の意を込めた造語。日本各地、そして海外から集めるジビエの他、室田氏自身が2009年に取得した狩猟免許を生かし、10月〜3月の狩猟期には、店が休みの日にハンターとして山に入り、自ら狩ったジビエも店で提供している。

夜は1万円と1万4000円、昼は4800円と6800円のおまかせコースを用意。内容は季節や食材の仕入れによって変わるが、ソースをたっぷりと流した料理や伝統的な手法で作ったコンソメ、そして「パテ・ショー」など、モダンな料理全盛の現代にあって実にクラシックなラインアップだ。

東京・渋谷駅から徒歩7〜8分、青山学院大学近くのビルの地下1階にある「ラチュレ」。自然素材のオーナメントで飾られたシックなデザインの店内に、カウンター6席とテーブル14席を備える。

今回紹介する1万4000円のコースは、「店を満喫できるスペシャルコース」と謳っている。基本構成は？

夜は1万円と1万4000円の2本のおまかせコースを用意しているが、内容的にはこちらがより当店らしいコースだ。1皿目のアミューズは開店当初よりお出しするスペシャリテで、卵白の代わりにシカの血を使ったマカロンだ。挟んでいるのはシカの血のブーダン・ノワール。血液のタンパク質成分の一部は卵白と共通しており、卵白と似た役割を果たしてくれる。この品を考案したきっかけは、捨てられることが多いジビエの血も大切に使いたいと考えたこと。マカロンをのせているのもシカの毛皮で、「自然界から命をいただく」という当店のコンセプトを表している。

このようにアミューズで強い意味合いを込めた品を提供するのは、私自身、コースの中でアミューズがとても重要だと考えているから。お客さまにいちばん集中して食べてもらえるのは最初の数皿なので、そこで店のコンセプトを明確に伝えたり、驚きを与えたい。この最初の段階でどれだけ食べ手の心をつかめるかが勝負だと思っている。

2品目は大きな松笠を器代わりに使ってインパクトを出した、アナグマのケークサレ。アナグマのベーコンを松ノ実とともに混ぜて焼いた生地で、クリのハチミツとクリームチーズを挟んでいる。秋冬の自然の情景からインスピレーションを得た一皿だ。そしてアミューズ最後の皿は、ヒヨドリのリエット。肉を骨ごときざみ、フォワグラと合わせてリエットに仕立てた。これをミカンジャムと一緒に、カリカリに焼いた食パンに挟んでいる。今回用いたヒヨドリは神奈川・三浦半島のミカン畑で害鳥として駆除されたもの。しかし、もとはといえば人間が彼らの生息地域を破壊したために、人里で食糧を探すしかなくなった鳥だ。せめておいしく食べてあげたいと思って使いはじめた。皿の背後にあるストーリーを伝える一環として、鳥がミカンをお腹に抱き、木にとまっているようなプレゼンテーションで提供している。

アミューズ3品に続き、次の前菜2品もジビエを使った品が続く。

とくに秋冬は、食材を用意できる限りこのコースでは全品にジビエや稀少な食材を組み込むようにしている。一方、1万円のコースは、品数は同じだが魚料理を入れて構成しているのが異なる点だ。

前菜1品目はキノコのソテーを合わせたクジャクのコンソメを用意した。クジャクの羽をガラスの器の内部に入れ、ビジュアルでも存在感を強調している。クジャクも沖縄・石垣島で害鳥扱いされている鳥。現代ではめずらしい食材だが、フランスの古典料理では高級素材として使われていたと知り、興味を持って使うようになった。

前菜の1品目はこのようにスープとすることが多い。それは伝統的なフランス料理のコースの形式を意識してという理由に加え、同じジビエと言えどもいろいろな形の料理に仕立てることで、コースを通して食べ飽きないようにするためでもある。

次の前菜はシカやクマ、イノシシの肉を混ぜてフォワグラと層にし、フイユタージュで包んで焼き上げた品だ。ソース・マデールと根セロリのピュレを添え、クラシカルに仕立てた。この品や、数種のジビエの肉をタルト生地に詰めて焼いた「タルトジビエ」は当店を象徴する皿。他のコースにも定番として入れることが多い。

レストランの理想像は人によっていろいろあるだろうが、私がめざすのは、「今日はどんな新しい料理が出てくるかな」ではなく、「去年食べたあの料理が、また食べたいな」と目的を持ってリピートしていただけるレストランだ。だから、季節ごとにコース内容は変えても、何皿かは同じ料理を、毎年少しずつブラッシュアップして組み込むようにしている。

次はエゾライチョウ、ヤマシギの皿。登場するジビエのバリエーションも豊富だ。

皿ごとにいろいろな種類のジビエが登場するのは、このコースならではの特徴だ。ディナーでは時季ごとに目あてのジビエがあるお客さまがいらっしゃる一方で、「いろいろな種類のジビエを食べたい」とバラエティー感を求める方も多い。そこでこのコースでは多彩な素材、そして挑戦的な素材（今回であれば食材としての印象があまりないであろうクジャクなど）を組み込むことを、自分なりのテーマとしている。

それに対して、4800円と6800円の2本のおまかせコースを用意するランチでは、オーソドックスな品が主体だ。素材もシカや鴨など、ジビエの中でも比較的なじみ深いものを使う。マダム層や新規客が多いランチと、ジビエ好きの常連客が目立つディナーでは客層がまったく違うと考え、料理を意識的に変えている。

さて、夜のメインの1品目であるエゾライチョウは、産地の北海道ではお雑煮に入れて食べることもあるそうなので、今回はスープ仕立てにしようと考えた。エゾライチョウのローストに、野菜をアサリのだしで炊いたスープを合わせている。重めの品が続くので、ジビエを使いつつも、野菜主体のあっさりとした味わいとしたのがポイントだ。

メイン2品目はベカス（ヤマシギ）を部位ごとに火入れしたローストに、ソース・サルミを添えた皿。このタイミングで出す品をコースのクライマックスと位置づけており、ジビエをシンプルにローストして、クラシックなソースを添える王道の仕立てとすることが多い。

次はデザートだが、どのようなことを意識するか。

このコースを注文なさるお客さまは、ボリュームのあるどっしりとしたジビエ料理が好きで、それを期待していらっしゃる方がほとんどだ。パティシエもそれを理解しているので、デザートも料理とのバランスを考えて、甘みやコクを兼ね備えた食べごたえのある味わいに仕立てている。

今回紹介したデザートは、ホワイトチョコレートの中にヴァニラのムースやカボスのコンポート、ジュレなどを入れ、濃厚な甘みの後にインパクトのある酸味が感じられる仕立てにした。最後のプティ・フールは、バターの代わりにキジの脂を使ったフィナンシェ。キジの脂はサラリとしているのでフィナンシェ自体が食べやすく仕上がると、お客さまからの反応も良好だ。このようにデザートやプティ・フールにもジビエの要素を取り入れると、店のコンセプトがより明確になるし、お客さまにも楽しんでいただける。

料理がおいしいのはレストランなら当然のことで、現代はおいしさだけでなく、「意味のある食事」を提供していかなければならない時代だと思う。ストーリーを持った食材としてのジビエでコースを構成し、お客さまと一緒に自然の現状を考えていく場としての店作りを進めるのも私の仕事だ。そう信じて、これからもこのスタイルを貫きたい。

室田拓人 | Takuto MUROTA

1982年千葉県生まれ。調理師学校卒業後、都内のビストロを経て2005年に「タテルヨシノ」に入店し、東京・銀座と汐留の店で計4年間修業を重ねる。'10年に東京・渋谷にあった「deco」のシェフに就任し、'16年8月に独立開業。

春田理宏 Michihiro HARUTA
Crony クロニー
1-10

ある日のコース（2017年12月撮影）
1万3000円（税、サ10%別）

1　グアンチャーレ
2　パースニップ
3　エイブルスキーバー、カニ
4　白子、葉ワサビ
5　ホタテ、下仁田ネギ、アーモンド
6　カリフラワー、仔羊
7　パン、ヨーグルト
8　サワラ、縮みホウレンソウ、キクイモ
9　和牛シンシン、キノコ、ヘーゼルナッツ
10　ラクレット、ムカゴ
11　洋ナシ、チョコ
12　米のアイスクリーム、ミカン
13　アーモンドクッキー

1 グアンチャーレ
グアンチャーレのクロケットは、竹炭パウダーで黒い色をつけた天ぷら衣をまとわせて、揚げたもの。色形の似た黒い石とともに盛る。

2 パースニップ
パースニップをローストしてからピュレに。香ばしく揚げたパースニップの外皮に詰めて提供する。

3 エイブルスキーバー、カニ
たこ焼き器のようなフライパンで焼くデンマークの伝統料理。現地ではジャムなどを添えるが、春田氏はカニのほぐし身と蒸したポワローを合わせて料理らしく仕立てた。

4 白子、葉ワサビ
白子のベニェに、泡立てた葉ワサビのソースを合わせて。葉ワサビは片面だけ焦がすように焼いて香りを立たせている。

5

ホタテ、下仁田ネギ、アーモンド

ホタテを2mm厚にスライスし、半日ほど乾燥。砕いたアーモンドを敷いた皿に下仁田ネギのピュレを盛り、このホタテで覆う。

6

カリフラワー、仔羊

ピュレ、ソテー、生と3通りに仕立てたカリフラワーに、塩漬けしてからオーブンで乾燥させた仔羊の肉をたっぷりと削りかけた。

7 パン、ヨーグルト

春田氏の修業先、サンフランシスコの「セゾン」由来の酵母で作った自家製パンを一品の料理として提供。乳清を加えた軽やかなバターを添えて。

8 サワラ、縮みホウレンソウ、キクイモ

サワラは冷蔵庫で数日間ねかせてから、ヴィネガーを加えた野菜のだしでマリネ。フライパン、オーブン、サラマンドルで焼き、キクイモのピュレを添え、縮みホウレンソウを被せた。

9 **和牛シンシン、キノコ、ヘーゼルナッツ**
肉料理は牛の腿肉のロースト。ヘーゼルナッツが香るジュ・ド・ヴィアンド
ベースのソースを流し、エリンギやシメジのソテーをあしらう。

10 ラクレット、ムカゴ
肉の後に提供するチーズ料理。ムカゴの素揚げとクルトンを盛った器に、焼いたラクレットをサイフォンで絞りかけた一品。

11 洋ナシ、チョコ
デザート1品目は洋ナシ、レモン、チョコレートクリーム、メレンゲの組合せ。仕上げにダークチョコレートを削りかける。

12 米のアイスクリーム、ミカン
米で作ったなめらかなアイスクリームを甘酸っぱいミカンのピュレとともに。

13 アーモンドクッキー
1品目の「グアンチャーレ」と見た目を似せたプティフール。冷たいクッキーを黒い小石の上に置いた。

2016年12月に開店した「クローニー」は、フランス、日本、北欧、米国で働いた経験を持つシェフの春田理宏氏と、「カンテサンス」で支配人兼シェフソムリエを務めた小澤一貴氏が共同で経営する店だ。春田氏によるおまかせコース（1万3000円）では、小ポーションの皿を中心に13品がテンポよく供される。

営業は18時〜20時 (L.O.) と、21時半〜25時 (L.O.) の二部制。前半はおまかせコース1本のレストラン、後半は西麻布の深夜のワインバー需要を考え、ワインとノンジャンルの一品料理を提供するワインバーに。

春田氏の料理に加え、小澤氏が主体となって提案するワインペアリング（8000円〜）、そしてチームワーク抜群の心地よいサービスが人気を呼んでいる。

店は東京・西麻布に立地。最奥にオープンキッチンを備える縦長の店内に、カウンター5席、テーブル16席、個室1室を配する。店名のクローニー（Crony）は、日本語にすると「永続的な茶飲み友達」の意味。

コースの基本構成は？

今回紹介したのは2017年12月中旬に提供していたコースで、アミューズ3品、前菜3品、パン、魚料理、肉料理、チーズ料理、デザート2品、プティ・フールで合計13品の構成。日々ブラッシュアップしているので現在の料理と異なるところもあるが、品数や全体の流れはこの時とほぼ共通している。

最初の一品は「グアンチャーレ」。竹炭パウダー入りの衣で作った、ジャガイモとグアンチャーレのクロケットで、開業当初より定番でお出ししている。このクロケットと見た目の似た黒い小石を敷き詰めた小皿にのせて提供し、サービススタッフが「間違えて石を召し上がらないように」と声をおかけし、手でつまんで食べていただく。

2品目は、油で揚げたパースニップの外皮にパースニップのピュレを詰めたもの。3品目は小麦粉、卵、乳製品などを合わせた生地を焼いたデンマークの伝統料理、「エイブルスキーバー（Æbleskiver）」から発想を得た品で、ここまでは手で食べていただくスナックが続く。

エイブルスキーバーは、デンマークでは粉糖などを添えて菓子的に食されることが多いが、今回は中にカニのほぐし身と蒸し煮にしたポワローを詰め、上に粉糖を模したポワローのパウダーをふってシャンパーニュに合うアミューズに仕立てた。たこ焼き器を思わせる形の専用のフライパンごと客前で披露して、お客さま自身に皿に取っていただく。ここでもサービススタッフが、「たこ焼きです」などとユーモアを交えてサーブしている。

アミューズは今回の品々のように、見た目にインパクトを出すなどして、サービスとお客さま、そしてお客さま同士の会話の糸口になるように意識したものが多い。というのも、とくに初めてお越しいただいた方にリラックスして食事を楽しんでいただくには、コースの序盤で驚きを演出することや、それをきっかけにはじまるサービススタッフとの会話のキャッチボールが必要だと考えているからである。

4品目からが前菜ということだが、前菜はどのような考えを元に組み立てているか？

前菜では、旬の食材の魅力をさまざまな香り、味わい、テクスチャーで表現する。コース全品を通しても言えることだが、私がめざすのは見た目では味が想像できないけれ

ど、一口食べると何を食べているのかはっきりとわかる料理。今はSNSなどで料理を簡単に見ることができる時代なので、見た目からだけでは味がわからない料理とすることで、「写真を見て食べた気になってしまう」ことを防ぎたいと考えているからである。

そのため、白子のベニェに泡立てた葉ワサビのソースをかけた「白子、葉ワサビ」や、下仁田ネギのピュレと砕いたアーモンドを乾燥させたホタテで覆った「ホタテ、下仁田ネギ、アーモンド」のように、一皿の全容を覆い隠す仕立てとすることも多い。

ただ、「何を食べているのかわからない料理」となることは避けねばならない。そのために一皿の構成要素を少なくして、各素材の味をストレートに表現するように常に意識している。

前菜最後の「カリフラワー 仔羊」は、カリフラワーのソテーにカリフラワーのピュレと生のカリフラワーを合わせ、乾燥させた仔羊の塩漬けを削りかけた品。このように一つの食材を何通りかに仕立て、素材自体の風味を強調するのも私がよく用いる手法である。

前菜の後のタイミングで、パンをコースの一皿として提供しているのが特徴的だ。その狙いは？

これは、焼きたてのパンを、添えものとしてではなく一つの料理として味わっていただきたいと考えてのこと。私の修業先であるカリフォルニアのレストラン「セゾン」由来の酵母にヨーグルトの乳脂肪などを加えた生地を、二次発酵させずに鍋を使って塊で焼き上げている。このパンの表面をガリッと香ばしく焼き、1人分の大きさにちぎってオーブンで温めて提供する。クリスピーで硬く重い食べ口のパンと、柔らかく軽く、少し酸味のあるバターの対比を楽しんでいただくことを狙った料理。

パンの後は、魚料理、肉料理と続く。今回の魚料理は、焼いたサワラとソース代わりのキクイモのピュレを、縮みホウレンソウのソテーで覆った品。肉料理は、牛のローストにキノコのソテーをのせ、ジュ・ド・ヴィアンドにヘーゼルナッツペーストなどを加えたソースを流した品をご用意した。当店はワインを飲まれる方がほとんどなので、肉料理の後にチーズを組み込んでいる。チーズも、パン同様に一品の料理として成立させるのが基本。今回は、ムカゴの素揚げとクルトンに、焼いたラクレットをサイフォンで絞りかけた温かい一品とした。

デザートはそれぞれ温度帯やテクスチャーが異なる2品。1品目は洋ナシとレモンのピュレ、チョコレートクリームの上に薄いメレンゲをのせ、ダークチョコレートを削りかけたもの。2品目は米のアイスクリームにミカンのピュレを添えたもの。

プティ・フールは1品目のアミューズに見た目を似せた、アーモンドの冷たいクッキー。最初の品と最後の品に統一感を持たせることで食卓に話題を提供する他、「コースを食べ終えた」という充足感を感じていただきたいという考えからこのようにしている。

コースを提供するうえで、心がけていることは？

レストランならではのア・ラ・ミニッツ感あふれる料理を楽しんでいただきたいので、熱々の品はもちろん、液体窒素を使う品など、"寿命"が短い品を組み込むことが多い。泡を使った「白子、葉ワサビ」やサイフォンで仕立てたチーズ料理などもその現れ。

また、当店はレストラン営業の後、21時半からワインバー営業がはじまるのも特徴。バー営業ではコースとはまったく異なる料理をお出しするが、当店はオープンキッチンのため、作業が重なってキッチンのオペレーションがばたつくとその空気が客席に伝わってしまう。そうならないためにも、レストランのコースをスムーズにお出しするよう注意を払っている。

お客さまに心地よく食事をしていただきたいので、食材のよさを損なわないように配慮しつつ、仕込めるものは仕込んでおき、営業中は余裕をもって調理を行なうことを大切にしている。それには厨房とサービスのチームワークが重要で、現在は厨房3〜4人、サービス3人の体制だが、フロアが忙しそうな時はオープンキッチンの利点を生かして厨房から様子をうかがい、私が提供に出るなど、お互いフォローしてチームで店をまわす意識を持っている。

春田理宏 | Michihiro HARUTA

1987年大分県生まれ。高校の調理科を卒業後、ホテル勤務を経て渡仏。「ルドワイヤン」(パリ)など12店で約3年間修業を積む。帰国し「カンテサンス」(東京・白金台)で働いた後、再び渡欧して「ガドー」(コペンハーゲン)と「マエモ」(オスロ)に勤務。現在は御殿山に移転。「ティルプス」(東京・白金台)のシェフや「セゾン」(サンフランシスコ)を経て、2016年に独立。

鳥羽周作
sio シオ
Shusaku TOBA
1-11

ある日のコース（2017年12月撮影）
7000円（税、サ10%別）

1　鶏　水　白トリュフ
2　フォアグラ　柿　蕎麦の芽
3　越田さんのもの凄い鯖　ビーツ　梅
4　牡蠣　菊芋　カラマンシー
5　小麦
6　本日のお肉料理（鳩　黒にんにく　キャベツ）
7　鶏　ふさおとめ　レモンバーム
8　金子さんの蕪　酒粕　ゆず
9　山椒　鳴門金時　ごぼう
10　小菓子

鶏　水　白トリュフ
最初の一品は大山鶏のブロードが主役。仕上げにごく少量加えるアユの魚醤と、白トリュフオイルが味の決め手だ。

フォアグラ　柿　蕎麦の芽
マカロン生地にあんぽ柿のジャムをぬり、フォワグラのムースを重ねる。マスカルポーネを絞って半球形に整えたら、ソバの芽を挿す。

3 越田さんのもの凄い鯖 ビーツ 梅
サバの干物を揚げ焼きにして、梅のハチミツ漬けとクリームチーズを合わせたピュレをぬる。フランボワーズヴィネガー風味のビーツやビーツパウダーで鮮やかな赤紫色に統一。

4 牡蠣 菊芋 カラマンシー
キクイモのピュレを敷いた皿に牡蠣とユリネのフリットを盛り、黒大根のスライスで覆う。塩昆布パウダーの旨みがアクセント。

5 小麦
このタイミングでパスタを提供することが多いが、今回はキタアカリのニョッキに。鶏のブロードベースのソースを流し、ボッタルガをふる。

本日のお肉料理（鳩　黒にんにく　キャベツ）
フランス産小バトをローストし、炭火であぶって仕上げた。
鶏白レバーのペースト、キャベツのソテーを添え、フォン・
ド・ヴォーに甜麺醤を加えた甘みのあるソースを流す。

6

7 **鶏　ふさおとめ　レモンバーム**
コースの締めに「ご飯もの」を組み込むのが鳥羽氏流。鶏の腿肉で仕立てた
「海南鶏飯」にセリ、コリアンダーなどのサラダをたっぷりのせる。

8
金子さんの蕪　酒粕　ゆず
アヴァンデセールはカブが主役。酒粕のアイスクリームと合わせ、ユズの香りをきかせて冬らしい味わいに。

9
山椒　鳴門金時　ごぼう
メインのデザートはボリューム感も重視。ベースは山椒の香るティラミスで、ゴボウのフリットをたっぷりあしらう。

10
小菓子
プティ・フールはシンプルなフィナンシェ。ベーシックな品とすることでコースを穏やかに締めくくる。

個性的な飲食店が立ち並ぶ東京・代々木上原で予約の取れない人気店として知られた「Gris(グリ)」。2016年よりシェフを務めていた鳥羽周作氏が、2018年に同店を買い取り、「sio(シオ)」と名を改めて新たなスタートを切った。

現在のメニューは、夜は10品構成、1万円のおまかせコース1本。土日のみ6皿5800円のランチコースを提供する。イタリア料理やフランス料理をベースに、北欧やアジア圏など多様な地域・ジャンルからインスピレーションを得た料理がテンポよく供され、鳥羽氏のエネルギッシュなキャラクターも相まって、毎夜店内は熱気に包まれる。

鳥羽氏がめざすのは、レストランビギナーでも、食べ慣れた美食家でも、同じように「旨い」と実感できる、わかりやすいおいしさ。モダンな盛りつけや演出に対し、素材の組合せや調味の面では奇をてらわずに、王道を心がける。営業前には厨房スタッフ全員ですべての料理を食べて味を確認し、納得いくまで完成度を高めている。

ほどよいカジュアル感がありながら、壁の大きな鏡や卓上のアルコールランプが深みのある雰囲気を作る。18席あるテーブルにはクロスをかけず、料理ごとにお客自らが引き出しからカトラリーを取り出すスタイル。

今回紹介したのは、旧店「Gris」時代のコース。当時と現在で変わったことは?

これは2017年12月頃にお出ししていたコースで、この時は10品構成で7800円としていた。「sio」へとリニューアルしてからは、品数は10品のまま価格を1万円に値上げした。肉料理にはグレードアップの選択肢を用意し、その場合はプラス2000円、またはプラス4000円の設定だ。この結果、使える食材の幅が広がり、クオリティを大きく上げることができたのが大きな変化だ。また、食材だけではなく、インテリアや備品、BGM、お客さまが手に取るおしぼりなど、あらゆる面において「総合的なもてなしの場」としての環境を整えることができた。

品数を増やさなかったのには、食事のはじまりから終わりまでの時間が長くなりすぎないように、という狙いもある。それには2つの理由があって、1つ目は「しっかりコースを楽しみたいが、生活リズムは崩したくない」というお客さまが予想以上に多いと気づいたこと。また、ディナーを17時スタートと21時スタートの2営業制とし、18席を2回転させるようにしたことがもう一つの理由だ。当店ではリニューアルを機にスタッフの長時間労働を改善するため週休2日制を導入しており、その前提として毎晩2回転分の客席をしっかりと埋めて、十分な売上を確保したいという事情がある。

コースの構成に関してはどうか。

そこには大きな変化はない。料理にもコースにも"意図"を持たせること、そして、どうしたらお客さまが喜んでくれるかを最優先で考えている。また、コース10皿の中で抑揚豊かな流れを作ることも意識する。たとえば1品目のアミューズは、私が考えるおいしさをストレートに伝えるための品。今回はクリアな鶏のだしに、トリュフオイルと黒コショウでアクセントとなる香りを添えた、熱々のスープを紹介した。猪口に入れて少し物足りないくらいの量でお出しすることで、続く皿への渇望感、期待感を高めるのが狙いだ。また、鶏の風味が際立つだしを引くには時間も手間もかかる。食べ慣れたお客さまに、「きちんと仕事が詰まった料理を出す店なんだな」という印象を持っていただくための一品でもある。

次の小さな盆栽をイメージしたフィンガーフードは、当時スペシャリテとしてお出ししていたもの。見た目のインパクト

を重視しており、楽しく食べていただきたい、という当店の姿勢をお伝えする役割を果たす。マカロン生地の上に、あんぽ柿のジャム、フォワグラのテリーヌ、マスカルポーネを重ね、煎ったソバの実やカカオニブをまとわせた品で、一口サイズながらも多彩な食感が楽しめる仕立てだ。
これに続くのが脂ののったサバの干物に、フランボワーズヴィネガー風味のマリナードに浸けたビーツを合わせた前菜。こちらも定番としてお出ししていた品だ。現在は、印象的なビーツの赤色は残しつつ、ビーツと馬肉のタルタルを合わせた品を提供している。

次の4品目の位置づけは?

これまでとはまた違った一面を見せたいので、日本の家庭料理にヒントを得た、少しユニークな一皿を用意することが多い。「牡蠣 菊芋〜」は、"魚介のシチュー"をイメージしながら、前菜らしい軽めの食後感をめざした品だ。牡蠣はフリットにして濃厚な旨みを閉じ込め、ハマグリのだしと生クリーム、牛乳を合わせた泡をかけてシチューを思わせる味わいに。ここにユリネのフリットやキクイモのピュレで甘みを、黒ダイコンのスライスで辛みを添え、黒ダイコンを和えたカラマンシーヴィネガーの酸味や、まわりにふった塩昆布のパウダーで海藻の風味を加味した。
こうした複雑な構成の皿は、コースの前半に盛り込み、まだ空腹なうちに受け止められるようにすると効果的だ。多方面から味覚にアプローチをすることで徐々に期待感を高めていくことができる。また、ここで多要素を一皿に盛り込み、その直後の品で一気に要素をそぎ落とすことで、コースに緩急をはっきりとつけることができる。後者の役割を担うのが5品目の「小麦」だ。
「小麦」では、私が得意とするアラビアータやカルボナーラなど、シンプルなパスタ料理を提供することが多い。誰もが食べ慣れた料理だからこそ、他で食べた味との違いを感じていただけるだろうという自信もあって、現在の形になってからも変わらずお出ししている。ただし、この時は甘みの強いキタアカリが手に入ったため、例外的にニョッキを作ってみた。小麦粉を使ったパスタほどメジャーではないので食べ慣れない方も多いはずで、だからこそ「ニョッキっておいしいんだ」と思っていただきたい——そう考えて吟味と試作を重ねて引き出したなめらかでとろけるようなテクスチャーは、新鮮な驚きを与えられると思う。また、

こうしたパスタや最初のスープなど、素材の原価ではなく手間で勝負できる料理を盛り込むことで、価格設定を抑えられるという効果もある。
ちなみに、コースに合わせてアルコール、ノンアルコールともに各6杯のペアリングコースを用意するが、アミューズと「小麦」、アヴァンデセールの3品はペアリングが付かないため、その日の気候や旬の素材、またゲストの嗜好に合わせてメニューを変えることもある。コースの中でも臨機応変に対応するパートだ。

次はいよいよメインディッシュだ。

いちばんの盛り上がりとなるメインも、一品限定ではゲストの苦手な素材にあたる可能性がある。それを避けるため、コースの中でメインだけは数品の選択肢を設け、好みの品を選んでいただく。いずれにしても今回のハトのように、「焼くだけで充分旨い」とストレートに伝える品としたい。だから大切なのは火入れの加減や提供のタイミングで、複雑な構成や盛りつけは必要ないと考える。その代わり、こうした熱々で提供したい皿は温度感をとても大事にしていて、たとえば調理中にゲストが離席したらもう一度作り直して、ベストな状態でお出しするように心がけている。
7品目のご飯ものは、シンプルで力強いメインの後の着地点、いわば締めのイメージ。今回のコースでは「鶏ではじまり、鶏で終わる」というストーリー性を持たせており、アミューズの鶏のスープで炊いたご飯に同じスープで炊いた鶏肉をのせ、フレッシュなハーブをたっぷりと盛った。シンガポール料理の「海南鶏飯」から発想した品だ。
続いてデザート2品、最後に小菓子と飲みものと続く。小ポーションのアヴァンデセールの後に、ボリューム感のあるデセールでテンションを盛り上げた後、シンプルな焼き菓子で締めくくる。デザートには、カブをのせたアイスや、ゴボウのフリットをのせたティラミスのように、必ず野菜を使うのが私の流儀。糖度はきちんとつけるが、野菜は果物よりも多彩な味を表現できて有用だと感じている。

鳥羽周作 | Shusaku TOBA

1978年埼玉県生まれ。「ディリット」(東京・幡ヶ谷。現在は神楽坂に移転)で3年間イタリア料理を学び、「フロリレージュ」(同・外苑前)、「アーリア・ディ・タクボ」(同・恵比寿。現tacubo)などを経て2016年「Gris」のシェフに就任。その後、同店を買い取り、'18年7月に「sio」として開業。

Ñ エニエ

砂田裕智
Hirotomo Sunada

ある日のコース（2017年12月撮影）
1万円（税別）

1	エキストラバージンオイルのスポンジアイスとコムハニー
2	ブラックオリーブのマドレーヌ
3	イベリコベジョータ生ハムとパルミジャーノチーズの鳥の巣仕立て
4	温度ウズラ卵とサヨリ・白ゴマ・牡蠣醤油
5	マルティーニのジュレとペドロヒメネスのクリーム
6	青リンゴのウイスキーサワーもしくはレモンジュースとピオーネの雫石
7	真サバ・ホウレン草・シェリーヴィネガークリームのコカ
8	真ダコと海老芋 春菊のピューレとイディアサバルチーズ
9	白子・セコガニ・赤ネギのグラタン
10	メカジキの腹身・白インゲン豆・ピキージョピーマンのサラダ
11	和牛ホホ肉の低温調理・足赤海老・ジャガイモとちりめんキャベツ
12	スペイン産アンコウと源助大根のアロスメロッソ
13	姫リンゴのコンポートとシナモンアイス

2 ブラックオリーブのマドレーヌ
マドレーヌは生地に黒オリーブのペーストを混ぜ込んだもの。フランス・ゲランド産の粗塩をふって提供する。

1 エキストラバージンオイルのスポンジアイスとコムハニー
ゼラチン入りの牛乳をふわふわになるまで撹拌し、オリーブオイルを加えて冷凍した「スポンジアイス」に、巣蜜と塩をのせて。

4 温度ウズラ卵とサヨリ・白ゴマ・牡蠣醤油
パート・ブリックのコーンにワサビのすりおろしと、牡蠣醤油とゴマ油で和えたサヨリを詰めて。白ゴマを敷いた器に挿して提供する。

3 イベリコベジョータ生ハムとパルミジャーノチーズの鳥の巣仕立て
パルミジャーノをまぶした細切りのパート・ブリックを焼いて「鳥の巣」を作り、常温にもどした生ハムをかぶせる。

5

マルティーニのジュレとペドロヒメネスのクリーム

スパークリングワインのマルティーニでジュレを作り、器に流す。上にシェリー（ペドロ・ヒメネス）のクリームを絞り、塩をふって提供する。

6-1

**青リンゴのウイスキーサワーもしくは
レモンジュースとピオーネの雫石**

このタイミングで、口直しとして「料理人の作るカクテル」を提供。アルコール（左）とノンアルコール（下）から選んでもらう。

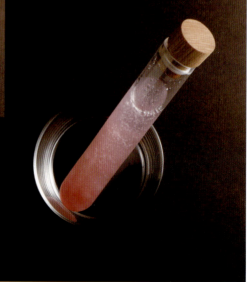

6-2

7 **真サバ・ホウレン草・シェリーヴィネガークリームのコカ**
真サバをヴィネガーで締めて、皮目をあぶる。シェリーヴィネガークリームやホウレンソウとともに、コカ（スペイン東部のパン）にのせて。

真ダコと海老芋 春菊のピューレとイディアサバルチーズ 8
ゆでたマダコと揚げたエビイモを、シュンギクのピュレで食べる一品。チーズのチュイルを器にのせ、砕いて混ぜるようすすめる。

9 **白子・セコガニ・赤ネギのグラタン**
タラの白子にセコガニと赤ネギのソースをかけ、グラタン仕立てに。熱々、かつクリーミーな一品でほっと一息ついてもらう。

10 メカジキの腹身・白インゲン豆・ピキージョピーマンのサラダ

メカジキは小麦粉をふってプランチャでレアに焼く。白インゲン豆のピュレとピキージョのピュレを添え、サラダをのせて。

11 和牛ホホ肉の低温調理・足赤海老・ジャガイモとちりめんキャベツ

牛のホホ肉の煮込みとアシアカエビのプランチャ焼きの組合せ。ちりめんキャベツのガレットを添え、ホウキタケの香るソースを流す。

12

**スペイン産アンコウと源助大根の
アロスメロッソ**

アロスメロッソは、雑炊のように炊いた米料理のこと。プランチャで焼き、アサリのだしをアロゼしたアンコウと、炒めたダイコンを具材に仕立てた。

13

姫リンゴのコンポートとシナモンアイス

デザートは1品で、小菓子も出さないのが砂田氏流。その分、本品のように素材感を強く出したシンプルな品とすることが多い。

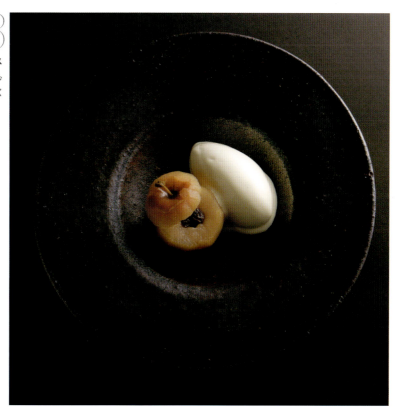

大阪のビジネス街、堺筋本町に2015年にオープンしたスペイン料理店「Ñ(エニェ)」。オーナーシェフは「エル・ブジ」のラボや「アケラレ」に勤めるなど、モダンスパニッシュの旗手の下で長年修業を積んだ砂田裕智氏だ。氏は現地でブームまっただ中のモダンスパニッシュに触れ、「ビジュアルやプレゼンテーション、食感は変わっていても、風味を重ねすぎず味は直球的な部分が日本料理に通じる」と感じたことから、国産食材を中心に用い、日本の旬を強調したスペイン料理を構想。旬を追う月替りのおまかせコースを提供する。

夜のコースは、開業から1年間は11品6500円、その1年後に15品1万円と段階的に価格と品数を上げ、現在は1万2000円に。品数は15品（撮影時は13品）で、モダンスパニッシュらしい多皿のコースであることに変わりはないが、「テンポよく提供し、テンポよく食べてもらう」ことで、途中で満腹にならずに最後まで楽しめる構成を意識。2時間ほどで提供し終えることを目安とする。

どのような考えでコースを構成しているか？

現在の夜のコースは、スナック2品、カクテル1品、ピンチョス3品、タパス2品、主菜5品、米料理、デザートという15品で組み立てている。撮影時は主菜の手前がスナックとタパス計5品、カクテル1品で、計13品構成だった。ただ、基本的な考えは共通しており、撮影時のコースを例に私の考えを紹介したい。

私が修業をしたのはモダンスパニッシュの店が中心だが、「コース全品が前衛的な料理だと食べ疲れする」という考えもあり、前衛的な料理、伝統料理をベースにしたクラシックな料理、スペイン料理らしさを出した私オリジナルの料理という3タイプをバランスよく散りばめている。

コースを組む際に重視するのは、テンポよく食べることができ、途中で満腹にならずに最後まで楽しんでいただくこと。そのため最初に各品の位置づけをはっきり打ち出したメニュー表をお渡しして、食べている最中に「自分がコースのどの段階にいるのか」がわかるようにする。また、料理の提供をスムーズにできるよう心がけている。

最初は酒のつまみとなる5品を提供する。コースの中での大きな"序章"という位置づけだ。次に口直しとしてカクテルをお出しし、その後にクライマックスである主菜5品、締めの米料理と続ける。

コース前半は一口サイズの品が中心だ。

これもテンポよく食べていただく狙いからだ。今回の1品目は、牛乳、ゼラチン、オリーブオイルを混ぜて冷凍した、スポンジのような見た目のアイス。アイスのシャリッとした食感とゼラチンのヌルッとした舌ざわりが混ざり合った、驚きのあるテクスチャーでコースをスタートする。

続く「ブラックオリーブ〜」は一転して焼きたてを提供し、温度のギャップで感覚を研ぎ澄ませていただく。3品目は生ハムとチーズというスペイン料理定番の組合せだが、パルミジャーノをからめて焼いた麺状のパート・ブリックを使って、インパクトのある見た目とカリカリとした食感を加えた。このようにテクスチャー、温度、見た目、食感を品ごとに大きく変えることで、少量多皿でも一品一品の印象を際立てることを狙っている。

前半の山場が4品目の「温度ウズラ卵〜」。パート・ブリックのコーンに、冷凍してから解凍して温度卵のようなテク

大阪・堺筋本町の駅近くにある、元は保険会社だった物件を店舗に改装。調理は砂田氏1人で行なうため、食材を焼く香りや熱気、音が醸し出すライブ感を重視し、8席のカウンターを中心に店内を構成。他に4席の個室も備える。

スチャーにしたウズラの卵の黄身をのせたものだ。コーンの底にはワサビのすりおろしを詰め、その上に牡蠣醤油とゴマ油で和えたサヨリを重ねている。お菓子のような見た目に反して、口にするとまず感じるのが黄身のコク、次にねっとりしたサヨリの食感、そしてゴマ油の香ばしい風味。最後にワサビのツーンとした刺激で後味を断ち切るという、見た目と味のギャップも楽しんでいただきたい一品だ。
序章を締めくくる5品目は、オープン当初から唯一定番としてお出ししている「マルティーニ〜」。ベルモットのジュレにペドロ・ヒネメスのムースを絞った、「酒と酒」の組合せをテーマとした品だ。華やかなマルティーニの香りとシェリーの甘みが長い余韻を生むが、アサツキの辛みがアクセントとなり、さっぱりと食べられる。

次にカクテルを挟む。ドリンクを料理の間に組み込むユニークな構成だ。

主菜の前に口中をリセットさせ、味覚を切り替えていただくのが目的だ。「料理人が作るミクソロジーカクテル」をテーマに、アルコール入りとノンアルコールの2種のドリンクを用意し、好きなほうを選んでいただく。今回は青リンゴ風味のウイスキーサワーのフラッペに温かいエスプーマを重ねた一杯と、レモンジュースにブドウのゼリーを浮かべた一杯を用意した。カクテルでは旬のフルーツを使って季節感を出し、時間差によって生じる温度や口当たりの変化を表現するよう意識している。
カクテルの後は主菜的な位置づけの料理を5品提供し、米料理へとつなげる。主菜は5品の中で流れを作り、クライマックスに向けて盛り上げていくイメージだ。また、スペイン料理のメインディッシュと言えば肉料理が思い浮かびやすいが、日本の旬を表現したいという考えから、魚が主役の品を多くしている。
今回はスペイン東部発祥の、ピッツァに似た料理「コカ」でスタート。酢締めにしたサバと縮みホウレンソウを組み合わせるなど、日本の食材や調理技術を生かした仕立てにした。続く「真ダコ〜」は、風味を強く感じさせるため常温にしたシュンギクのソースを器の底に流し、揚げたてのエビイモとタコのプランチャ焼きをのせた品。一品の中に異なる温度帯を共存させているのがポイントだ。
3品目の「白子・セコガニ〜」は焼いた白子とセコガニに赤ネギのソースを合わせ、香ばしく焼いたグラタン。クリーミーな料理でほっとしていただいたところに、4品目の「メカジキの〜」をお出しする。たっぷりの葉野菜でサラダ仕立てにすることでメカジキの油脂を受け止めるとともに、前品までの流れを断ち切り、クライマックスへとつなげる皿だ。主菜の最後は重めの赤ワインを飲むことを想定し、どっしりとパンチのある料理を用意する。今回の牛ホホ肉とエビの皿のように、スペイン料理が得意とする山と海の素材の組合せを用いるなど、旬も意識しつつ2つの食材を主役にすることが多い。

次のご飯ものでは、"パエリア以外"の米料理を出すことに決めているという。その理由は?

スペインにはおじやのように汁気を残したアロス・カルドソや、オーブンで焼くアロス・アル・オルノなど、さまざまな米料理がある。パエリアだけが米料理ではない、という思いを込めてそうしている。今回は、リゾット風にやや汁気を残して煮る「アロス・メロッソ」で、カブとアンコウを煮込むスペインの定番料理をアレンジして仕立てた。
続くデザートは原則1品。食べ疲れが出てくる頃のため、甘さを控えて旬の果物のおいしさをストレートに表現する品とする。コースを組み立てる際は旬の素材を紙に書き出して組合せを考え、ビールやスパークリングワインに合うものは前半のスナックやタパスに配置。酒がより進むよう生ハムやチーズを使ったり、塩味を立たせた調味の品とすることが多い。主菜は白ワインから赤ワインへ変わる分岐点を決めてから組むなど、酒の進め方から料理を構成することがほとんどだ。今回は「白子〜」あたりから赤ワインに移ると仮定し、この品は赤白両方のワインに合う味に仕立てた。デザートを1品に抑え、プティ・フールを入れていないのも、基本的にコースを酒と一緒に楽しんでほしいから。一方で、酒が進むにつれて、料理への集中力は落ちてくる。そのため繊細な味の品は前半に置き、後半は旨みがガツンと感じられる品を多めにしている。

砂田裕智 | Hirotomo SUNADA

1973年兵庫県生まれ。ホテルオークラ神戸を経て、「エル・ポニエンテ」(大阪・北浜)に入店。2002年にスペインに渡り、「アケラレ」(サン・セバスチャン)などで7年間修業する。帰国後、「ドノスティア」(大阪・中之島)のシェフなどを経て、'15年に独立。

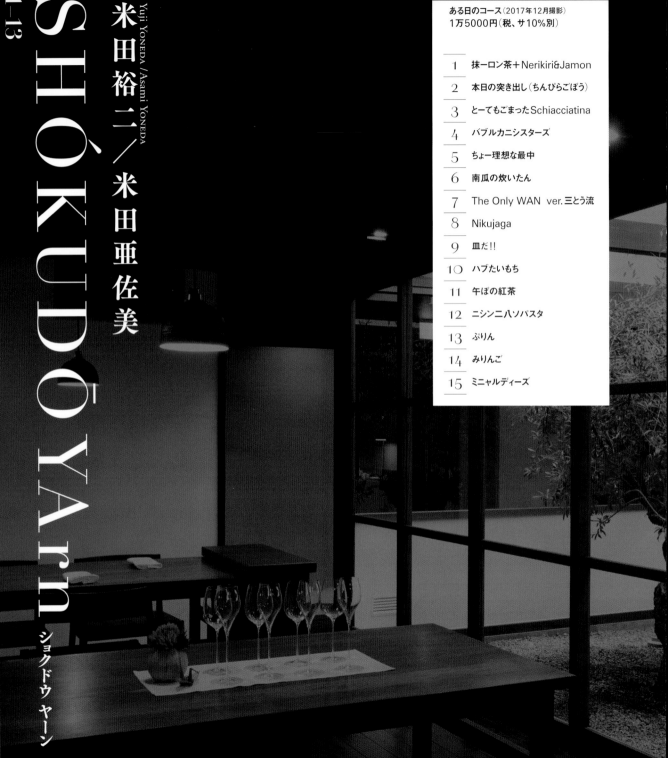

SHŌKUDŌ YArn
ショクドゥ ヤーン

米田裕二／米田亜佐美
Yuji YONEDA / Asami YONEDA

ある日のコース（2017年12月撮影）
1万5000円（税、サ10％別）

1	抹ーロン茶＋Nerikiri&Jamon
2	本日の突き出し（ちんぴらごぼう）
3	とーてもごまったSchiacciatina
4	バブルカニシスターズ
5	ちょー理想な最中
6	南瓜の炊いたん
7	The Only WAN ver.三とう流
8	Nikujaga
9	皿だ!!
10	ハブたいもち
11	午ぼの紅茶
12	ニシンニハソパスタ
13	ぷりん
14	みりんご
15	ミニャルディーズ

SHŌKUDŌ YArn

1 抹ーロン茶＋Nerikiri&Jamon

和三盆糖入り抹茶を烏龍茶で割ったウェルカムドリンク「抹ーロン茶」と、練りきりをまとわせたあんぽ柿、生ハムの組合せでスタート。

2 本日の突き出し（ちんぴらごぼう）

ゴボウパウダーを混ぜ込んだシュガーコーンにニンジンのアイスを詰め、黒ごまと一味唐辛子をふったアミューズ。

3 とーてもごまった Schiacciatina

ピッツァ生地で作るイタリアのスナック「スキャッチャティーナ」をアレンジ。ゴマ入り生地を薄く伸ばしてパリパリに焼いた。

4 バブルカニシスターズ

石川県名産の香箱ガニを蒸して、身、内子、外子を部位ごとに器に盛る。ここに昆布風味のカニ酢の泡をこんもりとのせ、甲羅を飾る。

6 南瓜の炊いたん

カボチャを蒸して裏漉しし、カカオバター、砂糖、醤油を混ぜる。板チョコ型に詰めて冷やし固めて、見た目の意外性を演出する。

5 ちょー理想な最中

自家製のチョリソをお椀に盛り、客席に。ペースト状にした温かいヒヨコ豆のスープを客前で注ぎ、立ち上る香りを楽しんでもらう。

7 The Only WAN ver. 三とう流

お椀の椀種はマダイの真薯。吸い地は昆布だしとマグロ節をセットしたサイフォンで、客前で抽出する。薄切りしたトリュフを別添えして。

Nikujaga
名の通り肉じゃが風の一品だが、5種の異なるジャガイモを用い、皿にそれぞれの品種名を書く。だしで炊いたコンニャクが触感のアクセント。

9 皿だ!!

アボカドのジュレとトマトのジュレを流した皿の上に、サラダを盛った皿（ラップをかけて裏返す）を重ねて提供。ラップをはずし、2皿を合わせて食べるようすすめる。

10 ハブたいもち

アマダイの松笠仕立てにディルとセルフイユ風味の白味噌を合わせた魚料理。白味噌は田楽のイメージで、蒸した道明寺粉の上にのせて表面をあぶっている。

11 午ぼの紅茶

肉料理は、昆布締めにした牛のフィレ肉の炭火焼き。プレス式のティーポットで客前でゴボウのだしを抽出し、牛肉を盛った器に注ぐ。だしは飲み干さずに残しておくようすすめる。

12 ニシンニハソバパスタ
ソバ粉8、セモリナ粉2の割合で合わせて打った麺を締めの一皿として提供。「午ごの紅茶」で取りおいただしに浸して食べてもらう。

13 ぷりん
デザートは2品。1品目は、プリンの材料、卵焼きの調理法で作ったふわふわの焼きプリンで、弁当箱風の容器で提供する。

14 みりんご
2品目はミリンのアイスと焼きリンゴ。アップルヴィネガーをしみこませたシフォンケーキとともに盛り合わせる。

15 ミニャルディーズ
小菓子はスペインの郷土菓子ポルボロン、焼き芋を象ったスイートポテト、そして小石に見立てたマカダミアナッツのチョコがけの3種。

2015年、石川県小松市にオープンした「SHOKUDŌ YArn（ショクドウ ヤーン）」。イタリアやスペインの星付きレストランで、肉・魚部門のシェフを務めた米田裕二氏と、デザート部門シェフなどを担当した亜佐美さんが開いたレストランだ。同店があるのはJR小松駅から車で10分弱と、けっしてアクセスしやすいとは言えない場所だが、口コミサイトやSNS、雑誌などから評判が波及し、県外はもとより、海外からもお客を呼ぶ。夜は15品前後のおまかせコース1本（1万5000円）と、ショートコース（約12皿1万円）を設け、昼は6000円に加え、日曜のみ1万2000円のコースを用意する。

裕二氏は帰国後に小松市内の日本料理店で調理長まで務めた経験を持つこともあり、随所に懐石料理の要素が散りばめられる。しかしながら、一品一品はイタリアやスペインで会得したイノベーティブな技術を詰め込んだ皿で、これらをシャレのきいたメニュー名と、遊び心にあふれるプレゼンテーションで提供する。

店は撚糸工場の跡地に立つことから、英語で「糸」を意味する"yarn"を店名に冠した。店に入ると、中庭に植えられたオリーブがシンボルツリーのように出迎えてくれる。入口の両脇に14席の客席を、奥に厨房を配す。

配られるメニュー表には遊び心にあふれる料理名がずらりと並び、一見しただけでは料理のジャンルもわからない。その意図するところは？

「いっさいの先入観なしに、自分たちの料理を楽しんでほしい」という思いから、ジャンルは掲げず、またコースに関しても「ここまでが前菜」「ここからがメインディッシュ」というような線引きを設けず、自由な発想で組み立てている。語呂合わせやシャレをきかせたメニュー名としているのは、食事の時間を肩肘張らずに楽しんでほしいという私たちの思いを伝えるためだ。メニューを見れば品数は大体わかるが、どんな料理が出てくるかは想像がつかない——それが狙いでもあって、固定観念を持たずに料理を食べていただきたいと考えている。料理写真の撮影はOKだが、ウェブ上にすべての写真は載せないようお客さまにお願いしていたり、私たちの修業先をなるべく公にしないようにしているのも、すべて同じ思いからだ。

夜のフルコースは15皿前後。構成は？

1品目は抹茶を使った、いわばウェルカムドリンク。ウーロン茶と抹茶を合わせたお茶を客席で点て、煮切ったミリンと抹茶のリキュールをたらす。これと一緒に、干し柿を包んだ練りきりと、生ハムをお出しする。前者は懐石で抹茶とともに楽しむ主菓子のイメージ、後者はお干菓子のイメージだ。小松市は古くから茶道文化が根付く町で、私自身、茶道や日本料理の経験を持つこともあり、この地域性と和の心を表現すべく、抹茶でスタートを切ることにしている。

当店は全体を通して客席で仕上げる料理が多いのだが、これは鮨や割烹など、日本のカウンター仕事を意識したもの。ライブ感はレストランらしい楽しさやおもてなしの意を表すのに欠かせない要素だと考えている。

抹茶の次は、「ちんぴらごぼう」と題したきんぴらゴボウ風味のアイスクリーム。最初の料理にあたる突き出しは、遊び心にあふれる仕立てやネーミングで、当店のコンセプトを伝えるようにしている。

続く「とーてもごまったスキャッチャティーナ」はピッツァ生地で作るイタリア発のスナック。手のひらほどの大ぶりなサイズでお出しして、袋から取り出して頬張るという、大の大人がレストランであまりすることのない動きを、あえてして

いただく。スナック菓子を袋から取り出して食べるイメージで、なつかしさを感じていただけたらというのが狙いだ。

4品目のカニの料理は、見た目にもインパクトがある。

中身はいたってシンプルで、ほぐした香箱ガニの身を、泡状にしたカニ酢で食べていただく仕立て。泡がへたらないように増粘剤を加えて泡立てて、カニの身を覆うようにたっぷりと器にのせ、驚きのある見た目とした。その次がチョリソを包んだ最中を浮かべたヒヨコ豆のスープで、塗りのお椀で提供する。白味噌仕立てのような見た目でありながら、味や香りはしっかりと"洋"というギャップを楽しんでいただく。

続く6皿目はシンプルな料理名を裏切る板チョコのような見た目がポイントだ。これはカボチャを蒸してから裏漉しし、カカオバターや砂糖、醤油と合わせて冷やし固めたもの。コースの前半であるこのあたりの皿まではできるだけ楽しく、気軽に食べられる料理を持ってくるようにしている。

続いてもう1品、汁ものが出る。煮もの椀的な仕立てで、懐石で言えば大きな山場だ。

コースの中で毎回決まった料理をお出ししたり、品数や順番に制限を設けたりはしていないが、最初の抹茶と、前半のスキャッチャティーナ、そして中盤にこのお椀をお出しすることは定番化している。そして、ここから先は強く"料理感"を打ち出していくという流れだ。
この品では客席で一番だしを引き、引き立ての香りを楽しんでいただくのが当店のスタイル。昆布だしをコーヒーサイフォンに入れて客席へ運び、削りたてのマグロ節を加えて、コーヒーを淹れるようにだしを取る。日本料理屋ならばお客には見せず、裏で行なう部分だろう。そこをあえてオープンソース化することでエンターテインメント性が出ると考えた。こうした表現は、何年間も海外ですごし、外から日本という国や日本料理を見て、考えたからこそ生まれたものだ。

8品目にあたる「Nikujaga」は、仕立てや盛りつけは一見変わっているが、味はオーソドックスな肉じゃがだ（笑）。使っているジャガイモ5種の品種名を器に直接書き入れているのだが、これはちょっとした遊び心と、さらに言えば口頭での説明の時間を省くことも狙いのうち。熱々で食べていただきたい料理に関しては、このように器自体を利用したりすることもある。この Nikujaga、そして10皿目の魚料理と、ボリューム感や食べごたえのある料理が続く。そこで9皿目では箸休め的にサラダ料理を挟み、いったんテンションを落ち着けてから肉料理へとつないでいく。
肉料理は加熱後に軽く燻香をつけ、仕上げに表面をプランチャで焼いた牛のフィレ肉。これをハーブとともにお椀に盛って客席に運ぶ。同時に、大豆やスルメ、干しシイタケでとった旨みの強いだしを、乾燥ゴボウやネギの炭火焼きが入ったプレス式ティーポットに注ぐ。だしの味がよくなじんだら、お椀に注いで完成、という一品だ。だしは飲み干さずに残しておいていただき、続く「ソパスタ」と題したソバ粉とセモリナ粉を合わせて作る麺のつけだしにしてもらう。西洋のレストランでは、メインの肉料理にだしをかけたり、さらにそのだしを次の料理に再利用するなどもっての外だと思うが、そうした固定観念になるべくとらわれず、洋も和も学んできたからこそできる表現を探るというのが私たちのセオリーだ。

麺類は形を変えてコースのどこかしらに組み込むことにしていて、たとえばもう少しイタリア料理寄りの麺を表現する際は、肉料理の前にプリモ・ピアットのニュアンスでお出ししたり、あるいは和に寄せてそうめんやうどんを締めにお出しすることもある。

デザートは2品で、プリンの材料を合わせて卵焼きのように焼いたふわふわの"焼きプリン"と、アップルヴィネガーをしみ込ませたシフォンケーキと焼きリンゴの上にミリンのアイスをのせて、崩したパート・フィユテとリンゴのチップスで覆った一品。ミニャルディーズはスペインのホロホロとした食感が特徴の焼き菓子、ポルボロンを落雁の型で抜いたものと、石に見せかけたマカダミアナッツのチョコレートがけ、そして焼きイモを象ったスイートポテトの盛合せ。このように、最後のミニャルディーズに至るまで、遊び心を忘れずに、お客さまに笑顔でお帰りいただくための仕立てを常に考えている。

米田裕二／米田亜佐美
Yuji YONEDA / Asami YONEDA

ともに1976年石川県生まれ。イタリアで修業中だった裕二氏に亜佐美さんが合流し、ともにイタリアとスペインのレストランで研鑽を積む。2007年に帰国後、裕二氏は小松市の日本料理店で修業。'15年に2人で独立。

第2章

岸田周三が考える、究極のおまかせコース

まだプリフィクスや品数の少ないコースが主流だった2006年。ガストロノミーレストランとしていち早く多皿のおまかせを打ち出した岸田氏が、「おまかせコース」にかける思いとは。

岸田周三

Shuzo Kishida

Quintessence

カンテサンス

おまかせコースはお客さまが料理を選べない。
だからこそ、常に作り手側の努力で
期待を超える感動を提供することを、
いちばん大切にしている。

今でこそフランス料理店は少量多皿のおまかせコースが主流だが、私が「カンテサンス」をオープンした2006年当時、そもそもおまかせコース1本の店は少数派だった。それでも私が開店当初からおまかせ1本で勝負に出たのは、旬を反映した新鮮な食材を、常にベストな状態で提供したかったからだ。

私は昔から、前日に余った食材を翌日の営業に持ち越したり、料理の作り置きをするのが大嫌いで、その日のお客さまのために準備した食材のみを使って、レストランらしいできたての品を提供したいと考えていた。また、フードロスを減らしたいという強い気持ちもあった。それらを実現するために、おまかせコース1本にするのは私にとっては必然だった。コースの品数や流れ、ポーション、どの品を定番とするかなどは、オープン前からしっかりと練り上げてきたものだ。これらについての自分の中の"正解"は、オープンから13年がすぎ、移転などを経てきた今現在も揺るがない。そのため、コース構成はオープン時とほぼ同じままだ。

おまかせコースはお客さまが料理を選べない。だからこそ、いちばん大切にしているのは、作り手側の努力で常にお客さまの期待を超える感動を提供すること。そして、どんな方にも満足してお帰りいただくこと。開店当時、かなりめずらしかった計14皿という多皿構成に踏みきったのも、新作と定番品をバランスよく組み込めて、新しい感動と安心感を両立させられるベストな品数だと考えたからだ。

ちなみに、「感動」を生むには、何よりも食べた時に感覚的に「おいしい」と思っていただくことが重要だ。もちろんレストランにおいてはプレゼンテーションや素材のストーリーの説明も大切だと思うが、私は全品について、風味と温度、食感、食べた時に口の中で起こるであろうことを最優先に考えて、料理を組み立てている。料理にメニュー名

をつけず、お客さまにお見せする名前も「白紙」としているのは、メニュー名に縛られずに料理を作りたいという考えから。また、料理は名前の力によって味が変わるわけではない。だったら私は、料理名を考える時間とエネルギーを、料理を少しでもおいしくすることに費やしたいと思う。

コースで感動を生むにあたり、料理と同じくらい重要なのが顧客記録の管理だ。当店ではご予約の段階でアレルギーや好き嫌い、何度目のご来店かを必ず聞く他、これまでのご来店日、その日召し上がった料理とワイン、さらには利き手など細かいデータまでも記録している。このためだけにスタッフが必要なくらい、とんでもない仕事量になるのだが、これを踏まえてお客さまをお迎えすると、感動の度合いが大きく違うことを経験的に知っているからだ。だから、おまかせコース1本と言っても、テーブルごとに出てくる品はバラバラ。厨房の中では、1日に何本も違うコースが生まれている。

私はお客さまがお帰りの際に必ずお見送りするようにしている。これは、直接ご挨拶をしたいという理由ももちろんあるが、コース内容のブラッシュアップのためという側面も大きい。全員をお見送りして会話をする中で私が探すのは、「その日、1回も話題に上がらなかった料理」。「これがおいしかった」と感想を伝えてくださるお客さまが多い中で、誰からも言及されなかった料理には、何か問題があるはずだ。そうした品は、翌日仕立てを少し変えてお出しするなどして、またお客さまの反応を待つ。それを積み重ねることで、各品の完成度、ひいてはコース全体の質が徐々に高まっていく。

オープンして13年が経ち、性別、年代、国籍に関係なく、本当にいろいろなお客さまが来てくださるようになった。多彩なタイプのお客さまに偏りなく来ていただいて、その全員に喜んでもらえる——今後もおまかせコースを武器に、そんな店をめざしていきたいと思う。

ある日のコース(2018年5月撮影)
2万2000円(税、サ10%別)

1	ホタルイカのサブレ
2	ガスパチョ・ペティアン
3	山羊乳のバヴァロワ
4	フォワグラ、オーベルジーヌ、アリーバ
5	ホワイトアスパラガスのベニェとアイナメ
6	グルヌイユのムニエル
7	イサキのポワレ
8	仔鳩のドゥミ・アン・クルート
9	モンブリアック
10	ソルベ 木の芽、ショコラ
11	発芽玄米のリ・オ・レ
12	焼きたてのガトー・フレーズ・カシス
13	メレンゲのグラス
14	ピスタチオのキャラメル

メニューは夜2万2000円のおまかせコース1本だ。基本的な構成は？

2019年3月にランチの営業を終了し、夜のみの営業へと切り替えた。その分、営業開始時間を早めて17時スタートとし、席によっては2回転させられるように変更した。コースの構成はそれ以前と変わらず、アミューズ、小さなスープ、前菜4品、魚料理、肉料理、チーズ、デザート4品、プティフールで計14品という流れだ。ちなみに、料金は2019年10月から、2万4000円へと変更を予定している。

アミューズはオープンした2006年からずっと、手でつまんで食べていただく一口サイズのサブレ。上にのせる具材を時季ごとに変えている。食事の最初はお飲みものを選んでいただく時間と考えているので、お客さま同士、あるいはソムリエと相談しながら、片手で食べられるフィンガーフードは理想的な形だ。

2品目も固定で、ショットグラスに入れた小さなスープをお出ししている。たとえば、暑い時季は外から屋内に入ったらまず冷たい飲みものを、そして冬だったら温かい飲みものが欲しくなる。そこで、時季によって温製・冷製を変えるスープを定番とし、今回は暑さが増してくる時季(撮影は5月)に合わせて、炭酸を加えたガスパチョ風の一品とした。トマトの酸味で口の中をさっぱりさせることと、炭酸の刺激による食欲増進効果も狙っている。最近はフランス料理店でスープを出す店が少なくなっていると感じるのも、スープを組み込む理由の一つ。スープはフランス料理の伝統を受け継ぐ大切な存在だと、お客さまに伝えたいという思いがある。

3品目はスペシャリテの「山羊乳のバヴァロワ」だ。

ここからが前菜だ。その1品目はオープン時から作り続け

るこの品。前菜が4品続く中で「山羊乳のバヴァロア」を最初にお出しするのは、もちろん冷製から温製へ、味が淡いものから濃いものへ、そして軽い食べ口のものから食べごたえのあるものへ、という流れを大切にしているからでもあるが、スペシャリテをコース序盤でお出しすることで、「カンテサンスに来た」という実感を早い段階でしっかりと持っていただくのも狙いだ。

ちなみにこの品と、デザート最後の「メレンゲのグラス」をスペシャリテとして必ずコースに組み込んでいるのは、「素材のおいしさを尊重する」という当店のコンセプトの一つを打ち出せると同時に、構成要素が少なくシンプルな味わいなので、回数を重ねたとしても、どんな方にも比較的飽きずに食べていただけるだろう、という考えからでもある。

こうした定番品と新作をバランスよく織り込むのは、多皿のコースだからできること。品数が少ないと、いくらシンプルな味わいとはいえ、一品ごとの印象が大きくなるので毎回同じ品では飽きてしまう。また、新作についても、あまり挑戦的な品を入れることができなくなるだろう。14皿という品数は、それらを両立させるのにちょうどいい数字だ。

次の「フォワグラ、オーベルジーヌ、アリーバ」は、ナスとカカオという好相性の組合せをベースに考案し、ブラッシュアップを続けている一品。フォワグラのテリーヌと、ヴィネガーをふった焼きナスを重ね、カカオのチュイルで挟んでオキサリスなど酸味のあるハーブをのせる。重い印象になりがちなフォワグラ料理を、ナスの水分や、ヴィネガーの酸味で軽い食べ口にすることを狙った品だ。前菜2品目あたりまではシャンパーニュを飲まれる方が多いので、相性がいいフォワグラをこの位置に持ってきて、同じくシャンパーニュに合う酸味を合わせることが多い。

次は、毎年この時季に必ずと言っていいほど組み込む

ホワイトアスパラガスの品。ホワイトアスパラは、ゆでてからゆで汁に浸して味をしみ込ませるのが定番の調理法ではあるが、より風味と食感を生かす方法はないかと探っていた。その結果、たどり着いたのが、ベニェ生地を薄くまとわせて揚げるという仕立て。衣を付けて揚げることで、間接的に、かつ素早く火が入り、アスパラガス本来の歯ごたえを生かすことができるし、水分が保たれるのでジューシーさと風味を逃さず仕上げられる。

アスパラガスの上にのせたのは、アイナメのタルタル。熱々のフリットに冷たいタルタルを合わせると、口の中で温と冷が混じり合って不均一なおいしさが生まれる。また、アスパラの熱によってアイナメの風味が強く立つ効果もある。アスパラのような定番食材は、常連のお客さまにとっては「食べ慣れた食材」でもあるが、それでも毎回新たな驚きを提供できるよう、常に新しい仕立てを考えたいと思っている。

前菜最後のカエルのムニエルは、前菜としてはポーションが大きいと感じる。どんな狙いからか？

一般的なフランス産よりかなり大きな、淡路島から仕入れる活けのカエルを使っている。その魅力を存分に感じていただきたくて、このような形に仕立てた。ただし、一見大きく見えるものの、骨が大きく可食部分はそこまで多くないので、お腹にたまりすぎるということはないと思う。

今回はカエルをシンプルなムニエルにして、ニンニク、アンチョビー、そしてヘーゼルナッツをカリカリに炒めたフレークをのせた仕立て。アクセントとして、炊いたアーティチョークや、ゆでてソテーしたスナップエンドウの細切りも合わせている。

私はこの品に限らず、ある一定以上のポーションがあるからこそ、その品の魅力を満喫でき、もの足りなさを感じることなく"皿が完結する"のだと考えている。何を食べ

ているかわからないままに食べ終えてしまうと、もやもや感が残り、その品に対する気持ちを次の品まで引きずってしまうのではないだろうか？ 一皿を存分に楽しんでこそ、ようやく次の料理への期待感が生まれるのではないかと思う。コース全体を通しての満足感も大切だが、それ以上に、私は一皿ごとの完結感を大切にしたいと考えている。

次は魚料理。魚料理で心がけていることは？

魚料理で大切にしているのは、焼き上がったら1秒でも早く提供すること。魚は肉や野菜に比べて急激に状態が変わっていってしまうため、温めた皿に先にソースを敷き、魚をのせてすぐ出せる状態にしておく。こうすることで、せっかくパリッと焼いた魚の皮が、上からかけたソースでふやけてしまうのを防ぐこともできる。

今回はイサキのポワレで、イサキに3種のノリのソースを合わせ、ソラマメとモリーユの煮込み、そして山菜のオオナルコユリとアケビの芽のソテーを添えた。ちなみにこの品で用いたオオナルコユリやアケビの芽は、「星のや東京」の浜田さん（統之氏）と一緒に長野に山菜を採りに行った際に知ったもの。現地の方にめずらしい山菜をたくさん教えていただいて、以来付合せなどに取り入れている。コースの基本的な構成についての考えはオープン時から変わっていないが、個々の料理においては新しい食材や調理法、火入れをどんどん取り入れて、常に新鮮さを感じていただけるように努めている。

次の仔バトの料理もめずらしい仕立てだ。

肉料理は、魚や野菜に比べて素材の種類が限られ、調理法も含めてワンパターンになりがちだ。そんな中で、常連の方にも新しい感動を与えられるようにと、新たな調理法を常に探っており、2回目以上のご来店の方には、毎回肉の種類を変えて提供している。

今回紹介するのは数年前に考案した、変わり種の「ドゥミ・アン・クルート・グリエ」という仕立て。仔バトの片面に薄力粉と強炭酸水、卵黄などを混ぜた生地をぬって焼き、もう片面はグリエして肉の焼けた香ばしいおいしさを表現したものだ。片面だけアン・クルート仕立てということで、半分を表す"ドゥミ"の名をつけた。フランス料理らしい手の込んだ「生地もののおいしさ」と肉料理の「プリミティブなおいしさ」という、ある意味対極的なおいしさを両立させることを狙っており、今回は仔バトを使ったが、家禽系の肉で仕立てることも多い。

ところで、私は趣味で1960〜1980年代のハードリカーをコレクションしており、毎回コースのどこか、主にソースやデザートでそれらの酒を使っている。この時代のハードリカーは製法・原材料ともに今とはまったく異なり、それぞれ個性的な風味があって味・香りともに豊か。この力強い風味が、料理に深みを与えてくれる。今回は、肉料理のソースに1970年製のコアントローを使った。ブイヨン・ド・ヴォライユやフォン・ド・ヴォーがベースの旨みが強いソースに、コアントローのオレンジの香りをきかせ、さらにコアントローとよく合う青い香りを持ちながらも、その風味を邪魔しないグリーントマトやカモミールを加えて清涼感を加えている。

チーズもコースに組み込んでいる。どのような意図からだろうか？

肉料理とデザートの間にお客さまにお腹の具合いを伺って、余裕がある方にはチーズをお出しして満腹度の調整を図っている。和食でいう、「締めのご飯」のような感覚だ。今回はフランス・オーヴェルニュ地方のモンブリアック。個人的に好きなセミハードタイプのものを

Quintessence

選ぶことが多い。

デザートは氷菓、冷製、温製、そして定番の「メレンゲのグラス」という4品を基本としている。デザート全体のコンセプトは、「お菓子屋さんとは異なる、レストランならではのデザート」。溶けやすいものや焼きたてのものなど、寿命が短い品をお出ししたいと考えている。

今回の1品目は、チョコレートのソルベに木ノ芽を合わせたもの。まず木ノ芽の香りが鼻に上り、食べると徐々にチョコレートの風味が強く感じられてくるという品で、その意表を突く取合せがテーマだ。

2品目は発芽玄米のリ・オ・レ。うちのスタッフの間で「リ・オ・レっておいしくないよね」という会話がされていたことから、「なら、おいしいリ・オ・レを作ろう」と考案した品だ。実は、「みんなが苦手とする食べものをおいしく作る」というのは、私が料理をするうえでのテーマの一つでもある。おいしくない原因を追究して、それを改善して新たな形を提案することで、驚きや感動が生まれるからだ。リ・オ・レの場合は、ご飯の粒のまわりが溶けてもったりと重い口あたりになってしまうのが負の要因だと思ったので、表面が硬く、煮ても食感が保てる発芽玄米を用いている。今回はジャスミンの香りをつけた烏龍茶がベースのソースを流し、さっぱりと食べていただく仕立てとした。

3品目はカシスのコンフィチュールを詰めて焼いた熱々のブリオッシュに、フレッシュのイチゴをのせ、自家製イチゴリキュールを使ったサバイヨンをかけたもの。サバイヨンはだれやすいので客前でかけ、すぐに食べるようおすすめする。デザートでは、どこかしらに今回のイチゴのようにフレッシュのフルーツを組み入れているのだが、フルーツは料理人が手を加えなくても味が完成している素材だ。それをいかにレストランの一品に仕上げるかが悩みどころ。今回は、「イチゴのみずみずしいフレッシュ感を生かした、熱々のお菓子はあまりないのでは？」という点から発想して、イチゴ本来のみずみずしさと、焼き菓子の熱々のおいしさを両方楽しめる品をめざした。

デザート最後の品である「メレンゲのグラス」は、ソースを変えながら定番として出し続けている。メレンゲのやさしい風味と口溶けをストレートに生かしたこのアイスクリームは、当店のデザートの中でいちばん人気だ。コース終盤の品は印象に残りやすいので、誰にでも好まれやすい品をデザートの最後に配置することで、すべての方にご満足いただきたいという狙いもあり、このような構成にしている。

最後のプティ・フールは、1種類。シンプルに終わる。

プティ・フールは、本来は数種類をお出しするのがフランス料理の古典的なスタイルだと思う。しかし、それだと作り置きせざるを得ない。作り置きでいかにおいしいものを作るかとなると、競争相手がお菓子屋さんになってきてしまう。私はあくまでもレストランの人間なので、レストランならではのできたて感を大切にしたい。それゆえ、プティ・フールは1種類のみとして、作りたてを提供することにした。その代わり、デザートは4品お出しするので、「これだけじゃ足りない」とはならないはず。どんなに甘いものがお好きな方にも、ご満足いただけるラインナップだと自負している。

岸田周三 | Shuzo KISHIDA

1974年愛知県生まれ。志摩観光ホテル（三重・志摩）や「カーエム」（東京・恵比寿。現在は銀座に移転）で修業し、2000年に渡仏。パリの「アストランス」でスーシェフを務める。'06年に帰国し、東京・白金台の「カンテサンス」開業時にシェフに就任。'11年オーナーシェフになり、'13年に御殿山に移転。

ホタルイカのサブレ 1

2 **ガスパチョ・ペティアン**

山羊乳のバヴァロワ 3

4　フォワグラ、オーベルジーヌ、アリーバ

ホワイトアスパラガスのベニェとアイナメ 5

グルヌイユのムニエル 6

7 イサキのポワレ

8 仔鳩のドゥミ・アン・クルート

Quintessence

モンブリアック 9

10 ソルベ 木の芽、ショコラ

11
発芽玄米のリ・オ・レ

12
焼きたてのガトー・フレーズ・カシス

Quintessence

13
メレンゲのグラス

14
ピスタチオのキャラメル

第3章｜1人のシェフ、2つのコース

季節によって、また年によって何を変え、何を残すか。

その選択の積み重ねが、コースに幅と奥行きを与える。

4シェフの、時期を隔てた2本のコースを比較する。

生井祐介
Ode オード
Yusuke NAMAI

フランス料理の伝統的な味わいや技術をベースに、オーナーシェフの生井祐介氏によるモダンかつユーモラスなアレンジを加えた料理を特徴とする「オード」。今回はオープン3ヵ月後の2017年12月と、その1年半後の2019年5月の夜のコースを紹介。価格が1万3000円から1万5000円に変わり、品数が少し増えた。内容は、アミューズ5品（2017年は3品）、冷前菜と温前菜合計4品、魚・肉料理各1品、デザート3品（同2品）と小菓子だ。季節の変化とともに少しずつ料理を入れ替え、約1ヵ月で新しい内容とするが、冒頭の「ドラ○ン ボール」と前菜1品目の「グレー」は常に提供。「オードといえばこれ」というイメージが定着するよう、オープン以来積極的にこの2品を発信。フックとなる料理の存在が、コースのメリハリを高めるのに一役買っている。

左 2017年9月、東京・広尾の商店街を抜けた静かなエリアにオープン。厨房につながる仕上げ用キッチンを囲むカウンター13席と、2つの個室を合わせた計23席。内装、スタッフのユニフォームをグレーで統一。昼は9皿前後7000円、夜は13皿前後1万5000円のおまかせコースを提供する。右 ワインを中心とするペアリングにも力を入れる。

アミューズ、前菜、魚・肉料理、デザートそれぞれで、どのような役割や表現を心がけているか。

どの場面でも味がしっかりと追求されているが大前提で、そのうえで大まかに言うと、アミューズと前菜ではプレゼンテーションや組合せのおもしろさを意識する。一方、魚・肉料理では、比較的ホッとする内容に。デザートでは、定番の味と独自の表現を織り交ぜるイメージだ。

一口サイズのアミューズの場合、小さなサイズであっても構成、組合せの驚き、テクスチャーのメリハリがあるということだ。加えて、最近は"ふりきった"品を挟み込むようになった。

たとえば2019年の2品目のシイタケのシートを葉巻に模した一品は、"食感"にフォーカスした品。シイタケのシートは、そぼろ状にしたシイタケを、少量の卵白と合わせてのばし、ゆっくりと、メイラード反応の複雑な風味が生まれるよう時間をかけて乾燥させ、パリパリに仕上げたもの。中には昆布とユズのピュレ、少量の木ノ芽を詰めた。食べると、シイタケの筒を咀嚼する印象が強く、しかしお腹にはたまらない。それでいて、うま味成分が豊かなシイタケが乾燥してこそ生まれる凝縮感がある。「見た目がおもしろくて、食べるとパリパリで、軽い。でも旨みの余韻がすごい」。そんな印象をめざした。

3品目は、サクラエビ風味の軽い揚げ生地の中に、ココナッツミルクのベシャメル、マイクロコリアンダー（パクチー）、レモン果汁でマリネしたハッサクを詰めた品。エビ、ココナッツミルク、パクチー、柑橘という、東南アジアの組合せを出発点に発想した。

一方、4品目の白ウリは野菜にふりきったアミューズ。カラスミを合わせたが、量も主張も主役は白ウリ。またアミューズというとパート（生地）の要素を入れがちだが、ここでは避けている。レストランで野菜の料理が出てくると、ヘルシー感からゲストの皆さんはとても喜んでくださる。そんな心理もこの一品の印象を強めてくれる。

5品目のトキシラズのリエット入りのタルトは、タルトに薄い飴をかぶせ、白ゴマペースト、自家製豆板醤、米酢で作るソースをのせた、自分の中で「ア・ラ・棒棒鶏」と呼んでいる一品。懇意にしている中国料理店に教わった棒棒鶏のタレがソースのネタ元だ。

このように「咀嚼」、「東南アジア」、「野菜」、「棒棒鶏」というように、アミューズ一品ずつにも明確なテーマがあ

る。ゲストに具体的な説明はしないが、感じ取っていただけるものがあるのでは、と思っている。

前菜では、シグニチャーメニューでもある「グレー」の後に数品が続くが、2019年ではとくに遊び心にあふれた内容が印象的だ。

2017年は、前菜では「ソースのおいしさ」を意識していた。白子にソース・ロベールを、イカスミのうどんにイカスミとトマト、アサリのソースを。牡蠣のムニエルにフォン・ド・ヴォーがベースの、ケイパーと豚耳のソースを、という具合だ。それが徐々に、必ずしもソースにこだわらなくなった。
2019年の「トリ貝 赤じそ 新タマネギ」は、さっぱりとした料理。2品で構成し、蓋つきの器で提供する。蓋の上には、トリ貝のだし入りのチップスに、トリ貝の肝のピュレをぬり、新タマネギのサラダを盛った品をのせる。そして器の中には、"酢のもの"仕立てにしたトリ貝を新タマネギのマリネで包み、赤ジソのゼリーをかぶせた品を入れた。真っ白な姿でサーブされるが蓋を開けると真っ赤、という驚きも狙った。
「ヤングコーン グリーンカレー 沢ガニ」は、ヤングコーンのグリルを、カニ味噌とグリーンカレー入りのサバイヨンにつけて食べる料理。サバイヨンには生ウニが入っており、それごとからめる。サバイヨンは伝統的なソースだが、そこにアジアの個性的な風味を重ねてあったり、ヤングコーンを手に持って食べたり、沢ガニのフリットがジオラマ的に添えてあったり……全体のスタイルとして自由さ、楽しさを重視した。

魚料理、肉料理では一転して、「ホッとする」印象を心がけるという。

とはいえ、ガラリと変わるわけではなく、あくまでも自然な流れを大事にしている。
ちなみに、前半は油脂分をグッと抑えるが、魚料理と肉料理ではほどよく活用する、という差もある。ただし食後感が重くならないよう、あくまでもほどほどに。個人的にはバターをたっぷり入れた伝統的なソースが好きで、もっとバターを使いたい気持ちもあるのだが……。全体的にモダンで軽やかなコースの中で、フランス料理らしさを垣間見せるのが、この2品の位置づけだ。

2019年の魚料理では、ヒラスズキのヴァプールにブール・ブランソースを合わせた。といっても伝統的なブール・ブランではなく、煮詰めたヒラスズキのフュメをベースに、新ショウガの搾り汁などで仕上げたもの。軽やかで香り高く仕上がるようアレンジした。肉料理では、加熱した仔羊の背肉の芯をローズマリー風味のベシャメルのエスプーマで覆った。下にはブール・ノワゼット、アンチョビー、ケイパーのソースを敷いている。このビジュアルを見て、フランス料理に詳しい方は「ショーフロワみたいでクラシック」、そうでない方は「真っ白い肉料理は新鮮」とおっしゃる。ベーシックな味わいがありながら、心に残る仕立てを狙った。

この1年半で、どのような変化があったか。

料理が自由になった感覚はある。アミューズでの"ふりきった"品も、そう。以前はアミューズ1品ずつの中にも、料理としての完成したバランスを求めていたが、「とにかくこれにフォーカス！」という尖った品があっていい、と思うようになった。
盛りつけで、料理を皿以外のものにのせるようになったのも変化の一つだ。葉巻を模したアミューズを本物の葉巻ケースに入れたり、前菜でヤングコーンを皿にのせるのではなく布に包んで手渡しし、その布を皿代わりに使ってもらったり、沢ガニを古木に盛りつけたり。これらは以前にはなかった発想だ。
自分の根底には、ベーシックなフランス料理に対する強い思いがあり、それは昔も今も変わらない。また自分は、まったく新しい、言い換えれば突拍子もない組合せに思いを巡らせるより、昔からある味の調和を自分なりに解釈し、そこから独自の構成を作り出すことに興味を持っているタイプ。その解釈や構成の自由度が増している、ということは言える。この1年で海外のシェフとのコラボレーションが増え、彼らの枠にとらわれない発想に多く触れてきた。そんな経験からも、当然影響を受けていると思う。

生井祐介 | Yusuke NAMAI

1975年東京都生まれ。音楽の道を志した後、28歳で料理に転向。都内のフランス料理店で修業後、2003年より「レストランJ」、「マサズ」で植木将仁氏に約5年間師事。長野・軽井沢の「ウルー」、東京・八丁堀の「シック・プーテートル」でシェフを務めた後、'17年9月に「オード」を開業する。

2017年12月のコース
1万3000円（サ10%別）

1	ドラ◯ン ボール
2	フォワグラ／玉ねぎ／いぶりがっこ
3	ゴールデンキャビア／ジャガイモ
4	鰯／尾崎牛／黒ニンニク
5	白子／椎茸／ロベール
6	イカスミ／アオリイカ／コリアンダー
7	ケール／牡蠣／豚耳
8	すじあら／青海苔／黒米
9	猪／黒ビール／黒キャベツ
10	キャラメル／チーズ／洋ナシ
11	アマゾンカカオ／藁／金柑
12	小さなお菓子

2017年9月の開業から間もない、同年12月のコース。冒頭、有名アニメが元ネタの「ドラ◯ン ボール」でゲストを笑顔に。続くアミューズ2品は風味の意外な組合せが印象的。後に「グレー」という名となる、定番の「鰯／尾崎牛／黒ニンニク」の後は、ソースが際立つ前菜3品。魚料理はスープ仕立てでホッとする味わい。肉料理はクラシックなソースがアクセント。軽やかなデザート2品、小菓子で締める。

1 ドラ◯ン ボール
ジュ・ド・オマールのムースを、オマール風味のカカオバターで包む。遊び心ある1品目で心をつかむ。

2 フォワグラ／玉ねぎ／いぶりがっこ
飴色に炒めたタマネギを混ぜ込んだメレンゲに、きざんだいぶりがっこ入りのフォワグラムースを絞り入れる。

3 ゴールデンキャビア／ジャガイモ
ヴァニラ風味のジャガイモのピュレのエスプーマに、ヴァニラの香りをまとわせたニジマスの卵、キクの花びらを重ねる。

左ページから約1年半後の、2019年5月のコース。アミューズは5品。「ドラ○ンボール」も、続く葉巻型のアミューズも遊び心が全開。4品の前菜は、色彩の鮮やかなコントラスト、料理を手づかみする演出、鍋入りのご飯のプレゼンテーションなど、変化に富む。魚・肉料理は、印象的なビジュアルとホッとする味わいの組合せ。デザート3品、小菓子2品で締める。

2019年5月のコース 1万5000円（サ10％別）	
ドラ○ン ボール	1
しいたけ 昆布	2
桜エビ ココナッツミルク	3
白ウリ コリアンダーフラワー	4
トキシラズ 白ゴマ	5
グレー 2019	6
トリ貝 赤しそ 新タマネギ	7
ヤングコーン グリーンカレー 沢ガニ	8
ゴールドラッシュ 小柱 ブイヤベース	9
ヒラスズキ 花ズッキーニ 新ショウガ	10
仔羊 アンチョヴィ	11
マンゴー オレンジフラワー	12
アマゾンカカオ サマートリュフ	13
メロン ラベンダー	14
小さなお菓子	15

1 ドラ○ン ボール
「オードといえばこれ」と、すっかりおなじみになった一品。プレゼンテーションを変え、蓋を開けると煙が出る演出で。

2 しいたけ 昆布
そぼろ状のシイタケをシート状に乾燥。筒にし、昆布とユズのピュレを絞る。葉巻そっくりの形と、軽い触感が印象的。

3 桜エビ ココナッツミルク
桜えびパウダー入りの生地を中が空洞になるように揚げ、ココナッツミルクのベシャメル、マイクロコリアンダー、ハッサクを詰める。エキゾチックな香り。

4 白ウリ コリアンダーフラワー
コリアンダーのみじん切り、生カラスミ、ハーブオイルのマヨネーズを和えて白ウリにのせ、コリアンダーやアリッサムの花を飾る。

5 トキシラズ 白ゴマ
トキシラズのリエット入りのタルトと、白ゴマペースト、豆板醤、米酢で作る"棒棒鶏風"ソースの組合せ。甘じょっぱさと軽快な触感がポイント。

2017年12月のコース｜Ode

4 鰯／尾崎牛／黒ニンニク

イワシのマリネ、牛肉のタルタル、黒ニンニクのマヨネーズなどを、イワシ頭入りのメレンゲで覆う。皿もグレーで統一。

5 白子／椎茸／ロベール

ここから温前菜。タラの白子、シイタケのデュクセル、揚げた豚皮を、酸味のきいたソース・ロベールで。

6 イカスミ／アオリイカ／コリアンダー

イカスミの"うどん"とアオリイカを、トマトやアサリをきかせたイカスミソースで和えた。色鮮やかなコリアンダースプラウトとともに。

6 グレー 2019

通年でコースに入れているシグニチャーメニュー。メレンゲの配合などの細部のアップデートを続ける。

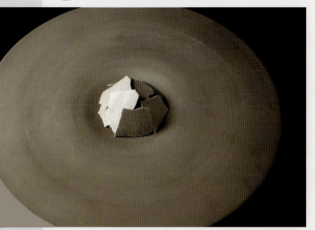

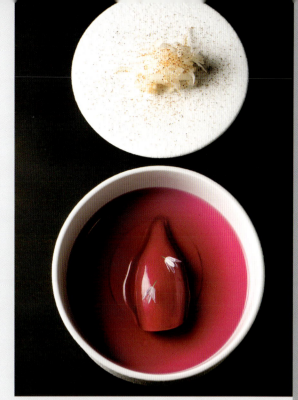

7 トリ貝 赤しそ 新タマネギ

蓋つきの器の蓋の上には、トリ貝風味のチップスに肝のペースト、新タマネギをのせた一品を。中には、トリ貝、ナスの素揚げなどを詰めた新タマネギのマリネに、鮮紅色の赤ジソゼリーをかぶせて。蓋を開けた時の、紅白のコントラストが印象的。

8 ヤングコーン グリーンカレー 沢ガニ

グリルしたヤングコーンを、カニ味噌入りのグリーンカレーのサバイヨン(生ウニ入り)につけて食べてもらう。カリカリに揚げた、サワガニの酔っ払いガニとともに。

2017年12月のコース│Ode

7 ケール／牡蠣／豚耳
牡蠣のムニエルに、きざんだ豚耳入りの酸味のきいたソースをかけ、カリフラワーのエスプーマ、ケールのフリットで覆う。

8 すじあら／青海苔／黒米
スジアラのポシェに黒米のパフをのせ、青ノリ入りのフュメを注ぐ。昆布とユズのペーストがアクセント。

9 猪／黒ビール／黒キャベツ
イノシシのロース肉はローストに、脂身はとろとろにゆでてから香ばしく焼く。チリメンキャベツ、トリュフ、黒キャベツを添え、セープのエスプーマ、イノシシのソースとともに。

ゴールドラッシュ 小柱 ブイヤベース 9
貝のだしで炊いた、トウモロコシと小柱入りのご飯をプレゼンテーション。その後リゾットに仕立て、モロヘイヤのフリットをかぶせて提供。

10 ヒラスズキ 花ズッキーニ 新ショウガ
蒸したヒラスズキに、花ズッキーニ、新ショウガ、ハラペーニョをクタクタにゆでたペーストをのせ、ズッキーニのスライスを花のように盛る。新ショウガをきかせたソース・ブールブランとともに。

11 仔羊 アンチョヴィ
しっとりと焼いた仔羊背肉の芯に、ローズマリー風味のベシャメルのエスプーマをかける。アンチョビーとケイパー入りのブールノワゼットのソース、緑の豆類とともに。

2017年12月のコース｜Ode

10
キャラメル/チーズ/洋ナシ

キャラメルの筒の中に、洋ナシのコンポート、チーズのアイスクリームを順に入れ、キャラメルのエスプーマを絞る。

11
アマゾンカカオ/藁/金柑

アマゾン産カカオのフォンダンショコラとキンカンのコンポートに、カカオの近縁のナッツ「マカンボ」のプラリネパウダーをたっぷりとかけて覆う。藁の香りのアイスクリームを添える。

12
小さなお菓子

酒粕、クリームチーズ、オレンジのコンフィを合わせたクレームを、あんぽ柿のシートで包む。

13 アマゾンカカオ サマートリュフ
サマートリュフ入りのアイスクリームを、カカオニブ入りのチョコレートでコーティング。

12 マンゴー オレンジフラワー
シャンパンジュレ、オレンジフラワーバタークリーム、マンゴーの果肉にマンゴーの薄いゼリーをのせる。トマトスープを流す。

14 メロン ラベンダー
ブランマンジェとラベンダーのアイスクリームに、メロン、タデのピュレ、ピスタチオのクランブルなどを添える。

15 小さなお菓子
笹で包んだ塩キャラメル、レーズンバターサンドを食後に。おみやげのカヌレは、端野菜入り。無駄なく食材を使いきる姿勢を示す。

2019年5月のコース｜Ode

Sincère シンシア

石井真介 Shinsuke Ishii

3-02

2016年4月のオープン以来、高い人気を集め続ける「シンシア」。伝統とモダンの両面を持つフランス料理を、フレンドリーな接客、遊び心であふれる演出とともに提供する。終始、お客がワクワクできるよう考え抜かれたコースには、サービス精神いっぱいの、オーナーシェフの石井真介氏の姿勢が表れている。

ディナーは、当初10品1万800円のおまかせコースとお客の好みに合わせて作る1万3800円のコースを用意していたが、現在は10品1万3800円のおまかせに統一。以前はプラス料金で対応していた「ストウブご飯」をあらかじめコースに組み入れ、スターター、アミューズ、前菜2～3品、魚料理、肉料理、ご飯、デザート2品、小菓子という構成に。お客のお腹具合によっては、チーズなども臨機応変に提供する。

上 東京メトロ・北参道駅から徒歩5分。テーブル19席とテラス2卓を配す。
左下 毎日焼く自家製のパンは、店名の焼印が入った正方形のブリオッシュ、バゲッド、フォカッチャなど5～6種類を用意。好きなものを選んでもらう。右下 アマゾン産カカオを使った焼き菓子のお土産。カカオにのせて客前で披露した後、オリジナルの箱に入れて手渡す。

コース全体が、「楽しんでほしい」という思いであふれている印象だ。

味を追求するのと同じくらい、楽しいと思っていただくにはどうすればいいか、ということも常に真剣に考えている。コースの中には盛り上がる場面をいくつか作っている。6種類を一度に出すアミューズは、最初の見せ場。2019年のコースを例にすると、エンドウマメのタルト、ホタルイカがのったふわふわのケーキ、きれいに飾りつけたパテ・ド・カンパーニュ、ヒュウガナツのボンボン状のもの……など、パッと見て色とりどり、内容もさまざまなフィンガーフードを用意する。盛りつけてあるのも、さやごとのエンドウマメを器に詰めた中だったり、チーズの箱だったり、ウズラマメと本物のウズラの卵と一緒だったり、と、ユーモアも交えながら考えている。また、ウズラの殻をかぶせるなど、すぐには料理内容がわからない品も。こうした6品を一気に提供すると、「あれも、これも！」かつ「楽しい！」、そして「なんだろう？」というように、いくつものワクワクする感覚が掛け合わさり、より大きなインパクトを感じていただける。また、仮にこれらをそれぞれお出しすると、その都度お客さまの会話を中断することになり、むしろテーブルを盛り下げてしまいかねない。何を、どのようにお出しすると一番効果的かは、いつも考えている。

初めて来店なさったお客さまにお出しする魚料理、「銚子の鱸をクラシックなパイ包み～」も、ユーモアを込めた一品だ。見た目はたい焼き、しかし内容は典型的なクラシックなフランス料理。ポール・ボキューズ氏のスペシャリテをアレンジし、たい焼きの型で焼いた料理だ。添えるソースもクラシック。意外性と相まって大きな反響があり、名物料理として知られるようになった。

ストウブ鍋で1人分ずつ炊き上げる白飯は、前にシェフを務めていた「バカール」時代から提供している料理。ご飯は味はつけず、日本人にとって断トツでホッとする味である白飯に。そこに、「イワシとフォワグラ」、「ステーキアッシェ」など、伝統的フランス料理の要素のある具をのせた仕立てで、具は5種類から選べる。ミニサイズのストウブ鍋のビジュアル、白飯をフランス料理店でという意外性、選べる楽しさ。コースが1万800円だった頃はプラス980円をいただいていたが、「お腹に余裕があれば」とおすすめすると、ほぼ全員が注文してくださる人気メニューだった。

2018年の前菜「大西洋クロマグロ〜」は、サステナブル・シーフード（海洋資源の持続可能性）を意識した品だ。

クロマグロが絶滅の危機にあることはニュースなどでたびたび伝えられているが、実はとくに激減しているのが太平洋のもの。一方大西洋のものも一時は危機的状況になったが、漁業規制によって大幅に資源量が回復している。であれば、太平洋のものも大西洋と同様、規制をして回復に努める必要がある。そんな思いで、メニューにあえて「大西洋クロマグロ」と書いている。

2019年の前菜「ホワイトアスパラガスと〜」も、一時は乱獲で漁獲量が激減したホタテを、漁業規制で盛り返し、今では上質で大粒のホタテの名産地となっている北海道の猿払の背景を伝える一品。ただ、こうしたメッセージは押しつけるものでもない。気になった方に、補足で説明するようにしている。

また、2019年の「活け牡丹海老と〜」と魚料理「琵琶湖の活き鮎のフリット〜」では、調理に入る前にそれぞれの素材、ボタンエビとアユを生きたままテーブルに運び、その姿を見ていただいている。ピチピチと跳ねるボタンエビ、水の中で泳ぎ回るアユを見て、直後にそれを食べる……という演出だ。「こんなに生きのいい素材を使う」という紹介であると同時に、料理を食べるとは命をいただくことのだと意識してもらいたい、という狙いもある。

抵抗を持つ人もいるかもしれないが、生きた状態を見ることで、食べものを大切にする気持ちが強まるのではないか。そしてゆくゆくは、何かのアクションのきっかけになるのではないか。当店での体験が、フードロスや、生産者の現状が消費者に届きにくい現状を変える何かにつながれば、と思っている。

メッセージ性や遊び心など、料理と通して何かを受け取ってほしい、感じ取ってほしいという姿勢が強く感じられる。

その一方でもちろん、味そのもので真っ向勝負する料理もある。とくにメインの肉料理はあまり変わったことはせず、ストレートなフランス料理であるよう心がけている。

2018年の「茨城県産小鳩を山菜と合わせて」は、仔バトの胸肉と腿肉を炭火焼きにし、コゴミやタラノメなどの山菜と盛り合わせた品。ジュ・ド・ブフとハトの肝臓で作るソースを合わせている。腿肉に詰めたフキ味噌がアクセントだ。2019年の「鳩とフォワグラのパイ包み焼き〜」も、フランス料理の定番、パイ包み焼き。なお魚料理では、初回来店のお客さまにはスズキのパイ包み、2回目以降は別の魚料理としている。その際は、肉料理のところで、魚料理とかぶらないよう普段は控えているパイ包みをお出しすることが多い。

2018年と2019年で、変わったところはあるか。

ほぼ、国産の素材を使うようになった。今使っている輸入素材は、フォワグラくらいだ。

それに伴い、日本国内の生産者や産地に、いっそうフォーカスするようにもなった。「長谷川さんのグリーンアスパラガス」、「山利しらす」、「猿払の帆立」、「宮崎県いらかぶマスタード」など、できるだけ具体的に料理名に入れている。料理人の役割は、作られている土地の背景や、素材ひとつずつに対する生産者の方々の思い入れを引き継ぎ、料理に取り入れること。そういう思いが年々強くなっている。

また、皿についても、日本の作家やメーカーのものを使うことが圧倒的に増えた。彼らを応援したいという気持ちが強い。また、以前から盛りつけで石や木といった自然素材を用いていたが、そこでも箱根の溶岩を使うなど、「どこのものか」を気にかけるように。器でも石でも、海外の知らない土地のものを使うより、国内の具体的な産地のものの方が、自分としては納得して使えるのだ。

逆に変わらないのは、お腹を満たすだけではなく、食事そのものを楽しんでもらいたい、という思い。新しいことを知ったり、テーブルで楽しく盛り上がったりも含め、どれだけ心を動かされたかが、食事の満足度を決める。レストランなので、味がおいしいのはあたりまえ。その「あたりまえ」のレベルを高く保ちつつ、さらなる楽しさに挑戦していきたい。

石井真介 | Shinsuke Ishii

1976年東京都生まれ。「オテル・ド・ミクニ」（東京・四ツ谷）、「ラ・ブランシュ」（同・青山）などを経て渡仏。地方の星付きレストランで経験を重ねる。「フィッシュバンク東京」（東京・汐留）でスーシェフ。「バカール」でシェフを務め、2016年に独立。

2018年5月のコース
1万（税、サ10%別）

1	金沢の岩牡蠣のミキュイ、軽やかなトマトと合わせて
2	アミューズ パテを挟んだカカオドーナツ、 朝食の一口、サーモンのムース、 サザエのクロケット、ポワローのコルネ、 五つの味のトマト
3	大西洋クロマグロを根セロリやスパイスと合わせて
4	甘みを引き出したホワイトアスパラガスのムース 足赤海老やあおり烏賊の食感のコントラスト
5	フォワグラのコンフィを様々な甘み、酸味と組み合わせて
6	銚子の鱸をクラシックなパイ包み "パーアンクルート"に仕立てて
7	茨城県産小鳩を山菜と合わせて
8	ストウブで炊き上げるイワシと フォワグラ鉄鍋ご飯（+980円）
9	蓬と苺
10	宇和島のブラッドオレンジとオリエンタルハーブ
11	石、苔、砂

オープンから約1年後、2018年5月のコース。冒頭は牡蠣の一品、次いで6品を一度に提供するアミューズ。前菜3品には、季節感、社会的メッセージなど各品にテーマを持たせる。魚介料理は、たい焼き風のスズキのパイ包み焼きとするのが定番。肉料理はフランス料理らしい存在感のある仕立てに。パティシエによるデザートで再度盛り上がり、小菓子で終了。

1

金沢の岩牡蠣のミキュイ、軽やかなトマトと合わせて
半生にポシェした岩牡蠣を一口大にカット。ヴィネガーやエシャロットと和えて殻に盛りつけ、トマトの透明なエキスのムースを絞る。石を用いたショープレート（下）の上に、そのまま岩手牡蠣をのせる。

2

アミューズ
パテを挟んだカカオドーナツ、朝食の一口、サーモンのムース、
サザエのクロケット、ポワローのコルネ、五つの味のトマト
同時に提供する6種類のアミューズ。中央下の「五つの味のトマト」は、プティトマトに飴がけし、塩やコショウをつけて「五味」を表現。同店のシグニチャーメニューの一つ。

左ページの1年後、2019年5月のコース。「2回目以降の来店のお客さまに」という設定。旬のグリーンアスパラガスでスタート。6品のアミューズに続き、野菜と魚介の2品の前菜。魚料理は、2回目以降のお客には定番のたい焼き風のパイ包みではない品を。今回は旬のアユを使用。そして肉料理で、パイ包みの仕立てに。緻密かつ鮮やかな印象を残すデザート2品、小菓子で締める。

2019年5月のコース
1万3800円(税、サ10%別)

1. 長谷川さんのグリーンアスパラガスの
   カプチーノと蝦夷鮑
2. アミューズ
   ホタルイカとふわふわの岩海苔パン、
   山利しらすとグリーンピースのタルト、
   モンドールのグジェール、小さなパテアンクルート、
   小さな朝食、フォワグラと日向夏のキャンディー
3. ホワイトアスパラガスと猿払の
   帆立とキャビアのサステナブルカクテル
4. 活け牡丹海老とクリアトマトのムース
   青紫蘇と赤紫蘇のコントラスト
5. 琵琶湖の活き鮎のフリット
   山菜やホワイトアスパラガスの苦みを合わせて
6. 鳩とフォワグラのパイ包み焼き
   宮崎県いらかぶマスタードのソース
7. ステーキアッシェのストウブご飯
8. 抹茶　パッションフルーツ　マンゴー　柚子
9. 苺と蓬のミルフィーユ
10. 石、日向夏

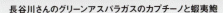

1　長谷川さんのグリーンアスパラガスのカプチーノと蝦夷鮑
グリーンアスパラガスのヴルーテの上に、蒸してからカリッと揚げたアワビを盛り、牛乳の泡を添える。ショープレートの上にのせたガラスの皿を通して本物のアスパラガスが見える演出も、旬のアスパラガスの印象を際立てる。

2　アミューズ
ホタルイカとふわふわの岩海苔パン、
山利しらすとグリーンピースのタルト、モンドールのグジェール、
小さなパテアンクルート、小さな朝食、フォワグラと日向夏のキャンディー
同時に提供する6種類のアミューズ。2回目以降のお客には、「五つの味のトマト」を別の品に替えた内容とする。

2018年5月のコース│Sincère

3
大西洋クロマグロを根セロリやスパイスと合わせて
薄く切った大トロの身で、ヴィネガーで和えた根セロリのスライスを包み、根セロリのピュレの上に盛りつける。液体窒素で粉末状に凍らせたカレーパウダーで、風味をプラス。

4
甘みを引き出したホワイトアスパラガスのムース　足赤海老やあおり烏賊の食感のコントラスト
ホワイトアスパラガスのピュレに、甘みの強いアシアカエビと軽くソテーしたアオリイカ、ホワイトアスパラガスを盛り、たっぷりのハーブをあしらう。

5
フォワグラのコンフィを様々な甘み、酸味と組み合わせて
フォワグラのコンフィを、牛乳のブランマンジェ、マンゴーのスライス、ルバーブのコンフィチュール、メレンゲなど、風味や食感の異なる甘み、酸味のパーツと盛り合わせる。

2019年5月のコース｜Sincère

3

ホワイトアスパラガスと猿払の帆立と
キャビアのサステナブルカクテル

パフェのように盛りつけた前菜。グラスの中には、ホワイトアスパラガスのムース、ソース・アメリケーヌのエスプーマ、コンソメジュレを。ホタテ、キャビア、ゆでたホワイトアスパラガスをのせ、花とハーブを飾る。

4

活け牡丹海老とクリアトマトのムース
青紫蘇と赤紫蘇のコントラスト

活きたボタンエビ（下）をお客に見せてから、調理。ボタンエビの身と頭を皿に盛り、トマトの透明なジュのエスプーマを絞る。マイクロ青ジソと赤ジソ、ケールとビーツのパウダーで、赤と緑のコントラストを描いた仕上げに。

142 | 143

2018年5月のコース｜Sincère

6
銚子の鱸をクラシックなパイ包み
"バーアンクルート"に仕立てて
たい焼きの型で焼いたスズキのパイ包み焼きに、スズキとホタテのクネルの花ズッキーニ詰めを添える。トマトの酸味をきかせたソース・アメリケーヌと、別容器のソース・ベアルネーズとともにすすめる。

8
ストウブで炊き上げるイワシと
フォワグラ鉄鍋ご飯（＋980円）
釜飯をイメージし、一人ずつに鋳物鍋で白米を炊き、フランス料理らしい具材をのせて提供。今回の具は、イワシとフォワグラのソテー。

7
茨城県産小鳩を山菜と合わせて
仔バトの胸肉と腿肉を炭火焼きにし、コゴミやタラの芽と、仔バトの肝臓入りソースを添える。腿肉には蕗味噌を詰め、ソースにはサンショウをきかせるなど、和の風味を印象的に使用。

2019年5月のコース｜Sincère

5 **琵琶湖の活き鮎のフリット
山菜やホワイトアスパラガスの苦みを合わせて**
セモリナ粉をまぶして揚げた活けのアユ、山芋の素揚げ、ホワイトアスパラガスの炭火焼きを盛合せに。テーブルにて、焼いたアユ骨の風味を移したコンソメを熱々で注ぐ。

6 **鳩とフォワグラのパイ包み焼き　宮崎県いらかぶマスタードのソース**
ハトの胸肉とフォワグラのパイ包み焼きを、宮崎の伝統野菜「いらかぶ」の種から作ったマスタード入りのソースとともに。トウモロコシのムース、モリーユの軽いクリーム煮を添える。

2018年5月のコース｜Sincère

10 宇和島のブラッドオレンジとオリエンタルハーブ

ヴェルヴェーヌのムースを絞り入れたメレンゲの上に、ブラッドオレンジの果肉やバナナのピュレを盛りつける。客前で、粒状に凍らせたブラッドオレンジのアイスクリームを添える。

9 蓬と苺

ヨモギのアイスクリーム、イチゴのソースで和えたイチゴ、キャラメルソース、日本酒のソース、ヨモギのパウダーで構成。

11 石、苔、砂

小石や木、草を詰めた木箱に、石や苔に見立てた本物そっくりのチョコレート、抹茶のシュークリームを盛り込む。石のチョコレートは、ゲーム感覚で探してもらう。

2019年5月のコース｜Sincère

8 抹茶 パッションフルーツ マンゴー 柚子
パッションフルーツの殻の中にヴァニラアイスクリーム、マンゴーのマリネを盛り入れ、抹茶とユズの泡をかぶせる。風味のコントラストが印象的。

7 ステーキアッシェのストウブご飯
一人ずつ鋳物鍋で炊いた白米に、フランス料理の具材をのせて提供する定番の一品。今回は、ステーキアッシェとともに。

石、日向夏 10
黒い石そっくりのチョコレートは、味噌風味。粉糖をまぶした石型のチョコレートは、マカダミアナッツ入り。ヒュウガナツのタルトと盛り合わせる。

9 苺と蓬のミルフィーユ
左ページの「苺と蓬」を発展させた一皿。切り分けたイチゴで、ヨモギのクリーム、フイユタージュをはさんだものと、ヨモギのアイスクリーム、日本酒のジュレを盛り合わせる。

le sputnik
ル・スプートニク

髙橋雄二郎
Yujiro TAKAHASHI

2015年にオープンした「ル・スプートニク」。オーナーシェフの髙橋雄二郎氏が打ち出すのは、一品ずつにフランス料理らしい重層的な味わいと、柔軟でモダンな感性を備えた料理。"主素材、ソース、付合せ"の王道の構成を軽やかかつ独特の風味をきかせて仕立てた品、パティスリーでの修業経験から生まれる完成度の高いムースやジュレが際立つ品、そしてシグニチャーディッシュの「"薔薇"フォワグラ ビーツ」のような緻密で華やかな品など、料理の多彩さも印象的。見せ場と盛り上がりに富んだコースを作り出している。

同店では、昼は約9皿6500円、夜は約11皿1万2000円と14皿1万6000円のおまかせコースを提供。今回は2018年と2019年の5月の夜の1万6000円のコースを紹介する。

上 2015年、東京・六本木の表通りから1本入った場所にオープン。店内は木目を基調としたデザイン。テーブルにはクロスを敷かず、肩肘張らない雰囲気。下 コース内容は、お客の来店回数やNG食材により個別に変える。その日に提供する内容をテーブルごとにまとめたリストを毎営業前にプリントアウトし、全スタッフに配布する。

コース全体のイメージは、どのようなものか。

スターター1品、アミューズ1〜3品、前菜7品、魚介料理1品、肉料理1品、デザート2品、小菓子1品で合計14〜16品となる。全体として心がけているのは、各品で季節感と主素材がはっきりと感じられること。最後まで飽きない量やメリハリも重要だ。流れとしては、アミューズと前菜では食事が進むにつれてテンションを上げることを意識。そして魚料理、肉料理はインパクトのある品を。その後、アヴァンデセールで少し落ち着いたら、メインデセールで最後の大きな見せ場を作っている。

それぞれのパートには、具体的にどのような工夫や意識が見られるか。

スターターは、シンプルなビジュアルで、味に深みのある品としている。2018年の「完熟甘鯛 茗荷茸 桃」は、桃とミョウガダケの細切りを、熟成により旨みを引き出したアマダイで包んだ料理。2019年の「蓴菜 鳥貝 茗荷竹〜」は、トリ貝とジュンサイを、自分で発酵させて作ったトマトヴィネガー入りのスープと合わせた"酢のもの"的な品。ここでは、小さな品ながら、ていねいな仕事で味を追求することを最優先する。見た目や仕掛けのおもしろさが登場するのは2品目以降だ。

アミューズと前菜は、ひねりや遊び心を織り交ぜつつ、テンポよく料理を提供。ムースやジュレの料理を入れるのもここ。2018年の「根セロリ フォワグラ〜」、2019年の「牡丹海老 茄子」、「とうもろこし・味来 スフレ」はその例。咀嚼回数が多いと満腹中枢を刺激されるので、最後まで無理なく食べてもらうという意味でも、なめらかな口あたりの品は効果的だ。

7品ある前菜では、徐々に1品ずつの存在感を高める。6品目では、初来店のお客さまにはシグニチャーメニューの「"薔薇"フォワグラ ビーツ」をお出しする。コースの中の、最初の大きな山となる場面だ。

前菜7品目は、あえて区別すれば前菜なのだが、実際は魚料理に近い。2019年の「真牡蠣 花ズッキーニ〜」は、クミン、ターメリック、ココナッツミルクなどエキゾチックな要素をふんだんに取り入れつつ、牡蠣のソテーとブールブランソースというフランス料理の王道の組合せで構成した品。しっかりとした主張のある一品だ。

続く魚料理と肉料理では、パンチのある品をたたみかけるように提供。遊びはあまり意識せず、正攻法で訴えかける。だからといって平凡にならないように注意し、攻めや挑戦を込めた内容とする。2019年の「仔鳩　ピオーネ」は、歴代の肉料理の中でもひときわ力強く仕立てた一品。仔鳩は骨を抜き、丸ごと揚げて火を入れる。そして仕上げに、ジュ・ド・ピジョンがベースのソースを皮目にぬり、フライパンで焼いてカリッと香ばしく焼いた。多少焦げてもいい、そんな野趣をめざした挑戦的な一品だ。

デザートにもまた、力を入れている。パティスリーで修業していた意地もある（笑）。デザートは、「食事の時間が収束に向かう」ではなく、「華々しく、もう一度盛り上がりをみせる」場面。軽やかで季節感のはっきりしたアヴァンデセール、力強いメインデセールを出しており、メインでは個人的に好きなチョコレートを使うことが多い。また、客前で熱いソースをかけてチョコレートの覆いを溶かすなど、ダイナミックな演出も意識。フランス料理店なので、やはりデザートにも華や存在感が期待されている。重くない、かつ印象に強く残る品を心がける。

どのようなサイクルで、メニューを変えているか。

基本的な内容を月に一度決めるが、実際は、常連客やNG食材があるお客さまに対応して個別に変えている。その際は、この1品だけを変えてあとは同じ、ということはない。他の部分の料理内容や提供順序も変えて、流れとバランスを整える。

なので、メニュー変更のサイクルは一応月に一度としているが、実際には常に新作を考えているし、常にパズルのように料理の順序を組み替えている。そうして考案した新作の中から、レギュラーで登場する品が生まれることもある。

2018年と2019年で、変化した点は？

アマゾンカカオや国産の素材など、産地と直結した材料を多く使うようになった。また、2019年のコースの何品かにも登場するが、発酵に積極的に取り組むようにもなった。ただ、コース全体の考えとしては、正直、変わらない部分の方が多い。クラシックと新しさの両方、つまり自分の持てるすべての技術と感覚を費やしてお客さまをもてなす。そのスタンスは一貫している。

なので先ほど話した料理やコースの変更も、営業直前に決まったり、営業中に「こうしたほうが、喜ばれるのでは」と気づけばその場で二転三転することも。厨房もサービスのスタッフも臨機応変に対応することになるが、お客さまに喜んでいただくのが第一。当たり前のことと思っている。

おまかせコースだがオートクチュールで、ライブ感もある。

そう。おまかせコースはシェフが自分自身を思う存分表現できるスタイルではあるが、一方通行やルーティーンになってはならないと思っている。

それに、常々感じているのだが、具体的な誰かに向けて、あるいは具体的な制約の中で新作を作らざるをえない状況だとアイデアが湧きやすい。また、本番一発で作った料理を提供した際は、必ず食後に「コースの中で、あの料理がとくによかった！」と言っていただける。もちろん作り続けている料理がよくないということではない。むしろ、ブラッシュアップで完成度は上がっている。しかし初めて作る料理には独特の熱があり、多少失敗しても（笑）それを補って余りあるパワーがある。そしてそのパワーは、不思議とお客さまに伝わる。

同じことは、アナログな調理においても言えると思っている。たとえば火入れでも、安定とは真逆の攻めによって、感動的な味が生まれるのではないか。今はウォーターバスなど安定的な火入れができる加熱機器も多いが、うちの店にあるのはストーブとオーブンだけ。人によって考えは分かれるだろうが、私はガストロノミーは味で人を感動させる料理のことだと思っていて、その感動的な味は人の手、さらに言えば熟練した職人が挑戦することによって生まれるものだと信じている。そのことを自分で立証していきたいという思いもある。

おまかせコースは、もちろん安定して仕事する部分も現実的には必要だ。しかし感動を生み出すには決まった手順一辺倒ではなく、あえて人の手や臨機応変にゆだねる部分、つまり挑戦をする余地を残すことが大切だと思っている。

髙橋雄二郎 | YUJIRO TAKAHASHI

1977年福岡県生まれ。都内のレストランを経て2004年に渡仏。三ツ星レストラン、ビストロ、ブーランジェリー、パティスリーで3年間修業する。帰国後、「ル・ジュー・ドゥ・ラシェット」（東京・代官山。現「レクテ」）のシェフを6年間務め、'15年に独立。

2018年5月のコース
1万6000円（税、サ10%別）

1	完熟甘鯛　茗荷茸　桃
2	枝豆のチュロス
3	根セロリ　フォワグラ　グラニースミス
4	稚鮎　牛蒡　五香粉
5	入梅鰯　蓴菜　パッションフルーツ　フェンネル
6	和歌山県産ホロホロ鳥"アバ" 原木椎茸　絹さや　荏胡麻
7	岩手県産真牡蠣瞬間燻製 38年ローズマリー　ロックフォール
8	"薔薇"フォワグラ　ビーツ
9	静岡県焼津産伊勢海老 花ズッキーニ　ハチミツ　バニラ　ココナッツ　花粉
10	長崎県平戸産鬼虎魚　発酵キャベツ
11	フランス・アキテーヌ地方　アニョー・ド・ブランシエ 背肉　腎臓　マスカット
12	"浮雲"メロン　塩　ディタ　アーモンド
13	"黒い森"グアナラ　チェリー
14	"パリジ"ブルーベリー　ラベンダー

2018年5月のコース。スターターのアマダイに続き、フィンガーフードのアミューズ1品を提供。次いで"小鉢"ほどの存在感の前菜を4品、順にテンポよく。その後は見せ場となる「薔薇　フォワグラ　ビーツ」を含め、前菜ではあるが存在感のある品が3品続く。コースが盛り上がったところで、魚料理とメインの肉料理が登場。さらにクライマックスを迎えた後、デザートでもう一度テンションを上げる。

1　完熟甘鯛　茗荷茸　桃
1週間熟成させたアマダイで、桃のせん切り、シャキシャキとした食感のミョウガダケの細切りを包む。

2　枝豆のチュロス
生地にエダマメのピュレを練り込んで揚げたチュロス。塩ゆでしたエダマメを添える。

4　稚鮎　牛蒡　五香粉
ゴボウのスライスを円柱状の素揚げにして、テーブルの人数分の稚アユのフリットをのせる。酸味をきかせたゴボウのソースを添える。

3　根セロリ　フォワグラ　グラニースミス
フォワグラのフランに、ライムと青リンゴの香りをつけた根セロリのジュレを重ねた冷前菜。

左ページの1年後、2019年5月のコース。冒頭は、スープの酸味が印象的な、トリ貝のさっぱりとした一品。次いで、4品同時に出すアミューズ。前菜はアユ、トウモロコシ、ハモなどを使う季節感豊かな4品の後、フォワグラのソテー、そして牡蠣のムニエル。スープ仕立ての魚料理、力強さが際立つ仔バトのフリットへと続く。デザート2品でもインパクトをしっかりと残し、小菓子で締める。

2019年5月のコース 1万6000円（税、サ10％別）	
蓴菜　鳥貝　茗荷竹　トマトヴィネガー	1
空豆（ファーベ）のタルト 枝豆のチュロス 紫さつまいも　ブーダン　林檎 鮪　海苔　パプリカ	2
牡丹海老　茄子	3
新玉葱　槍烏賊	4
若鮎　西瓜　コリアンダー	5
とうもろこし・味来　スフレ	6
鱧　スナップえんどう	7
フォワグラ　エスプレッソ　オレンジ　スパイス	8
真牡蠣　花ズッキーニ　南瓜　ムール　ヒマワリ	9
金目鯛　発酵ソース　トマト	10
仔鳩　ピオーネ	11
マンゴー　ライチ　黒糖	12
"カカオポット"　アマゾンカカオ　ピスコ　バナナ	13
青梅のタルト	14

1　蓴菜　鳥貝　茗荷竹　トマトヴィネガー
一口大に切ったトリ貝、ジュンサイ、ミョウガダケを、自家製トマトヴィネガーを加えた貝のだしとともに。

2　空豆（ファーベ）のタルト、枝豆のチュロス、紫さつまいも　ブーダン　林檎、鮪　海苔　パプリカ
若いソラマメをエスプーマにしてタルトレットに絞り、カラスエンドウの花、エンドウマメの幼葉をあしらう。ムラサキイモで作る円錐状のチップスに詰めたブーダンノワールは、同店で定番の枝豆のチュロスとともにキヌアを敷き詰めた器に挿す。筒状に作ったノリのチュイルに、パプリカのピュレで和えたマグロのタルタルを詰める。

3　牡丹海老　茄子
ボタンエビ、甘エビの頭や身でとっただしをジュレに。ナスのムース、柑橘で風味づけした生のボタンエビの身と盛り合わせる。

5 **入梅鰯 蓴菜 パッションフルーツ フェンネル**
一口大に切ったイワシの身とジュンサイを、パッションフルーツの果汁で和えた。フェンネルの花とともに提供する。

6 **和歌山県産ホロホロ鳥"アバ"
原木椎茸 絹さや 荏胡麻**
ホロホロ鳥の首肉と内臓のグリエに、そのジュのソース、エゴマの香りを移した泡をあしらう。

8 **"薔薇" フォワグラ ビーツ**
同店のシグニチャーディッシュ。赤ワインやビーツ、バラのジャム、スパイスで作るゼリーを、フォワグラのテリーヌに被せる。バラの花弁状にしたビーツのチップスを飾って。

7 **岩手県産真牡蠣瞬間燻製
38年ローズマリー ロックフォール**
牡蠣のソテーを瞬間燻製に。下にナスの揚げ浸しをしのばせる。トマトのロースト、ロックフォールのソースを添える。

2019年5月のコース | le sputnik

5 若鮎 西瓜 コリアンダー
若アユに砕いたモチ米の衣をまとわせて揚げる。たっぷりのハーブや花とともに盛りつけ、スイカと赤ワインヴィネガーのソースを客前で注ぐ。

4 新玉葱 槍烏賊
新タマネギのピュレに、さっと炒め合わせた新タマネギとヤリイカをのせ、さらに乾燥させた新タマネギのスライスを被せる。

7 鱧 スナップえんどう
香ばしい焦げ目をつけたハモのクネルを、ハモの骨でとったスープとともに。ナスタチウム、ニラの花を添える。

6 とうもろこし・味来 スフレ
チーズのソースをしのばせたトウモロコシのスフレにトウモロコシのアイスクリームを入れ、トウモロコシのパウダーをふって提供。

2018年5月のコース | le sputnik

9 静岡県焼津産伊勢海老
花ズッキーニ　ハチミツ　バニラ　ココナッツ　花粉

イセエビのソテーに、その身と豚足のミンチを詰めた花ズッキーニを添える。焦がしバターとイセエビのジュで作るソースとともに。

10 長崎県平戸産鬼虎魚　発酵キャベツ

オコゼを皮目は香ばしく、身はみずみずしさを残すように火入れ。ザワークラウトをイメージした発酵キャベツのソースを合わせる。

11 フランス・アキテーヌ地方　アニョー・ド・ブランシエ
背肉　腎臓　マスカット

仔羊のローストと腎臓のソテーを盛り合わせ、葉タマネギのソテー、セミドライのマスカットを付合せに。仔羊の骨でとったソースを添える。

8 フォワグラ エスプレッソ オレンジ スパイス

オレンジのピュレにフォワグラのポワレを重ね、アガーで固めたエスプレッソのシートを被せる。スパイス入りチュイルを砕いたパウダーをふる。

10 金目鯛 発酵ソース トマト

皮をしっかり乾燥させつつねかせたキンメダイを、皮をカリッと、身をしっとりとポワレ。キノコの発酵エキス、自家製トマトの透明なジュ、魚のだし、自家製トマトヴィネガーで作る、スープ状のソースを流す。

9 真牡蠣 花ズッキーニ 南瓜 ムール ヒマワリ

ミックススパイスで風味づけした真ガキを花ズッキーニに詰め、ソテーに。サフランやカボチャのピュレ、ココナッツミルク入りのソースをあしらった、エキゾチックな風味の一皿。

11 仔鳩 ピオーネ

背開きにし、骨を除いた仔バトをスパイスで風味づけ。これを半折りにしてカリッと揚げ、仔バトの赤ワインソースをぬって皮目を焼いた力強い一品。80℃で8時間乾燥させたブドウ（ピオーネ）を添える。

12

"浮雲" メロン 塩 ディタ アーモンド

アーモンドとマスカルポーネで作るブランマンジェに、メロンの果肉、塩のアイスクリームを重ねたアヴァンデセール。ライチ風味の泡をあしらう。

13

"黒い森" グアナラ チェリー

「フォレ・ノワール」に着想を得て、その構成要素で仕立てた。四角い柱状のチョコレートのチュイルの中にグリオットやチョコレートのムースを重ね、上にチョコレートのプレートをかぶせる。客席で温かいチョコレートソースをかけ、プレートを溶かす演出つき。

14

"パリジ" ブルーベリー ラベンダー

ブルーベリーパウダーをふった、ダックワーズ生地のタルト。焼きたてで提供する。

2019年5月のコース | le sputnik

12
マンゴー ライチ 黒糖

薄い飴の器の中に、マンゴーのムース、ライチ風味のシロップを打ったビスキュイ、ライチのジュレなどを重ね、煎茶のグラスをのせる。マンゴーのエスプーマを絞り、黒糖のクランブルなどをまぶして仕上げ。

13
"カカオポット" アマゾンカカオ ピスコ バナナ

カカオポットに模したチョコレートのドームの中には、バナナのキャラメリゼ、カカオのムース、バナナのムースを重ね、花やハーブを添えたデセールが盛ってある。凍らせたチョコレートの粉末を客前でふり、温めたピスコ（ペルーの蒸留酒）をかけてドームを溶かす。

14
青梅のタルト

バジル風味のタルトレットに青ウメのクリームを絞り、青ウメのペーストと梅茶のジュレのシートを重ねる。ビスキュイ・ショコラのパウダーなどで枝を描いた皿に盛りつけた。

LACERBA

ラチェルバ

藤田政昭
Masaaki FUJITA

3-04

アート感覚にあふれる料理を得意とする「ラチェルバ」。オーナーシェフの藤田政昭氏は2007年から8年間、郷土料理色の強い「タヴェルナ デッレ トレ ルマーケ」を大阪・南森町に構えた後、2015年7月に北新地に移転。その際、店のコンセプトを一新し自由で現代的な表現を追求するように。アラカルト中心だった提供スタイルも、おまかせコースに変えた。

コースは昼夜各2本で、昼は8品8000円と11品1万2000円、夜は10品1万円（ジビエの期間は1万2000円）と12品1万5000円。内容は、2019年昼のコースの例では、アミューズ4品、前菜3品、パスタ1品、肉料理1品、デザート1品、小菓子2品。今回は2017年12月の夜1万2000円（ジビエの時季）と、2019年5月の昼1万2000円のコースを紹介する。

上 大阪・北新地のオフィスビルの2階。モダンな空間に、カウンター6席とテーブル10席を備える。左下 もともとアートやファッションを含めたヨーロッパ文化が好きで、その中からイタリア料理を選んだ藤田氏。店内の本棚には画集、写真集、評論書などが並ぶ。右下 和紙作家、ハタノワタル氏の作の箱。アミューズ、小菓子で使用。

コース全体からは特定のジャンルを感じさせないが、パスタの存在で"イタリア料理のコース"だとわかる。

実はリニューアル当初は、パスタはコースから抜く予定だった。自分自身が、パスタに必要性を感じなくなっていたからだ。しかし一時期、実際にパスタなしの構成にしたところ、お客さまには大不評（笑）。難しいところだが、ゲストのニーズと自分のめざすところの落としどころを注意深く探りつつ、徐々に自分側に引き寄せられれば、と思っている。

「自分のめざすところ」とは。

自分そのもの、つまり過去の経験、今好きなもの、感じたことなどのすべてが、料理や空間に自然に反映されるような店のあり方だ。

日本のイタリア料理店は、"伝統料理にどれだけ忠実か"というモノサシで測られることが多い。そんな感覚から脱却したい、という思いもある。ただ、移転リニューアルする前の8年間、郷土料理を前面に出した店を営んでいたのも私の歴史の一部。なので今、料理で自分そのものを表現しようとすれば、郷土料理の要素が入り込んでくるのは自然なことだと考えるようになった。

コース全体で、とくに意識していることは。

当然ながら、季節感があること、流れがあること、かつ各品から素材の魅力がはっきりと伝わることが大事。また、年配のお客さまでも食べ疲れしないことや、接待が多い場所柄ゆえ食事時間は2時間に収める、などの現実的な側面も意識する。ただし一番大切なのは、先ほどの話ともつながるが、コースに"自分自身が無理なく現れているか"に尽きる。

私はギャラリー巡りが好きで、作品を見るのはもちろん、作家やギャラリストの感性に触れたり、交流することを楽しんでいる。そうして受けた刺激、自分の中のイタリア料理人としてのDNA、さらには外を歩いて感じた自然、本を読んで受けた感銘……そうした日々のすべてが、料理と店に現れるのが理想だ。また、それができてこそ、コースを統一感のある世界として提示できると思う。

そういう意味では、アミューズは、お客さまをこちらの世界に引き込む大事なポイントだ。たとえば、2019年のコー

スでは、まず「黒毛和牛 川鱒キャビア」と「黒豚 パルミジャーナ」の2品を並べて提供する。ここで意識したのは、逆円錐形と球形という2種類の抽象的な形が並び、空間が上にのびるような動きが生まれている……という表現。ギャラリーの風景の一部を切り取ったような、コンセプトワークのような静謐な一場面をイメージした。盛りつけに使った箱は、大好きな和紙作家、ハタノワタル氏の作。氏の平面作品は店の壁にも飾ってあり、室内の空気感と料理が調和する。

一方、郷土料理の要素をアミューズに組み込むことも多い。先ほど触れた「黒豚 パルミジャーナ」は、豚足のトマト煮込みにトウガラシをきかせたトスカーナの料理がベース。同じ2019年の「小豆 赤米 せせり」では、鶏のせせりの炭火焼きに黒七味をふるが、これは、意外にもトウガラシをよく使うトスカーナ料理からの発想だ。サービス時にこうした説明はしないが、味わえばフッとイタリアらしさを感じることもあると思う。

コースの中に、熱量や野趣を感じる料理を組み込むことも大事にしている。私の中にあるイタリア料理人としての根っこがそうさせるのかもしれない。たとえば2019年の「松坂豚 南高梅」でめざしたのは、荒々しいパワーを備えた肉料理。豪快に焼いたビステッカや、串刺しにした仔羊や豚のグリルなど、イタリア修業中に強く惹きつけられた、プリミティブな火入れのイメージだ。ただしプリミティブさがむき出しだとコースの中で浮いてしまうし、設備やオペレーションの制約の中で原始的かつ完成度の高い火入れを行なうのも難しい。そこで、真空調理で仕込みをし、営業中にフライパン、オーブンで一気に香ばしく仕上げる方法としている。

コースの内容は、どのように変えるか。

基本的に、1ヵ月半で変えている。季節に沿って素材が変わるのに合わせて徐々に入れ替え、1ヵ月半で変わりきるかたちだ。このサイクルは、常連客の来店頻度に合わせたもの。もう少し長く出していたいのが、本音ではある。

というのも、作り続けるうちにブラッシュアップされ、「この料理をもっと深めたい!」と思うことが今のところ多いからだ。なので、とくに気に入り、さらによくなりそうな料理は数品、翌シーズンに持ち越している。今回紹介した中では、2019年のデザートの「バナナ」がそう。バナナのソルベがテーマで、組み合わせる相手として黒豆とリコッタのトルタが登場したのは今年から。来年以降変わるかもしれないし、今年で完成するかもしれない。いずれにせよ、納得できるまで磨き上げた料理を増やしていきたい。そして最終的には、これ以上変更する余地のないスペシャリテのみで構成したラインアップができ、それが1ヵ月半ごとに並んでいて、新作も少しずつある、というのが今描いている理想だ。

ただ、自分はおまかせコースをはじめたのが2015年7月で、ようやく季節が四巡したところ。今のスタイルは変わるかもしれないし、固定観念を持たないようにしている。

この1年半で、どのような変化があったか。

自分に根付いているイタリア料理のクラシックな技術や知識をアップデートしながら、ジャンルを超えたグローバルで新しい料理が持つ表現力や技術にも目を向け、その習得のために厨房で試作をくり返した。そのおかげで、料理の幅と奥行きが広がったように思う。

ただし一番大きいのは、心構えの変化だ。アーティストや批評家の本を読んで「表現とは何か」、「本質とは何か」、「オリジナリティとは何か」ということについて、新しい考えに至ることができた。端的に言えば、「オリジナリティを目的に据えた時点で、その結果生まれるものは本質や真理に向かわない」、ということが、スッと腑に落ちたのだ。

人それぞれなので、個性的であろうとしたり、コンセプトを掲げてそれに沿った料理を作ったり、メッセージを料理に込めるのも表現の一つだと思う。実際、おまかせコースを提供している店の多くはそうしているし、それがトレンドだ。しかし一流のアーティストは、「オリジナリティのある作品を作りたい」、「個性を打ち出したい」と決めて作品を生み出すのではない。人生経験から自然とにじみ出る表現が、結果的に個性やオリジナルになる。料理も、究極的には、自分がどういう時間の過ごし方をしてきたか、ということなのだと思っている。

藤田政昭 | Masaaki FUJITA

1973年奈良県生まれ。大学時代、ヨーロッパ文化に傾倒する。卒業後、大阪のイタリア料理店を経て渡伊。イタリア各地で3年半経験を重ねて帰国。2007年に大阪・南森町に「タベルナ デットレルマーケ」を開業。'15年7月、移転し店名も新たに現店を開く。

| 2017年12月のコース |
| 1万2000円（サ7％別） |

1	鶉卵
2	鯖　もろみ
3	"牛"蒡
4	鰆　黒大根
5	鰻　柿
6	鳥取猪　乾燥ポルチーニ
7	鰯　カーボロネロ
8	蝦夷鹿　紫キャベツ
9	林檎
10	小菓子

2017年12月、ジビエの時季のコース。"真っ黒な木の実の殻"という謎めいた姿が印象的な冒頭の一品に続き、好奇心を刺激するアミューズが2品登場。続く前菜3品は、それぞれモダンに仕立てたサワラの冷菜、ウナギのタレ焼き、イノシシの煮込み。郷土料理色を感じるパスタ、シカのメイン料理、という流れ。旬のリンゴが主役のデザート、小菓子で締める。

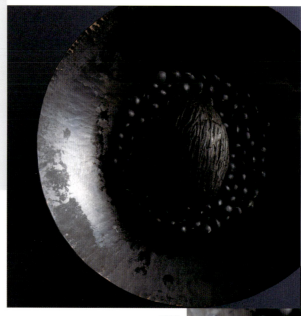

1

鶉卵
半熟にゆでたウズラの卵の殻をむき、バルサミコ、赤ワインなどでマリネ。鰹節、竹墨で作るパウダーをまぶし、真っ黒に（右）。黒く焼いた植物の殻をかぶせて提供（上）。

2

鯖　もろみ
ココア風味の生地をごく薄くのばし、筒状にしてカリッとフライに。中に、甘酢味で煮たサバの身を繊維状にほぐし、金山寺味噌のもろみと合わせたものを絞る。

2019年5月のコース。2品×2回で提供するアミューズは、オブジェのような佇まい。前菜3品では初夏を生きいきと表現する内容で、アジと野菜の冷菜、白バイ貝の温菜、ウナギのタレ焼き。毛ガニとトマトソースのピーチをはさみ、メインは、豚のスペアリブと南高梅の香り高い一品。デザート、郷土菓子を思いきりモダンに仕立てた小菓子で終了。

2018年5月のコース 1万2000円（サ7%別）	
黒毛和牛　川鱒キャビア	1
黒豚　パルミジャーナ	2
小豆　赤米　せせり	3
青大豆　イカ　ボッタルガ	4
鯵　赤紫蘇	5
白バイ貝　フィノキエット	6
鰻　花オクラ	7
毛蟹　ピーチ	8
松阪豚　南高梅	9
バナナ	10
小菓子	11

黒毛和牛　川鱒キャビア
竹炭入りのカンノーロに、セロリドレッシングなどで和えた黒毛和牛ランプ肉のタルタルを詰め、川鱒の卵の塩漬けを盛る。

1,2

黒豚　パルミジャーナ
豚足と豚肩ロース肉を、トウガラシ風味のトマト煮込みとし、ほぐしながら煮詰める。これを球形にとり、パルミジャーノをまぶしてフライに。「黒毛和牛　川鱒キャビア」とともに提供。

小豆　赤米　せせり
赤米と小豆のチップスにレバーペーストをぬり、鶏のせせりの炭火焼きをのせる。黒七味のパン粉をふって風味をプラス。

青大豆　イカ　ボッタルガ
青大豆のピュレを挟んだウスイエンドウのマカロンを、小石の上に立てて置く。ケンサキイカとボッタルガをのせ、ナスタチウムをかぶせる。「小豆　赤米　せせり」とともに提供。

3,4

料理解説｜P.227

LACERBA

3 "牛"蒡

ゴボウの角切り入りの「揚げ団子」に、自家製のブレザオラ（牛の生ハム）をほぐしてまとわせる。"牛蒡"の字から発想した品。

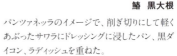

4 鰆 黒大根

パンツァネッラのイメージで、削ぎ切りにして軽くあぶったサワラにドレッシングに浸したパン、黒ダイコン、ラディッシュを重ねた。

5 鰻 柿

柿酢入りの甘酢味のタレを用いて、ウナギを炭火でタレ焼きに。ラルドをかぶせ、柿のコンフィをのせる。すりおろしたホースラディッシュとともに。

5
鯵　赤紫蘇
塩をした生のアジを立て塩に浸けたキュウリ、塩とゴマ油で和えた九条ネギ、紅芯ダイコンとともに盛り、カシューナッツを散らす。赤ジソのソースとともに混ぜて食べる、さっぱりとした一品。

6
白バイ貝　フィノキエット
鶏節のだしとフィノキエット（野生のフェンネル）で作る香り豊かなソースを泡立て、蒸した白バイ貝とともに。オオバの発酵パウダーをふる。

6 鳥取猪　乾燥ポルチーニ

イノシシ肩肉の薄切りとポルチーニを、赤ワイン入りのすきやき風の煮込みに。コンソメの餡をかけたキクイモのピュレの上に、客前で盛りつける。

7 鰯　カーボロネロ

イワシ、干しブドウ、フルーツトマトをほぐしながら煮たソースで、黒キャベツをクタクタに加熱。ピゴリにからめてパスタ料理に。

2019年5月のコース｜LACERBA

7

鰻　花オクラ
白バルサミコをぬったウナギの炭火焼きが主役。黄色いのはオクラの花で、きざんだウナギ、オクラ、ナガイモ、押麦が詰めてある。ソバ米のフリット、ツルムラサキのピュレとともに。

毛蟹　ピーチ
トスカーナのパスタ、ピーチを、毛ガニとトマトソースで。ミモレットとイタリアンパセリを散らす。前店「タベルナ デッレ トレ ルマーケ」時代からの定番のパスタ。

164 | 165

2017年 12月のコース│LACERBA

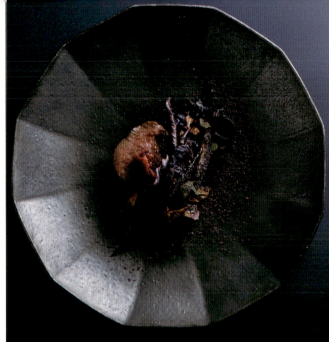

8
蝦夷鹿 紫キャベツ
エゾジカのローストに、紫ニンジンの乾燥焼きなど、紫色で揃えた付合せを添えた。シカのジュ、八丁味噌、ハチミツで作る甘じょっぱいソースとともに。

9
林檎
ナッツと干しブドウのパンをほぐして皿に敷き、焼きリンゴのジェラート、紅玉のクネル、リボン状の紅玉のマリネを盛る。チップスは、アールグレイ風味。

10
小菓子
いずれも軽い口あたりに仕立てたカンノーロと、干しイチジクとフェンネルのブルッティ・マ・ボーニ。小菓子には郷土料理を1品組み込む。

松阪豚 南高梅 9
真空調理した豚のスペアリブに、南高梅で作る甘酢味のピュレをぬって焼き上げた。スーゴ・ディ・カルネと南高梅のソース、グリーンカールの乾燥焼き、メイクイーンのピュレを添えて。

バナナ 10
黒豆とリコッタのトルタと、バナナのソルベの組合せ。黒豆のピュレとマンゴーのピュレ、バナナ、メレンゲとともに。ベコニアで華やかな印象に。

2019年5月のコース│LACERBA

小菓子 11
シチリアがテーマの小菓子。カカオ風味のカンノーロには、自家製レモンカードやレモンコンフィを詰める。シュークリームは、ピスタチオとオレンジピールで仕立てる。

料理解説

1–1

川手寛康
Florilège

投影 ヤングコーン 茄子
カラー9ページ

ヤングコーンのポレンタ

①ヤングコーンの皮から実を取り出す。皮は器にするため取りおく。
②①の実を食品乾燥器で一晩乾燥させ、ミルで挽いてパウダー状にする。
③鍋に②とポレンタ粉、皮ごと10分間ほど塩ゆでしたトウモロコシの実、バター、牛乳、生クリーム（乳脂肪分47％）を合わせて火にかけ、もったりするまで混ぜながら煮る。塩で味をととのえる。
④③を、①で取りおいたヤングコーンの皮に詰め、樹脂加工のフライパンで両面をこんがりと焼く。

茄子のムース

①ナス（宮崎県産佐土原なす）を皮と果肉に分ける。皮はタルト用に取りおく。
②①の果肉を適宜な大きさに切り、バター、フォン・ブラン（解説省略）とともに火にかける。ナスに火が通ったら、塩で味をととのえる。
③②をミキサーにかけてピュレにし、少量のバターを加え混ぜる。
④③をサイフォンに詰め、ガスを充填する。

茄子の皮のタルトカップ

①取りおいたナスの皮を、ごく少量のオリーブオイルを敷いたフライパンでソテーする。
②①をミキサーにかけてピュレ状にする。
③②を火にかけ、凝固剤（アガー）を加えて沸騰させる。
④とろみが出たら火を止め、シルパットに薄く流して、食品乾燥器で一晩乾燥させる。
⑤④を直径5㎝のタルト型より少し大きめの円形に抜き、タルト型に密着させるように敷き、その上から同じ型を重ねる。
⑥⑤を食品乾燥器で完全に水分がとぶまで乾燥させる。

仕上げ

①皿にヤングコーンのポレンタを盛る。
②茄子の皮のタルトカップに茄子のムースを絞り入れ、スプーンにのせて①の皿に置く。ムースの上にボリジ、ウイキョウ、ディル、アリッサム、コリアンダー、キュウリ、矢車菊、ニンジン、シブレット、シソ（すべて花）を飾り、液体窒素で凍結させたパウダー状のナタネ油をかける。

帆立 フロマージュブラン
カラー9ページ

ホタテとカブのミルフィーユ

①日本酒で洗った昆布でホタテの貝柱の両面を挟み、冷蔵庫に半日おいて昆布締めにする。
②カブの皮をむいて、厚さ2〜3㎜にスライスし、ハチミツと赤ワインヴィネガーで10分間ほどマリネする。
③②のカブ2枚でフィーヌゼルブを挟む。これを6つ作っておく。
④①のホタテを厚さ2〜3㎜にスライスし、③のカブと交互に重ねる。

フロマージュブランのムース

①フロマージュ・ブラン、泡立てた生クリーム、みじん切りにしたエシャロット、レモン果汁、ハチミツを混ぜ合わせる。
②①を絞り袋に詰め、冷蔵庫で冷やす。

ヨーグルトのシート

①プレーンヨーグルトをミキサーにかけて液状にし、凝固剤（ベジタブルゼラチン）でとろみをつけ、クエン酸、塩を加える。
②①をシルパットに薄く流し、食品乾燥器でしっとり感が残る程度に乾燥させ、長方形に切り分ける。

クレーム・ド・シトロン

①鍋に溶いた全卵、コーンスターチ、レモン果汁、すりおろしたレモンの皮を合わせ、とろみがつくまで弱火で加熱する。
②①を漉し、氷水をあてて粗熱をとってから絞り袋に入れて冷蔵庫で冷やす。

仕上げ

①ホタテとカブのミルフィーユを3㎝ほどの厚さにカットして断面が見えるように皿に盛り、フルール・ド・セルをふってシトロンキャビアを散らす。
②ヨーグルトのシートにフロマージュブランのムースを絞り、ロール状に成形して①の左側に盛る。
③②の上に、クレーム・ド・シトロンを絞り出す。

稚鮎 花山椒
カラー9ページ

稚アユの炭火焼き

①稚アユを流水で洗い、ウロコとぬめりを取り除いてから、背開きにする。
②内臓と中骨、細かい腹骨を取り除く。内臓はソース用に取りおく。
③②を網にのせ、塩、砂糖をふって冷蔵庫で一夜干しにする。
④③を、頭、胴、尾に切り分けて、炭火で香ばしく焼く。

内臓のソース

①鍋にバターを入れて火にかけ、焦がしバターになったらアユの内臓を入れて炒める。
②フォン・ブラン、赤味噌を加え、ハンドミキサーでペースト状にする。

新玉ねぎのマリネ

①小さめの新タマネギをくし切りにして塩をふり、10分間ほどおく。
②鍋に半割にしたニンニクとオリーブオイルを入れて火にかける。油にニンニクの香りが移ったら①を加え、白ワインを注いでアルコール分をとばす。
③②に黒酢と一番だし（解説省略）を合わせたものを加え、軽く沸かしたら火を止めて20分間ほどおいて味をなじませる。煮汁は仕上げ用に取りおく。

トマトのカクテル

①トマトの果汁を絞り、キッチンペーパーで漉す。
②①を煮詰めて濃度をつけ、冷蔵庫で冷やす。
③提供前にサイフォンに詰めてガスを充填し、グラスに注ぐ。

仕上げ

①塩ゆでしたフダンソウに新玉ねぎのマリネ、フォン・ブランでのばした白味噌、稚アユの炭火焼きの頭と胴をのせて巻く。

②①をサラマンドルで表面に軽く焦げ目がつく程度に焼く。

③②を皿に盛り、稚アユの尾を添え、新玉ねぎのマリネで取りおいた煮汁とタデのオイル（解説省略）を流す。内臓のソースをクネル形に取って盛る。サンショウの花、葉、実を散らす。

④③をグラスに注いだトマトのカクテルとともに提供する。

椎茸　バッカス
カラー10ページ

シイタケのスープ

①シイタケのだしをとる。鍋いっぱいのシイタケに、ひたひたの水を加えて一晩おき、漉す。

②①の液体を温めてバッカス*、生クリームを加えてミキサーにかける。

*バッカス▶長野県にある清水牧場が生産する、同牧場が育てるブラウンスイス種の牛の乳を使った長期熟成の硬質チーズ。ナッツを思わせる香ばしさと牛乳のやさしい風味が特徴

シイタケのフラン

①シイタケのだしと溶いた全卵を3:1の割合で合わせ、ハンドミキサーで混ぜる。塩で味をととのえる。

②バットに流して99℃・湿度100%のスチコンで15分間蒸す。

仕上げ

①器に適宜にカットしたシイタケのフランを盛る。

②スライスして、サラマンドルで軽くあぶったシイタケ、スライスしたエシャロットとバッカスをソース・ヴィネグレット（解説省略）で和え、①の上にのせる。

③②にスライスした白トリュフを散らす。

④③と温めて別器に入れたシイタケのスープをともに提供し、スープを客前で注ぐ。

サスティナビリティー　牛
カラー11ページ

牛ロース肉のカルパッチョ

牛（経産牛）のロース肉をスライスし、ラップ紙で挟んで肉叩きで叩き、薄くのばす。

②バットの上に網を置いて①の肉を広げ、塩、トレハロースを合わせてふり、冷蔵庫に一晩おく。

③牛のコンソメ（解説省略）を75℃に加熱し、②の肉をさっとくぐらせる。

ジャガイモのピュレ

①ジャガイモの皮をむいて適宜に切り、柔らかくなるまで牛乳で煮る。

②生クリーム、塩、グラニュー糖を加えて溶かし、ハンドミキサーで撹拌する。裏漉しする。

③②を藁で燻して香りをつける。

④③をサイフォンに詰めてガスを充填し、60℃の湯煎で温めておく。

パセリオイル

①パセリの葉と太白ゴマ油をミキサーにかける。

②①をボウルに移し、氷水をあてて急冷する。

③シノワにキッチンペーパーを敷いて②を漉す。

仕上げ

①ジャガイモのピュレを皿に絞り、牛ロース肉のカルパッチョを盛る。

②①の上から熱い牛のコンソメをかけ、パセリオイルを流す。ディルのスプラウトを散らす。

コントラスト　牡蠣
カラー11ページ

牡蠣のフリット

①牡蠣を殻からはずし、塩湯（塩分濃度2%）で軽くゆでる。

②①の牡蠣の水気をふき取って、ベニエ生地（解説省略）をまとわせる。生のオカヒジキで全体を包み込む。

③②を180℃のサラダ油で約1分間揚げる。油をきる。

牡蠣のディスク

①鍋に米油を敷いて、スライスしたタマネギを炒め、牡蠣の身、バターを加えて加熱する。

②①をミキサーにかけ、バットに流して冷凍庫で冷やし固める。

レモンのメレンゲ

①卵白に砂糖、塩を加えて八分立てにし、メレンゲベースとする。

②①にすりおろしたレモンの皮、レモン果汁を加え混ぜる。

③クッキングシートを敷いた天板に流し、120℃のオーブンで10分間焼く。さらに食品乾燥器でサクサクになるまで乾燥させる。

④直径2cmのセルクルで型抜きする。

牡蠣の泡

①アサリや牡蠣のだし（解説省略）を鍋に入れ、ミキサーにかけた牡蠣の身を加えて沸かす。

②沸いたらすぐに火から下ろし、蓋をして10分間おく。キッチンペーパーで漉して生クリームを加え、ハンドミキサーで泡立てる。

仕上げ

①熱々の牡蠣のフリットを皿に盛り、棒状にカットした、凍ったままの牡蠣のディスクをのせてフルール・ド・セルをふる。

②①の上に塩ゆでして赤ワインヴィネガーのドレッシング（解説省略）をかけたオカヒジキ、レモンのメレンゲをのせ、牡蠣の泡を添える。

サーモン　タルタル
カラー12ページ

サーモンのタルタル

①サケ（宮崎県産西米良サーモン）を3枚におろしてソミュール液（解説省略）に3時間ほど浸け、網にのせて冷蔵庫で一晩乾燥させる。

②皮付きのまま①に串を打ち、皮目を強火の炭火で香ばしく焼く。

③皮を破かないようにはずし、取りおく。

④身を粗くきざみ、きざんだシブレット、エシャロット、サワークリーム、マヨネーズ*と混ぜ合わせる。

*マヨネーズ▶加熱した全卵を使用して自家製する、固めのテクスチャーのもの

フヌイユのピュレ

①鍋にバターを敷いて、スライスしたタマネギ、ウイキョウをソテーし、塩で調味する。

②野菜に火が通ったらミキサーにかけ、ピュレにする。

サーモンの骨のジュ

①フォン・ブランに、サケの骨、薄切りにしたショウガを加えて沸かし、漉す。

仕上げ

①フヌイユのピュレを器に敷き、サーモンのタルタルを盛る。

②取りおいたサケの皮をもう一度炭火でパリパリに焼き、タルタルを包むように①の上にのせる。

③サーモンの骨のジュを周囲に流す。

④サーモンの骨のジュにさっとくぐらせて火を通したアカザを添える。

分かち合う
カラー12ページ

パンタードのロースト

①丸のホロホロ鳥を常温にもどし、バーナーであぶって表面を乾かす。

②①から内臓を取り除いて掃除し、コフルと腿肉に切り分ける。

③②の皮目に刷毛でバターをぬる。

④フライパンに少量のサラダ油を敷いて、③のコフルをやや弱火でリソレする。最初に首付近の皮を焼き付けて胸の皮を張らせてから、中火にして皮の全面に焼き色をつける。網に取って油をきる。

⑤フライパンに少量のサラダ油を敷いて、③の腿肉を皮目から強火で焼く。腿のまわりが白っぽくなり火が入りはじめたら、面を返して肉側をさっと焼く。

⑥④のコフルを天板にのせ、80℃のコンベクションオーブンで30分間焼く。腿肉は網を敷いたバットにのせて、コフルと同じ温度・時間で焼く。

米のガレット

①モチ米を蒸し器で蒸す。

②①をバットにのばし、タマネギのジュ*でのばした赤味噌をぬって、サラマンドルでパリパリに焼く。

*タマネギのジュ▶タマネギを水から煮出して取った液体を煮詰めたもの

エゴマのペースト

①ゆでたエゴマを、太白ゴマ油、ニンニク、塩と合わせてミキサーにかける。

②①を漉す。

ソース

①ホロホロ鳥、鴨などのガラを炒め、赤ワインを加えて煮詰める。

②①に適宜に切ったタマネギ、ニンジン、セロリ、タイム、黒粒コショウを加えてさらに煮る。

③②を漉して、仕上げにバターでモンテする。塩、コショウで調味する。

キノコのジュ

フォン・ブランでマイタケなど1〜2種のキノコを煮出し、漉す。塩で調味する。

仕上げ

①パンタードのローストを、塊のままお客に見せる。

②①の骨をはずし、腿肉、胸肉に切り分け、それぞれ六等分にする。

③②の皮目を強火のフライパンで焼き、さらに290℃のオーブンで3〜4分間焼く。

④皿にソースとキノコのジュを流し、②の腿肉、胸肉を盛りつけ、海塩（静岡県産）をふる。

⑤米のガレットをサラマンドルで再度パリパリに焼き、④のパンタードの上にのせ、エゴマのペーストを添える。

---

*「パッションフルーツ」「マンゴー ココナッツ」「贈り物 アマゾンカカオ」「パート・ド・フリュイ」は解説省略

1-02

高田裕介
La Cime

ブーダンドッグ
カラー17ページ

ブーダンドッグ

①筒状にしたブーダン・ノワール*を一口大にカットして、冷凍する。

②①に薄力粉をまぶし、竹串を刺して、竹炭の衣（後述）をまとわせる。180℃のサラダ油に入れ、気泡が落ちつくまで揚げる。

③提供前に、180℃のサラダ油で熱々になるまで再度揚げる。油をきる。

*ブーダン・ノワール▶兵庫県・芦屋市と神戸市にあるシャルキュティエ「メツゲライ・クスダ」のものを使用

竹炭の衣

薄力粉、コーンスターチ、ベーキングパウダー、砂糖、全卵、塩、牛乳、バター、竹炭パウダーを混ぜ合わせる。丸くまとめてラップ紙を被せ、1時間ほどおく。

トマトのペースト

トマトソース（解説省略）にイカスミを加えて火にかけ、粉末の寒天を混ぜる。粗熱をとり、冷蔵庫で冷やす。

仕上げ

皿に熱々に温めた黒い溶岩石を置き、トマトのペーストを2ヵ所にのせて、その上にブーダンドッグを置く。

アオサとウニ
カラー17ページ

アオサのかき揚げ

アオサ（鹿児島県産）に水、塩、薄力粉を合わせた衣をまとわせて、170℃のサラダ油で香ばしくカリッとなるまで揚げる。

アオサのだし炊き

アオサをカツオだし（解説省略）でさっと炊き、葛粉でとろみをつける。冷蔵庫で冷やす。

仕上げ

①アオサのかき揚げにウニを2切れ置き、アオサのだし炊きをたっぷりのせる。

②サンゴを敷き詰めた皿に①をのせる。

アユとルバーブ
カラー17ページ

稚アユの串焼き

①稚アユをアユの魚醤に浸し、塩をふって、半日脱水シートで脱水する。

②木の枝で作った串を口から刺す。

③水、昆布、挽いた緑茶の茶葉、米を合わせて炊く。塩を混ぜる。

④②に③をまとわせ、230℃のオーブンで米に香ばしい焼き色がつくまで焼いてから、仕上げに炭火であぶる。

ルバーブの小皿

①ルバーブの皮をむいてスライスし、薄めのシロップ（解説省略）で炊く。

②ルバーブのピュレ（解説省略）、サフランを合わせて火にかけ、粉末の寒天を混ぜる。粗熱をとり、冷蔵庫で冷やし固める。

③ルバーブと赤スグリの果汁を煮詰める。

④器に③を流し、①を置く。②を小さい円柱状に取り、3つのせて上にセルフイユの花を飾る。まわりにオリーブオイルを流す。

仕上げ

①器に木の枝を詰め、稚アユの串焼きをのせる。

②①とルバーブの小皿をともに提供する。

コゴミ、ホタテ、ウルイ
カラー18ページ

①コゴミの先端を、野菜のだし（解説省略）と塩を合わせて熱した液体にさっと浸す。

②切り目を入れて強火の炭火であぶったホタテの貝柱を、切り離せない程度に手で裂く。

③ウルイを適宜に切り、オリーブオイルで炒める。生クリーム、レモン果汁を加えて濃度がつくまで煮る。

④旬の山菜や、他の料理で余った野菜の葉などをゆでて、ジューサーで絞

って液体をとる。オリーブオイルと一緒に専用容器に入れて冷凍する。

⑤④をパコジェットにかける。シノワで漉す。

⑥器に⑤を入れ、②、③を盛る。全体を覆うように①をのせる。

赤貝とズッキーニ
カラー18ページ

赤貝

①アカガイの身を殻から取り出し、掃除して食べやすく切る。軽く塩をふり、ハゼノキ*のオイルとハゼノキの実のペースト（ともに解説省略）で和える。

②掃除したアカガイの殻に、細かい角切りにしてゆで、キビ酢で和えたズッキーニを入れ、①を置く。オキサリスの花を飾る。

*ハゼノキ▶ウルシ科の樹木。現在は果実を蒸して木蝋を取り、ロウソクなどの原料にするのが一般的な利用法だが、江戸時代には食用されていた

ズッキーニのスープ

①90〜100℃のオーブンにズッキーニを入れ、完全に水分をとばして乾燥させる。

②①を水に入れて沸かし、水分を煮詰める。キビ酢を加えてさらに煮詰め、黒糖と塩で調味して、漉す。冷蔵庫で冷やす。

③ゆでて中身をくり抜いたズッキーニの下端を器とし、②を注ぎ入れる。

仕上げ

粗塩を敷き詰めた器に赤貝を置き、干し草をのせた小皿に置いたズッキーニのスープとともに提供する。

ウドとホタルイカ
カラー19ページ

3種のウド

①ウドを厚さ6〜7mmの輪切りにし、塩ゆでする。

②生のウドを厚さ1〜2mmにスライスする。

③ウドのピュレ（解説省略）を鍋に入れ、練るように加熱してカラメリゼさせ、ウドのペーストとする。

ホタルイカのペースト

きざんだ赤パプリカ、エシャロット、シ

ョウガ、トマト、干しホタルイカ*、コニャックを鍋に合わせて火にかけ、野菜に火が通るまで混ぜ合わせる。

*干しホタルイカ▶ホタルイカの目とクチバシを取り除き、食品乾燥器に1〜2日間入れて完全に水分をとばしたもの

貝のだしの泡

貝のだし（解説省略）を沸かし、ハンドミキサーで泡立てる。

仕上げ

①ウドのペーストを皿に敷き、ゆでたウドと生のウドを立てて盛る。貝のだしの泡をのせる。

②ホタルイカのペーストをクネル形に取って①の脇に添え、ネギの花を飾る。

フダンソウ、ウナギ、ナス
カラー19ページ

フダンソウ、ウナギ、ナス

①ウナギ（鹿児島県・泰正養鰻場）を背開きにして網を渡した炭焼き台で皮目を香ばしく焼く。細切りにする。

②ナスを皮ごと網を渡した炭焼き台に置き、皮に焦げ目がつくまで焼く。細切りにする。

③フダンソウの葉をさっと塩ゆでする。

④①と②を③で巻く。

ソース

ウナギのだしとシイタケのだし（ともに解説省略）を合わせて沸かし、フダンソウのピュレ（解説省略）を加えてハンドミキサーで混ぜる。

フダンソウのニョッキ

①薄力粉、フダンソウのピュレ（解説省略）、塩、ゆでて皮をむき裏漉ししたジャガイモを混ぜ合わせ、弾力が出るようしっかりと練る。

②①を豆粒程度に取り、塩湯に入れて浮いてくるまでゆでる。水気をきり、ソースをからめる。

フダンソウのオイル

フダンソウをゆでて水気をきり、オリーブオイルとともに専用容器に入れて冷凍する。パコジェットにかけて、シノワで漉す。

仕上げ

①フダンソウ、ウナギ、ナスをソース

に浸し、皿に盛る。
②フダンソウのオイルをかけ、フダンソウのニョッキを散らして木ノ芽の葉を飾る。

イサキ
カラー19ページ

イサキのポワレ
①イサキを三枚におろして塩をふる。
②フライパンにオリーブオイルを敷き、①のイサキを皮目を下にして置く。皮が香ばしくパリパリになるまで焼く。
③適宜の大きさに切る。

新タマネギのソテー
①新タマネギの皮をむき、専用の袋に入れて真空にかけ、柔らかくする。
②新タマネギを袋から取り出してくし切りにし、ラードを敷いたフライパンで断面に香ばしい焼き色がつくまで焼く。

ソース
オレンジパプリカと、フライパンで軽く焼いた甘夏の果肉をミキサーで混ぜ合わせ、ゆるいペースト状にする。

チョリソーの泡
細かく切ったチョリソーとタマネギをよく炒め、サリエットと牛乳を加えて漉す。ハンドミキサーで泡立てる。

仕上げ
①皿にソース、コリアンダーオイル*、スープ・ド・ポワソン（解説省略）を流し、チョリソーの泡をのせる。
②イサキのポワレ、新タマネギのソテーを盛り、適宜に切った甘夏の果肉と皮、コリアンダーの葉と花を散らす。

*コリアンダーオイル▶コリアンダーのペーストをオリーブオイルで溶いたもの

近江牛のロースト
カラー20ページ

近江牛のロースト
①牛（滋賀県産近江牛の経産牛）のロース肉を2人分（140g）ほどに切り出す。
②フライパンにたっぷりの牛脂を溶かして、①の肉を入れる。
③②をフライパンごと、予熱をしていない200℃に設定したオーブンに入れて、庫内温度が200℃にならないく

らいまで加熱する。
④③を温かい場所でやすませておく。
⑤提供前にフライパンで脂身を中心に全面を焼く。半分にカットする。

アスパラの短冊揚げ
グリーンアスパラガスの根元の部分を短冊切りにして、クッキングシートで包み、タコ糸で縛る。170℃のサラダ油で軽く色づくまで揚げる。

付合せ
①ジャガイモを皮ごと100℃・湿度100％のスチームコンベクションオーブンで柔らかくなるまで蒸す。
②ジャガイモに切り目を入れて、中にバターと焼いて角切りにした仔豚の頭の肉を入れる。
③フライパンに澄ましバターを敷き、②、5cmほどの長さに切ったグリーンアスパラガス、カラマツの枝（葉付き）を入れて、蓋をして弱火にかける。
④ジャガイモに香ばしい焼き色がついたら火を止め、軽く塩をふる。鍋の中身すべてと、新しいカラマツの枝を器に盛る。

仕上げ
①皿に、ジュ・ド・ブフ（解説省略）を流す。
②①に近江牛のロースト、アスパラの短冊揚げ、軟白栽培していないアンディーヴの葉をのせる。
③②と付合せをともに提供する。

---

*「エストラゴンのクリームとニセアカシア」「胡瓜とキウイとセージ」「ヤギのチーズケーキ、大阪のシンボル、ミックスジュース」は解説省略

1-03

手島純也
hôtel de yoshino

グジェール
カラー25ページ

①鍋に水450g、牛乳450g、バター450g、塩15gを入れて熱する。
②バターが溶けたら火から下ろし、薄力粉540gを加えてよく混ぜる。
③再度火にかけながら、よく混ぜて水分をとばす。生地がまとまったら、火から下ろす。
④③の生地をボウルに移し、溶いた全卵16個を数回に分けて加え混ぜる。
⑤④に、すりおろしたグリュイエールを加えてよく混ぜる。
⑥⑤の生地を絞り袋に入れ、天板に1個10gずつ丸く絞る。
⑦200℃のオーブンで10分間、さらに165℃で約6分間焼く。
⑧⑦をレースペーパーを敷いた皿に盛る。

ガレット・ブルトンヌと
アジのマリネ
カラー25ページ

ガレット・ブルトンヌ
①柔らかくしたバター250gに塩10g、グラニュー糖20gを加えてすり混ぜ、卵黄50gを加えてよく混ぜる。
②合わせてふるった薄力粉40g、ソバ粉180g、アーモンドパウダー150gを加え、切るように混ぜて一つにまとめる。
③ビニール袋に入れ、冷蔵庫で一晩おく。
④③の生地に打ち粉をして、麺棒で厚さ4mm程度にのばす。
⑤直径5.5cmのセルクルで抜いて天板に並べ、表面に溶き卵をぬる。
⑥200℃のオーブンで約15分間焼く。
⑦網にとって冷ます。

アジのマリネ
①アジを三枚におろし、塩と砂糖をふって2時間前後マリネする。
②①をシードルヴィネガーで約15分間マリネする。
③②の皮目をバーナーであぶり、スライスする。

カリフラワーのクリーム

①カリフラワーを適宜に切ってゆでる。

②①のカリフラワーを生クリームと一緒にミキサーでまわす。

③②を、小角に切ったカリフラワーの酢漬け(解説省略)と混ぜ合わせる。

仕上げ

①レースペーパーを敷いた皿の中央にガレット・ブルトンヌを置いてカリフラワーのクリームをのせ、アジのマリネを並べる。

②リンゴの細切りと、同じくらいの長さに切ったシブレット、ダイコンの花を飾る。

熊野牛のコンソメ

カラー25ページ

ブイヨン

①鍋にゆでこぼした牛の骨、筋、脂を入れて水を注ぎ、強火で沸かす。

②アクを引き、適宜に切ったタマネギ、ニンジン、セロリ、ニンニク、タイム、パセリ、ローリエ、白粒コショウ、黒粒コショウ、クローヴ、水と同量のフォン・ド・ヴォライユ(濃いめに引いたもの。解説省略)を加え、3時間以上煮出す。途中、アクを引く。

③②を漉す。

コンソメ

①牛(熊野牛)の端肉のミンチ、卵白、トマトコンサントレ、適宜に切ったタマネギ、ニンジン、セロリ、ニンニク、タイム、パセリ、ローリエ、白粒コショウ、黒粒コショウ、クローヴを鍋に入れ、よく混ぜ合わせる。

②①にブイヨンを加えて強火にかけ、絶えず混ぜながら加熱する。

③卵白が凝固したら混ぜるのを止め、材料が浮き上がったら微沸騰の火加減とする。

④固まった材料を静かに周囲によけて液面の中央に穴をあけ、約1時間加熱する。

⑤液面の中央の穴から液体を静かにすくって漉す。

⑥⑤を再度沸かし、アクや脂を取り除く。

⑦⑥をカップに注ぎ、ソーサーごと皿にのせる。

＊熊野牛▶和歌山県産の黒毛和種の銘柄牛。肉質等級はA3以上で、肉の繊維や霜降りがきめ細かくて柔らかい。同店ではA4の背肉を1本丸ごと仕入れており、ここでは掃除した際に出る端肉を使用

湯浅産天然岩牡蠣
白ワインと柑橘のジュレとともに

カラー26ページ

①岩牡蠣(和歌山県・湯浅産)の殻をはずし、身を大きめの一口大に切り分ける。殻は洗って盛りつけ用に取りおく。

②エシャロットのみじん切り、赤ワインヴィネガー、レモン果汁、生クリームを混ぜ合わせる。

③取りおいた殻に②を敷き、上に①の身を並べる。ライムの皮のハチミツマリネを散らし、表面全体を白ワイン(シャルドネ)のジュレ(ともに解説省略)で覆う。適宜に切ったシブレット、花穂ジソの花を散らす。

④塩を固めて作った台を皿に置き、その上に③を盛りつける。

太田養鶏場の紀州鴨と
紀州赤鶏のパテ・アン・クルート

カラー26ページ

ファルス

①皮を除いた鴨(紀州鴨)と鶏(紀州赤どり)の胸肉と、それぞれの内臓(肝臓、心臓、砂肝)、膜などを除いた豚のバラ肉、豚の背脂を1.5cm角程度に切る。

②①を、ニンニクの薄切り、タイム、ローリエ、イタリアンパセリ、コニャック、赤ポルト、カトルエピス、塩、コショウと混ぜ合わせ、表面をラップ紙で覆って1日マリネする。

③②から香草類を取り除き、ミンサーで粗挽きにして、ピスタチオを混ぜる。

＊紀州鴨▶和歌山県・有田郡の太田養鶏場で飼育するブランド鴨。低密度の環境にて独自配合の飼料を与えて飼育しており、鴨肉独特の臭みが少ない

＊紀州赤どり▶和歌山県の銘柄鶏。ロードアイランドレッド系で、飼育日数は70〜80日と少し長めとし、平飼いで地鶏よりやや飼育密度を大きくすることで、地鶏のような旨みと歯ごたえのある肉質でありながら、一般的な地鶏より安価

鴨肉と鶏肉

①鴨(紀州鴨)の胸肉の皮をはぎ、塩、コショウ、赤ポルト、コニャックで1日マリネし、棒状に切る。

②鶏(紀州赤どり)の胸肉の皮をはぎ、塩、コショウ、赤ポルト、コニャックで1日マリネし、棒状に切る。

フォワグラ

①フォワグラ(鴨)の血管や筋を除き、コニャック、白ポルト、塩、コショウをふって1日マリネする。

②①を布で円柱状に包み、ブイヨン・ド・ヴォライユ(解説省略)を張った鍋で約15分間ゆでる。

③粗熱をとり、冷蔵庫で冷やす。

パテ・アン・クルートの成形・焼成

①型に澄ましバターをぬり、厚さ3〜4mmにのばしたパート・ブリゼ(解説省略)を敷き込む。上に豚の背脂のスライスを敷き詰める。

②ファルスを高さ1cm強詰める。

③上に鴨肉と鶏肉を交互に並べる。

④フォワグラを厚さ1cm強詰める。

⑤③と同様に2種の肉を交互に詰め、上にファルスを1cm強詰める。

⑥表面を豚の背脂のスライスで覆い、パート・ブリゼで蓋をする。冷蔵庫で締める。

⑦パート・ブリゼで作った飾りなどで表面に装飾を施し、溶いた卵黄をぬる。細い円筒状の抜き型で空気抜きの穴をあけ、アルミ箔で作った筒を差し込む。

⑧⑦を250℃のコンベクションオーブンで15分間焼く。

⑨230〜250℃のオーブンで40分間焼く。

⑩粗熱をとり、冷蔵庫で1日やすませる。

⑪空気抜きの穴から、アルマニャックの風味をきかせたコンソメ・ド・ヴォライユのジュレ(解説省略)を流し込む。

⑫冷蔵庫で1日以上ねかせる。

プルーンの赤ワイン煮

①プルーンを、ローズマリー、タイム、ローリエ、シナモン、クローヴ、ネズの実、白コショウ、黒コショウ、ハチミツ、砂糖と一緒に柔らかくなるまで煮る。

②①のプルーンを煮汁で濃度を調整しながらミキサーでまわす。

仕上げ

①パテ・アン・クルートを厚さ1.5cm程度に切り、左右の生地を切り落とす。

②①を皿に置き、表面にオリーブオイルをぬり、グリーンペッパー（塩漬け）を縦に並べる。手前に、プルーンの赤ワイン煮を小さなクネル形に取って添える。

和歌山のイサキのグリエと
ギリシャ風野菜のエテュヴェ

カラー27ページ

イサキのグリエ

①イサキ（和歌山県・由ノ浦産）を三枚におろし、1人分（60g）に切り出して皮目に切り目を入れる。

②①の皮目と身に塩、コショウをふり、グリヤードで皮目を香ばしく焼く。

③②の皮目をサラマンドルで熱し、最後にさっと身側も熱する。皮目にピマン・デスプレットをふる。

ギリシャ風野菜のエテュヴェ

①アーティチョーク、パプリカ（赤・黄）、ズッキーニ（緑・黄）、カリフラワー、姫ニンジン、セロリ、マッシュルームなどの野菜類を、それぞれ掃除して適当な大きさに切る。

②鍋にオリーブオイルを入れて熱し、小タマネギ、①の野菜類を火が通りにくいものから順に入れて炒める。

③コリアンダーシード、タイム、ローリエ、干しブドウ、白ワイン、白ワインヴィネガー、シェリーヴィネガー、ハチミツ、塩を加え、歯ごたえが残る程度に蒸し煮にする。

④③を冷蔵庫で一晩ねかせる。

ソース

ギリシャ風野菜のエテュヴェの煮汁を煮詰め、バター、オリーブオイル、シェリーヴィネガー、塩、白コショウを加え混ぜる。

付合せ

①花ズッキーニの実を縦半分に切って、断面に格子状に切り目を入れ、オリーブオイルでソテーする。

②グリーンアスパラガス、モロッコインゲン、アスペルジュ・ソヴァージュをそれぞれフライパンでソテーし、ブール・バチュで軽く温める。

仕上げ

①ギリシャ風野菜のエテュヴェとセミドライトマトをバランスよく皿に並べ、中央にイサキのグリエを置き、付合せを添える。ソースとE.V.オリーブオイルをかける。

②ディルとコリアンダーシードを散らし、花ズッキーニのチップ*を飾る。

*花ズッキーニのチップ▶花ズッキーニの花を塩ゆでし、オーブンでバリバリに乾燥させて、適当な大きさに割ったもの

ランド産 仔鳩のファルシ

カラー28ページ

仔バトの下処理

仔バト（フランス・ランド産）の腿肉を切りはずし、胸の皮をはがす。胸肉、ササミを切り出す。端肉はファルス用に取りおく。砂肝、心臓、肝臓、肺はそれぞれ掃除し、心臓の一部と肝臓の一部と肺はソース用に、それ以外はファルス用に取りおく。ガラ、手羽、首ヅルはそれぞれ適当な大きさに切り、ソース用に取りおく。

フォワグラ

①フォワグラ（鴨）を仔バトの胸肉と同じくらいの大きさに切る。

②両面に塩、コショウをふり、油を敷かずに強火のフライパンでソテーする。出てきた油脂をふき取りながら、両面を香ばしく焼く。

③油脂をふき取り、よく冷やす。

ファルス

①皮を除いた仔バトの端肉、仔バトの内臓（砂肝、心臓、肝臓）、皮を除いた鶏の胸肉、膜などを除いた豚のバラ肉を1.5cm角程度に切る。

②①を、ニンニクの薄切り、タイム、ローリエ、イタリアンパセリ、コニャック、赤ポルト、カトルエピス、塩、コショウと混ぜ合わせ、表面をラップ紙で覆って一晩マリネする。

③②から香草類を取り除き、ミンサーで粗挽きにする。

ファルシの成形・焼成

①キャベツを葉1枚ずつにばらして、ゆでる。水気をふき取り、葉の下半分ほどを切り落とす。

②仔バトの胸肉2枚でフォワグラを挟み、周囲をファルスで覆う。

③①のキャベツ2〜3枚をまな板の上に並べ、中央に②を置く。①のキャベツ2〜3枚を被せて包み込み、俵状に整える。

④③を冷凍庫で軽く締める。

⑤豚の網脂を広げ、④をのせて包む。

⑥フライパンにオリーブオイルを敷いて熱し、⑤を入れる。ニンニク、タイム、ローリエを加え、表面にオリーブオイルをかける。

⑦⑥を230〜240℃のオーブンで約3分間加熱する。

⑧⑦のキャベツの面を1面返すごとにオーブンで約3分間ずつ加熱する（⑦も含めて計約12分間加熱する）。

⑨網を渡したバットにのせ、温かい場所で6分間ほどやすませる。

⑩⑨の表面をサラマンドルで温める。

⑪230〜240℃のオーブンで2分間加熱する。

⑫⑪を温かい場所でやすませる。

⑬⑪と⑫をくり返す。

⑭270℃のコンベクションオーブンで1分間熱し、キャベツをパリッとさせる。

腿肉の炭火焼きとササミのグリエ

①仔バトの腿肉に塩とコショウをふり、炭火で網焼きにする。皮目は香ばしく仕上げる。

②仔バトのササミに塩、コショウをふり、グリエする。

ソース

①取りおいた仔バトのガラ、手羽、首ヅルを、一部を残してオリーブオイルを熱した鍋に入れ、タイム、ローリエ、粗くつぶした皮付きのニンニクを加えて炒める。

②①を230〜240℃のオーブンで5分間加熱する。

③②に赤ワイン、コニャックを加えてアルコール分をとばす。

④③に赤ワインヴィネガーを加えて熱し、①の残りのガラや手羽、首ヅル、ソース・ボルドレーズ、コンソメ・ド・ヴォライユ（ともに解説省略）を加えて軽く煮詰める。途中アクを引き、塩を加える。

⑤④を漉して、フォワグラのテリーヌ（解説省略）を入れ、ハンドミキサーで攪拌する。

⑥仔バトの肺、心臓と肝臓の一部を加えて熱する。

⑦⑥を内臓を強く押しながら漉す。

⑧再度加熱し、バターでモンテする。

コニャックを加え、塩、コショウで味をととのえる。

ポム・ガレット

①ジャガイモをせん切りにする。澄ましバター、ナッツメッグ、塩、コショウをふり、混ぜ合わせる。
②樹脂加工のフライパンに澄ましバターを熱し、澄ましバターをぬったセルクルをのせ、①を詰めて焼く。
③底がきれいに色づいたら、セルクルごと面を返し、両面を色よく焼く。

付合せ

①適宜に切ったりばらしたりしたキャベツ、芽キャベツ、サヤエンドウ、ソラマメを、それぞれゆがいてブール・バチュで軽く温める。
②ジロールをバターでソテーする。

仕上げ

①ファルシを半分に切り、ソースとブロッコリーのピュレ（解説省略）を流した皿に盛る。断面に塩（フランス・ゲランド産。以下同）と砕いた黒粒コショウをふる。
②①にポム・ガレット、腿肉の炭火焼きとササミのグリエを添えて、塩をのせる。付合せの野菜・豆類、ジロールをバランスよく盛り込む。

＊「黒沢牧場の牛乳ソルベ」「蔵光農園の五月八朔とバジルのソルベ」「小菓子」は解説省略

1–04

荒井 昇
HOMMAGE

ピスタチオとリコッタチーズのタルトレット
カラー33ページ

①ピスタチオのサブレを作る。ポマード状にしたバター、ピスタチオのペースト、ピスタチオのパウダー、パセリのパウダー（すべて解説省略）、粉糖、強力粉を混ぜ合わせて丸くまとめ、やすませる。
②①をのばし、直径4cmのタルト型に敷く。重しをのせて140℃のオーブンで15分間焼く。重しをはずしてさらに10分間焼く。
③ピスタチオのラングドシャを作る。ピスタチオのペースト、粉糖、卵白、強力粉を合わせ、直径4.5cmに絞り出し、ピスタチオのみじん切りを散らす。160℃のオーブンで4分半焼く。
④リコッタとメープルシロップを混ぜ合わせ、②に丸く絞り出す。中央のくぼみにピスタチオオイルをたらし、③をのせる。
⑤④を皿に盛る。

鰊のマリネ
カラー33ページ

①ニシンのマリネを作る。ニシンのフィレを塩とグラニュー糖で5時間マリネする。
②適宜に切ったタマネギ、ニンジン、ローリエ、ローズマリー、コリアンダー（ホール）、白粒コショウ、米酢を合わせて沸かし、冷ましたものに①を30分間浸ける。
③②のニシンを2cm幅に切り、E.V.オリーブオイルとピマン・デスプレットをふり、エゴマの葉で巻く。
④ニシンのブランダードを作る。ニシンの糠漬け（市販品）の糠を洗い流し、牛乳で2回ゆでこぼす。
⑤ゆでて皮をむいたジャガイモと④をフード・プロセッサーにかけ、生クリーム、牛乳、E.V.オリーブオイル、塩、コショウを加えて、さらに撹拌する。
⑥皿に③を盛って⑤を重ね、丸く抜いたピキージョのマリネ（缶詰）とスライ

スしたチョリソーをかぶせる。パプリカパウダー入りのクランブル（解説省略）とコリアンダーの若葉、アリッサムの花をのせる。

仔牛のモレ
カラー33ページ

①炭入りタマネギのチップを作る。タマネギのスライスを塩水で柔らかく煮て、ミキサーにかける。
②①にタマネギの皮をオーブンで真っ黒になるまで焼いてからパウダー状にしたもの、グラニュー糖、ゲル化剤（ジェランガム）を混ぜ合わせ、シルパットに薄くのばして乾燥焼きにする。
③②を2cm×12cmに切って筒状に成形し、180℃の油で揚げる。
④モレを作る。仔牛のバラ肉を5mm角に切り、フライパンでソテーする。
⑤④をバルサミコ酢、シェリーヴィネガー、フォン・ブランの2番（解説省略）、ドライチリを水でもどしたもの、クミン、カレーパウダー、カカオ（アマゾン産）、ハチミツとともに煮る。
⑥⑤を型に入れ、冷蔵庫で冷やし固めて保管し、使う際に適量を切って温める。
⑦③に温めた⑥を入れる。アボカドをレモン果汁、塩とともにミキサーでまわしたピュレを絞り、ブラックキヌアのフライ（解説省略）を散らす。
⑧シートを敷いた皿に⑦を盛る。

イカ墨のパンスフレ
カラー33ページ

①イカスミ入りのパンスフレを作る。小麦粉、塩、グラニュー糖、イカスミペースト（解説省略）、ドライイースト、オリーブオイル、水、卵白をボウルで混ぜ合わせてまとめる。ラップ紙をかけ、温かい場所に1時間置いて発酵させる。
②①をパスタマシンでのばし、2cm角に切って、180℃の油で揚げる。
③イカのゲソの煮込みを作る。細かく切ったイカのゲソを炒め、ソフリット（解説省略）を加えてさらに炒める。トマトソース（解説省略）とイカスミペースト、タイム、ローリエを加えて煮る。
④アイオリのジュレを作る。マヨネーズ（解説省略）、サフラン、ニンニクのピュレ（解説省略）、カツオだし（解説省略）、イカ

スミペーストを混ぜ合わせ、冷やす。スプーンにとり、凝固剤（ベジタブルゼラチン）にくぐらせる。

⑤②に③を絞り入れ、④をのせる。その上に乾燥させた黒オリーブをみじん切りにしてのせる。

⑥シートを敷いた皿に⑤を盛る。

___

緑野菜
カラー33ページ

①グリーンアスパラガス、小メロン、発酵させた小メロン（解説省略）をそれぞれ皮をむいてから小角切りにする。

②未熟で硬めのキウイフルーツと水でもどした乾燥アーモンドをみじん切りにする。

③①と②、パルミジャーノのすりおろし、E.V.オリーブオイル、塩を混ぜ合わせる。

④グリーンアスパラガスをゆでてミキサーにかける。サイフォンに詰め、ガスを充填しておく。

⑤グラスに③を盛り入れ、④を絞り入れる。E.V.オリーブオイルをたらし、パルミジャーノのすりおろしをふる。

___

リサトマトのタルタル
カラー34ページ

①トマトのタルタルを作る。湯むきしたフルーツトマト（リサトマト）を5mm角に切り、重量の1％の塩を混ぜ合わせ、キッチンペーパーを敷いたザルの中に入れる。一晩おいて水きりする。

②①をそれぞれみじん切りにしたフレッシュのコリアンダーとケイパーとエシャロット、E.V.オリーブオイル、トリュフオイルで和える。トマトから出たエキスは取りおく。

③モッツァレッラのエスプーマを作る。適宜に切ったモッツァレッラ、牛乳、生クリームを合わせて65℃まで温め、ミキサーにかけて冷ます。サイフォンに入れてガスを充填する。

④オパリーヌを作る。水飴とフォンダンを鍋に入れ、火にかける。色づく手前で火から下ろし、バターを加え混ぜる。

⑤④をシルパットに薄く伸ばし、冷やし固めた後、ミキサーでパウダー状にする。

⑥円形にくり抜いた型をシルパットにのせ、⑤をふる。型をはずし、200℃

のオーブンで2分間加熱する。冷ます。

⑦②で取りおいたトマトのエキスに、適量のミネラルウォーターを加えて味をととのえる。

⑧⑦を試験管に入れ、マリーゴールドのオイル*、コリアンダーのオイル*を浮かべる。

⑨セルクルを用いて、②を器に盛る。③を絞り出し、⑥をのせる。⑧を添えて提供する。

*マリーゴールドのオイル▶マリーゴールドの花を漬け込んだ、カロチンが豊富なオレンジ色をした自家製のオイル

*コリアンダーのオイル▶コリアンダーと米油をミキサーにかけ、紙で漉したもの

___

サクラマスのショーフロア
カラー34ページ

サクラマス

①サクラマスを三枚におろし、塩とグラニュー糖で10時間マリネする。

②①の表面をふき取り、70gに切ってラップ紙で包んで円柱状に成形する。

③②を専用の袋に入れて真空にかけ、45℃のウォーターバスで30分間加熱する。

④③の袋からサクラマスを取り出して網にのせ、冷やす。ショーフロアのソース（後述）をかけてコーティングする。

ショーフロアのソース

①エシャロットのみじん切りとベルモットを鍋に入れて火にかけ、1/8量になるまで煮詰める。

②①に生クリームを加えてさらに煮詰め、ヨーグルト、サワークリーム、塩、レモン果汁、ホースラディッシュ、ゼラチンを加えて混ぜる。裏漉しし、冷ます。

キュウリのアッシェ

皮をむいてみじん切りにしたキュウリに重量の1％の塩をふり、しばらくおいて水分を抜き、クレーム・エペスと混ぜる。キュウリの皮は取りおく。

キュウリのゼリー

適宜に切ったキュウリと、キュウリのアッシェで取りおいたキュウリの皮をミキサーにかけ、紙で漉してジュースをとる。1/4量を温めてゼラチンを溶かし入れ、残りのジュースと混ぜ合わせる。

仕上げ

皿にキュウリのゼリーを流し入れ、冷やし固める。セルクルを用いてキュウリのアッシェを中央に盛りつけ、サクラマスを置く。上にキャビアをのせ、キュウリの花、パンプルネルを飾る。

___

マナガツオのグラブラックス
カラー34ページ

①三枚におろしたマナガツオを皮付きのまま、昆布だし（解説省略）、日本酒、醤油、ミリンを合わせた幽庵地に15分間浸ける。

②①をサラマンドルで10分間焼き、皮を取り除く。表面にディルのみじん切りとE.V.オリーブオイルをぬる。

③サバ節と水でだしをとり、ナノハナをゆででミキサーでまわしたピュレ、ガルムと合わせて温める。葛粉でとろみをつける。

④皿に③を流し、②を盛りつける。水でもどした乾燥アーモンドとディルの花をのせ、E.V.オリーブオイルをたらす。

___

冷製の鴨フォワグラ
カラー34ページ

フォワグラ

①フォワグラ（鴨）を常温にもどし、筋や血管を掃除する。バットに入れて真空にかけ、85℃・湿度100％のスチコンで芯温が42℃になるまで加熱する。

②①の袋からフォワグラを出して脂を取り除き、円柱状に形を整えて冷やす。

ぬた

①白味噌を鍋で練り混ぜながら加熱し、香りが出たら煮切った日本酒を少しずつ加えてのばす。ルバーブのコンフィチュール（解説省略）を加え混ぜ、冷ます。

②ゆでてから1cm幅に切ったワケギを①で和える。

仕上げ

①フォワグラを切り出し、塩とコショウをふって皿に盛りつける。ぬたをのせ、澄ましバターとメープルシロップをぬって2枚重ねにしたパート・ブリック（解説省略）を重ね、さらにみじん切りにしたいぶりがっこ、生ハム（サンダニエーレ

産）のスライスを順にのせる。
②ヴィネグレット（解説省略）で和えたハーブと2色のボリジの花を盛りつける。

シャルトリューズ ピジョン
カラー35ページ

①ハトの腿肉と鶏の胸肉をフード・プロセッサーにかけ、ペースト状にする。室温にもどしたバターを加えてさらにまわし、乳化したら卵黄と生クリームを混ぜ合わせたものを少しずつ加え混ぜる。塩、コニャック、ポルトで味をととのえる。
②インゲンマメ、ニンジン、ダイコンを細切りにし、長さを揃えて下ゆでする。セルクルの内側に貼り付けて、①を流し入れ、90℃・湿度100%のスチコンで15分間加熱する。
③コンソメを作る。ハトの胸肉と腿肉、鶏の胸肉のミンチ、それぞれみじん切りにしたタマネギ、ニンジン、セロリ、トマトを混ぜ合わせ、卵白を加えてさらに混ぜ合わせる。
④③を鍋に入れ、フォン・ブラン（解説省略）を少しずつ加えてのばし、白コショウ、ローリエ、タイム（乾燥）、横半分に切って断面を焦がしたタマネギを加えて火にかける。ゆっくり加熱して、材料を凝固させつつ液体を澄ませる。漉す。
⑤皿に②のセルクルを抜いて盛りつけ、ゆでたニンジンとダイコンの薄切り、飾り切りしてゆでたマッシュルームを飾る。客前で、熱々にした④をかける。

ブレス産仔鳩のロティ
カラー36ページ

仔鳩胸肉のロティ

①仔バトの胸肉を掃除する。100℃・湿度35%のスチコンで芯温が50℃になるまで加熱する。
②①の袋から出した仔バトの胸肉を、1㎝ほどの深さのよく熱した油で揚げ焼きにする。

アワビの粥

①米、水、ホタテの干し貝柱、ゆで卵の黄身を鍋に入れて加熱し、沸騰したらごく弱火にして1時間～1時間半ほど、時折混ぜながら煮る。
②①を塩で調味し、ゆでて角切りにしたアワビと、そのゆで汁を加えて仕上げる。

ガーリックバターのクロケット

①エシャロット、ニンニク、イタリアンパセリそれぞれのみじん切り、仔バトの端肉や手羽肉を5㎜角に切ったものをフライパンでバターソテーする。
②①を冷まし、アンチョビー（フィレ）をすりつぶしたもの、室温にもどしたバターを混ぜ合わせ、小型の半球形のシリコン型に詰めて凍らせる。
③②を2つ合わせて球形とし、小麦粉をふって溶き卵にくぐらせ、パン粉をまぶし付ける。
④③を米油で揚げる。途中、適宜油から引き上げてやすませつつ、キツネ色の揚げ色にする。

ソース・サルミ

①エシャロットのみじん切り、マデラ、ポルトを鍋に合わせて火にかけ、⅓量になるまで煮詰める。
②①にジュ・ド・ピジョン（解説省略）、みじん切りにした仔バトの心臓と肝臓を加え、再度煮詰め、生クリームを加え混ぜる。
③②をミキサーにかける。裏漉しし、塩とコショウで味をととのえる。

仕上げ

皿にソース・サルミを敷き、アワビの粥を盛りつける。仔鳩胸肉のロティを盛り、ガーリックバターのクロケットを添える。仔鳩胸肉のロティに、クレソンとハコベのサラダ（解説省略）、ルーコラの花をのせる。

---

*「雷おこしのブランマンジェ」「ヴェルヴェーヌ風味フロマージュブランのソルベ 北あかりとショコラブラン」「リ・オ・レ」「フキノトウとキャラメリアのムース アマゾンカカオ」「食後の菓子」は解説省略

1-05
前田 元
MOTOÏ

ナッツ エピス風味
カラー41ページ

①ヘーゼルナッツを160℃のオーブンで15分間ローストする。
②砂糖と水を熱し、①を加えてからめる。
③表面が白く糖化し、さらに色づくまでカラメリゼする。ごく少量の太白ゴマ油を加え混ぜる。
④③をシルパットに広げ、塩、カレー粉2種（マドラス、パキスタン*）を混ぜ合わせたものをふる。蓋付きの器に盛る。

*カレー粉（マドラス）▶ターメリック、ショウガ、クミンなどを中心にブレンドした製品。まろやかで深みのある香り

*カレー粉（パキスタン）▶コリアンダー、トウガラシ、グリーンカルダモン、キャラウェイを主に使った製品。清涼感のある香りと刺激的な辛みが特徴

グジと栃餅と白玉
カラー41ページ

グジ

①アマダイを三枚におろし、一晩塩水に浸ける。
②①をさいの目に切り、醤油とミリンを沸かして冷ましたものに1時間浸ける。
③春巻の皮（市販品）を細く切って澄ましバターをからめ、一口大の円盤状に軽くまとめる。160℃のオーブンで10分間ほど焼く。
④グリーンアスパラガスをゆでて、ミキサーでまわしてピュレとする。
⑤木ノ芽とオリーブオイルをミキサーでまわしてソースとする。
⑥レンゲ形の器の底に④を流し、③を置いて②を丸く盛りつける。
⑦上に⑤をたらし、冬スベリヒユ*をのせる。

*冬スベリヒユ▶スベリヒユ科の植物で、円形の葉の中央に白い花が咲く

栃餅

①きざんだ自家製カラスミ（解説省略）とロックフォールを栃餅で包み、一口大

の球体に整える。冷凍庫にストックする。

②フライパンで①の表面を香ばしく焼き、250℃のオーブンで全体を温める。

＊栃餅▶京都府・大原の農家に依頼して、トチの実を搗いて作ってもらったもの

白玉

①ハスの実の餡（市販品）を白玉生地（解説省略）で包み、一口大の球体に整える。冷凍庫にストックする。

②①を170℃の大豆油で5分間ほど揚げる。

③よく油をきって、コショウをふり、スライスした生ハム（イベリコ豚）を被せる。

仕上げ

木製プレートに栃餅、白玉、グジを並べる。

鱧の焼霜と朝風胡瓜のクーリ
カラー41ページ

鱧の焼霜

①ハモをおろして骨切りし、身を1人分（30g程度）に切る。頭と骨はゼリーシート用に、肝はソース用に取りおく。

②炭焼き台の上に網を渡し、①の身を皮目を下にしてのせ、皮目だけをあぶる。

③よく冷やしたバットにとって冷ます。

朝風胡瓜のクーリ

①アサカゼキュウリを一晩糠床（解説省略）に漬ける。

②①のキュウリをミキサーでまわす。

ゼリーシート

①昆布を一晩水に浸け、温める。

②昆布を引き上げ、焼いたハモの頭と骨、日本酒を加えて30分間煮る。

③②を布で漉し、再度温めて塩で味をととのえ、寒天を溶かす。

④③をバットに薄く流し、冷蔵庫で固める。

肝のソース

取りおいたハモの肝を湯通しし、叩いて塩とオリーブオイルと混ぜ合わせる。

仕上げ

①器に朝風胡瓜のクーリを敷き、横に

肝のソースを添える。その上に鱧の焼霜を皮目を下にして盛る。

②ハモの表面にE.V.オリーブオイルを点々とたらし、花穂ジソの花を散らす。ゼリーシートをハモの表面を覆う程度の大きさに切り、上から被せる。

豚バラ肉を広東の技法を用いて焼き上げました
カラー42ページ

バラ肉

①豚（延岡よっとん＊）のバラ肉（皮付き）の皮のみを熱湯に浸けてゆでる。

②剣山状の肉叩きで①の皮目を叩き、穴を開ける。

③塩と重曹を3:1の割合で合わせたものを②の皮にすり込む。面を返して肉側も剣山状の肉叩きで軽く叩き、塩と砂糖を3:1、五香粉適量を合わせたもの、玫瑰露酒をふって4〜5時間ねかせる。

④③の皮を洗い、日陰で2日間風干しする。

⑤サラマンドルで皮目を熱し、全体的に白くはぜさせる。

⑥⑤を300℃のコンベクションオーブンに吊るして25分間加熱する。

＊延岡よっとん▶宮崎県・延岡にある吉玉畜産の豚。乳酸菌や酵母などをエサや寝床に使い、豚の腸内環境や豚舎全体の微生物環境を整える飼育方法で育てており、豚特有の臭みがなく、脂が軽く甘みがある

熟れ寿司ペースト

サバの熟れ寿司（滋賀県・高島市朽木地区産）のサバの骨をはずし、熟れ寿司の飯、実ザンショウとともに叩いて混ぜ合わせる。

仕上げ

石のプレートに一口大に切ったバラ肉を2枚盛り、上に矢車菊（京都府・大原産）の花びらを散らす。プレートの隅に熟れ寿司ペーストを添え、コリアンダーの新芽を飾る。

フォアグラと
アスペルジュソヴァージュ
マコモ茸のマリネ
カラー42ページ

フォワグラ

①フォワグラ（鴨）を塩水に30分間浸

けた後、30分間タオルに立てかける作業を、計6時間ほどくり返し、血抜きする。

②①の表面に、ミキサーにかけた自家製塩麹（解説省略）を刷毛でぬり、4〜5時間マリネする。

③②を専用の袋に入れて真空にかけ、50℃の湯煎で30分間ほど加熱する。

④③を袋ごと氷水に落とし、少し冷めたら袋から出してラップ紙で円柱状に巻き、冷蔵庫で12時間ねかせる。

付合せ

①アスペルジュ・ソヴァージュをさっとゆでて、塩とオリーブオイルで調味する。

②マコモダケを薄めの輪切りにし、さっとオリーブオイルでソテーする。

③②を熱いうちに、シェリーヴィネガー、水、砂糖、ローリエを合わせたマリネ液に1時間浸ける。

ネギ坊主のオイル漬けと醤油漬け

①ネギボウズをハサミでバラバラにする。

②①の半量を、太白ゴマ油と塩を合わせたものに2日間漬ける。

③①の残り半量を、醤油とミリンを合わせたものに一晩漬ける。

ソース

黒蜜（鹿児島県・喜界島産）とシャンパンヴィネガーを混ぜ合わせる。

仕上げ

①付合せのアスペルジュ・ソヴァージュを皿に敷き、フォワグラをスライスして重ね、断面に塩をふる。マコモダケをのせる。

②ネギ坊主のオイル漬けと醤油漬け、レッドオゼイユ、グリーンアスパラガスの花と新芽を散らし、横にソースを流す。

スッポンとモリーユのパネ
カラー42ページ

スッポンの下処理

①スッポンを締めて湯通しする。

②薄皮をはいで、四つほどきにする。

③鍋に昆布だし（解説省略）、多めの日本酒を入れて、②を20分間ほど煮る。

④スッポンを取り出して、身とエンペラを取りはずす。骨は鍋に戻し、2時間煮る。

⑤④を漉して、スッポンのだしとする。

パネ

①スッポンの身とエンペラを冷やして、細かくきざむ。

②スッポンのだしに①とショウガの搾り汁を加えて熱する。

③②に、もどしてきざんだ乾燥モリーユと、そのもどし汁を加える。塩で味をととのえ、コーンスターチを加え混ぜる。

④バターを加えて糊状になるまで混ぜ、冷蔵庫で冷やし固める。

⑤④を直方体に切り出し、セモリナ粉を全面にまぶし付けて、オリーブオイルを熱したフライパンで表面を香ばしく焼く。

リゾット

①鍋にオリーブオイルを熱し、タマネギのみじん切りをスュエする。

②米を加えて炒め、少量の白ワイン、スッポンのだしで炊く。

③ワラビを重曹入りの湯でゆでてアク抜きし、冷まして細かくきざむ。

④③を②に加え、バターと塩で調味する。

仕上げ

器にリゾットを敷き、上にパネをのせて、プチオゼイユを添える。ナフキンを敷いた皿にのせる。

オマール海老のヴァプール
香りを立たせた葱と共に
カラー43ページ

オマールの下処理

①オマールの胴を半割にして、1分間蒸す。

②オマールの爪をさっとゆがき、殻をはずす。

ソース

①ジュ・ド・クリュスタッセ*にXO醤を合わせて軽く煮詰める。

②①にバターを加えてモンテする。

*ジュ・ド・クリュスタッセ▶オマールの殻を炒め、香味野菜、トマトコンサントレ、フュメ・ド・ボワソンを加えて煮出し、漉して煮詰めたもの

*XO醤▶鹹魚、干し貝柱、干しエビなどを使った自家製品

付合せ

シロナを適宜に切ってさっとゆがき、バターでソテーする。

仕上げ

①鋳鉄製ココットにオマールの胴と爪を入れ、上にごく細いせん切りにしたネギ、ショウガ、レモンの皮をこんもりと盛る。

②①を客席に運び、客前で上から高温に熱したオリーブオイルをかけ、立ち上る香りと音を楽しんでもらう。

③客前で②と付合せを皿に盛りつけ、ソースを流す。

平鱸と春キャベツ、
シェリーヴィネガーのソース
エピスの雫
カラー44ページ

平鱸

①ヒラスズキ（水揚げ後、内臓を抜いて3日間氷詰めされたもの）を三枚におろし、塩をふって一晩ねかせる。

②①を2人分（150g）に切り出し、オリーブオイルを熱したフライパンで皮目を焼く。

③②を250℃のオーブンで2分間加熱する。

④サラマンドルに移し、身側をゆっくり焼く。

⑤半分に切り、皮目を香ばしく焼く。

春キャベツ

春キャベツを適宜に切ってさっと塩ゆでし、バターをからめて塩をふる。

ソース

①エシャロットのみじん切りを白ワインとともに煮詰める。

②①にシェリーヴィネガーを加えて煮詰める。

③フュメ・ド・ポワソン（解説省略）を加えて煮詰め、バターでモンテする。

仕上げ

皿に春キャベツを盛ってソースを流し、平鱸をのせて断面に塩をふる。辣油をたらし、オオバの新芽を添える。

辣油▶粉トウガラシ（韓国産）、八角、アニス、クローヴ、コリアンダー、白コショウ、水を合わせて練り、熱した太白ゴマ油を加え混ぜて香りを移し、漉したもの

フランス産乳飲み仔羊のロティ
香ばしいラヴィオリと
カラー44ページ

乳飲み仔羊のロティ

①乳飲み仔羊（フランス・ロゼール産）の腿肉を掃除して、2人分（140g）に切り、タコ糸で縛って円柱状に整える。掃除した際に出た端肉はラヴィオリ用に、骨や筋はソース用に取りおく。

②①の腿肉の表面をオリーブオイルを熱したフライパンでリソレする。

③250℃のオーブンで1～2分間加熱する。

④温かい場所で3分間ほどやすませる。

⑤途中、炭焼き台に渡した網の上で熱して肉の温度を上げながら、②と③を計6回ほど行ない、表面を香ばしく仕上げる。

ラヴィオリ

①餃子の皮を作る。薄力粉300g、塩1g、オリーブオイル14g、湯150gを合わせて練り、1時間ねかせる。

②①の生地を約50個に分け、それぞれ直径6cm程度にのばす。

③餡を作る。取りおいた仔羊の端肉をきざみ、キャベツとショウガのみじん切り、塩、オイスターソース、ゴマ油、少量の片栗粉を混ぜ合わせる。

④②の皮で③の餡を餃子の要領で包む。

⑤多めのオリーブオイルを熱したフライパンに④を置き、水、薄力粉、片栗粉、塩、溶かしバターを合わせたものを差し水代わりに注ぎ、蓋をして10分間ほど蒸し焼く。

⑥蓋をはずし、水分をとばしながら焼いて、面を返す。チュイルのような見た目の羽付き餃子とする。

ソース

①取りおいた仔羊の骨を叩き、160℃のオーブンで香ばしく焼く。

②仔羊の筋を炒めて、適宜に切ったタマネギ、ニンジン、セロリを加えて炒める。

③フォン・ド・ヴォライユ（解説省略）を加えて6時間煮出す。

④③を漉して、煮詰める。

クレソンのピュレ

①クレソン（京都府・大原産。朝摘んだもの）を

ゆでて、氷水に落とす。

②水気を軽くきり、少量のゆで汁とともにミキサーでまわす。

付合せ

小さなシイタケ（滋賀県・草津産）を半分に切り、バターでソテーする。

仕上げ

①仔羊のロティのタコ糸をはずし、1人分（65g）に切って断面に塩をふる。

②皿にクレソンのピュレとソースを流す。ソースの上に①を置き、脇に付合せを盛ってクレソンを添える。

③ラヴィオリをチュイルのような部分を上にして②に盛りつけ、ソースにカスメリティオイル*をたらす。

*カスメリティオイル▶スパイスとして知られるフェヌグリークの葉を乾燥させたもので、独特の甘い香りを持つ、インドでおなじみのカスメリティ。これを太白ゴマ油と一緒に熱してアンフュゼしたもの

*「黒酢とオリーブ」「抹茶のチーズケーキ」「紅ほっぺのヴァシュラン」「ミニャルディーズ」は解説省略

1-06
石井 誠
Le Musée

森 収穫
カラー49ページ

土

①黒オリーブの種を抜いてフード・プロセッサーで撹拌し、100℃のオーブンで完全に水分が抜けるまで乾燥させる。

②イカスミ、パン粉、アンチョビー（フィレ）をフード・プロセッサーにかけ、均一に色が黒くなるまで撹拌する。

③黒ゴマ、バター、クロッカン・カカオ（後述）、バター、素揚げしたジャガイモの皮を②に加え、さらに撹拌する。

④③を100℃のオーブンで30分間加熱する。

⑤提供直前に①と④を合わせてフライパンで香りが出るまで乾煎りする。

クロッカン・カカオ

①バター115gを鍋に熱してブール・フォンデュを作り、熱いうちにグラニュー糖115gを加え混ぜる。

②①がよく合わさったら薄力粉200gとカカオパウダー25gを加え、一気に混ぜる。

③②がそぼろ状になったら天板に広げて170℃のスチコンで20〜25分間加熱する。

ホワイトアスパラのフリット

①ホワイトアスパラガスの皮を引き、穂先以外にベニェ生地をまとわせる。

②①を180℃のオリーブオイルでカラリと揚げる。

*ベニェ生地▶薄力粉70g、コーンスターチ5g、水100cc、マヨネーズ20g、サラダ油20g、ベーキングパウダー1gを混ぜ合わせたもの

仕上げ

①土をガラスの器に敷き詰める。木皿を器の下に敷く。

②①の土に7cmほどの長さに切ったホワイトアスパラのフリットを差し、穂先だけを出す。

森 森のエクレア
カラー49ページ

①エクレア生地*に切り目を入れて、間にトリュフのデュクセル、下ゆでした後小角に切ったホワイトアスパラガス、フルール・ド・セル（北海道・函館産）、カスタードクリーム（解説省略）を重ねて挟む。

②黒い器に石をのせ、その上に①をのせる。

*エクレア生地▶牛乳、バター、全卵、ブルーチーズ、グラニュー糖、塩を鍋で沸かし、ふるった薄力粉と竹炭パウダーを加え、ダマにならないようによく混ぜる。フード・プロセッサーに移して全卵とブルーチーズを加えて撹拌し、完全につながったら絞り袋に入れる。一口大に絞り出し、180℃のオーブンで20分間焼く

森 モリーユのコンソメ
カラー49ページ

キジのコンソメ

①キジ（北海道・岩見沢産）のガラでフォン・ブランをとる。

②鶏の胸肉のミンチ、香味野菜、適宜に切ったトマト、黒コショウ、ローリエを練り合わせた鍋に①を注ぎ入れ、火にかけて静かにクラリフィエする。この時、鶏醤*を隠し味に加える。

③②をコーヒーサイフォンの下ボールに注ぐ。

*鶏醤▶北海道・三笠市の㈱中央食鶏で生産されるうま味調味料「三笠の鶏醤」。鶏の内臓を主原料とし、特殊酵母や天然塩を配合して熟成させた後、抽出されたもの

仕上げ

①キジのコンソメを注いだコーヒーサイフォンの上ボールにネズの実、紅茶の茶葉（国産）を入れたティーバッグ、乾燥モリーユ*と皮をむいて適宜に切り、同様に乾燥させたホワイトアスパラガスをセットする。

②①を客席に運び、アルコールランプに火をつけ、サイフォンの下にセットする。上ボールの素材の香りを抽出し、キジのコンソメに移す。

③小さな切り株形の木皿を敷いた器に②を注ぎ入れる。

*乾燥モリーユ▶よく掃除したモリーユを50℃前後の食品乾燥器で2〜3時間乾燥させたもの

海 神秘

カラー50ページ

アワビ

アワビを殻から切りはずし、歯ブラシ（使い捨てのもの）を使って汚れをていねいに落とす。

昆布だし

昆布（北海道・礼文島香深港産。3年熟成）40g、水*1ℓ、フルール・ド・セル（北海道・函館産）16gを合わせて丸2日間水出しする（同店では、この料理以外で昆布だしを使う場合には同じ材料を60℃で2時間加熱して使う）。

*水 ▶ 北海道・京極町で湧水する「羊蹄のふきだし湧水」を使用

アワビのチュイル

①アワビの肝と昆布だしをボウルに合わせてハンドミキサーで撹拌する。漉す。
②①、強力粉、すりおろしたパルミジャーノ、昆布パウダー（解説省略）をボウルに合わせて撹拌し、よく合わさったらクッキングシートに薄くのばす。150℃のオーブンで約30分間加熱する。

仕上げ

①提供直前にアワビの身に1mm間隔で包丁目を入れる。一口大にカットする。
②口のすぼまった器に昆布だしを注ぎ、①を入れて器の縁にアワビのチュイルを渡す。液体窒素を注ぎ、煙を立たせて提供する。

海 白を重ねて…

カラー50ページ

牡蠣

牡蠣を殻付きのまま塩湯（塩分濃度2%）でさっとポシェする。殻をはずし、牡蠣のジュと2%量の塩を加えた昆布だしに1時間ほど浸す。

昆布のジュレ

①昆布だしを鍋に取って温め、ライム果汁を搾る。
②①の火を止め、水でもどした板ゼラチンを加え混ぜる。冷蔵庫で冷やし固める。

昆布のエスプーマ

①昆布だし150ccに水でもどした板ゼラチン3gを加え、溶けるまで温める。
②①に牛乳50cc、生クリーム（乳脂肪分43%）100cc、昆布パウダー2g、増粘剤（シャンタナ）0.5gを加えハンドミキサーで撹拌する。
③②をサイフォンに詰めてガスを充填し、冷蔵庫で冷やす。

ホワイトアスパラガス

①ホワイトアスパラガスの皮をむき、5分間ほど塩湯でポシェする。
②①を昆布だしに1時間ほど浸す。一口大の斜め切りにする。

仕上げ

①ガラスの器に一口大に切ったモッツァレッラ（北海道産）、半分に切った牡蠣、ホワイトアスパラガスをバランスよく盛る。マイクロブレンダーで削りかけたライムの皮、クレスのスプラウトを散らす。
②①に昆布のジュレを重ね、昆布のエスプーマを絞る。E.V.オリーブオイルをたらし、キャビアとニリンソウの花を添える。

海 初夏の新緑

カラー50ページ

キンキ

①キンキを三枚におろして1人分（20g）のフィレにし、塩を打って皮目を下に向けて半日冷蔵庫でやすませる。
②①をサラマンドルであぶり焼きにする。

山菜のリゾット

①ソバの実を歯ごたえが残る程度に塩水でゆでる。
②白米を炊く時よりも少し多めの水で玄米を炊く。
③①と②、キジのコンソメを鍋に合わせて弱火にかける。適宜きざんだ山菜*を加える。
④③が煮詰まったら、仕上げにすりおろしたパルミジャーノとハトムギを加えさっと混ぜる。

*山菜 ▶ その時手に入る鮮度のよいものを使う。今回はミツバ、セリ、ハリギリ、コシアブラ、木ノ芽、エゾネギなどを使用

貝類

①ホタテの殻を開いて身を取り出し、オリーブオイルでポワレする。一口大にカットする。
②ミルガイを熱湯でさっとブランシールし、冷水に落とす。殻から身を取り出してきざむ。
③適宜に切ったマテガイ、ホッキガイ、②のミルガイをハマグリのジュとバターとともにさっと和える。
④殻付きのハマグリを昆布だしと日本酒、セルフイユ、ディル、エストラゴン、パセリとともに鍋で加熱する。殻が開いたら火を止め、身を取り出す。

ホワイトアスパラガスのブレゼ

ホワイトアスパラガスの皮をむき、キジのコンソメとバターでブレゼする。

ベルスの泡

①ベルスの花とフュメ・ド・ポワソン（解説省略）を合わせて加熱し、10分間程度アンフュゼする。漉す。
②①を再度鍋に取って加熱し、10%量のバターと塩、安定剤（シュクロエミュル*）を加え、70〜75℃の温度帯を保ったまま泡立てる。

*シュクロエミュル ▶ スペイン・SOSA社製の乳化安定剤。液体などに添加して撹拌することで泡の形状を比較的長時間持続させることができる

パセリのソース

①パセリとE.V.オリーブオイルをミキサーで撹拌する。
②ホウレンソウをゆでて適宜に切る。水気をきって昆布だしとともにミキサーで撹拌し、漉す。
③①、②、ハマグリのジュ、バターを鍋に取り、湯煎にかける。

ウドのマリネ

①ウドの皮をむき、細かくきざむ。
②①をハーブヴィネガー*で和える。

*ハーブヴィネガー ▶ 他の料理で使うハーブの茎などの端材、砂糖、穀物酢を合わせて漉したもの

仕上げ

①器にホワイトアスパラガスのブレゼ、山菜のリゾット、貝類を盛り、ウドのマリネとほぐしたライムの果肉、ケイパーを散らす。
②①にキンキを盛る。上にベルスの泡

をのせ、ハーブ類をたっぷりのせる。

③②を客席に運び、直前にハンドミキサーで軽く撹拌したパセリのソースを注ぎ入れる。

*ハーブ類▶その日の朝手に入る鮮度のよいものを使う。今回はラベジ、ウイキョウ、クレソン、セルフイユ、ディル、エストラゴン、セージ、マジョラム、ミント、ワサビナ、豆苗、オオバ、ハコベ、ミツバの芽などを使用

海 両性具有
カラー51ページ

シャコ

①ハーブヴィネガー（解説省略）を2滴加えた昆布だしを100℃に熱し、活けのシャコ（オス）を4分間ほどゆでる。冷水にさらした後、頭側を下に向けてザルで水気をきる。

②①をオーブンの上の棚など、60℃前後の温度帯の場所に置いて温める。

エンドウ豆

サヤをはずしたエンドウマメをトレハロースと塩を加えた湯でゆでる。

バイマックルの泡

①コブミカンの葉、タカノツメ、キジのコンソメ、液体の10％量のバターを鍋に合わせてラップ紙をかけ、湯煎で加熱する。

②①を漉し、ホウレンソウのピュレと安定剤（シュクロエミュル）を加え、70〜75℃に温める。

③提供直前にハンドミキサーで撹拌する。

仕上げ

①器に適宜に切ったホワイトアスパラガスのブレゼ（「海　初夏の新緑」の項参照）を盛り、殻をはずしたシャコの身、木ノ芽、ウニを重ね、上にバイマックルの泡をこんもりとのせる。

②①の隣にエンドウ豆をたっぷりと添え、器の端にエンドウマメのツルを渡す。

③②を客席に運び、ゲストの前で温めたエビのコンソメ＊を注ぎ入れる。

*エビのコンソメ▶オリーブオイルを敷いた鍋で殻付きのエビを押し潰しながら炒め、黒コショウ、ローリエ、香味野菜、トマト、白ワインを加えて約40分間沸かす。ここに鶏の胸肉のミンチと香味野菜を加えてクラリフィエしたもの

繋がり 様々な表情を…
カラー51ページ

牛乳のレデュクション

牛乳800cc、グラニュー糖100cc、生クリーム200ccを合わせてゆっくりと煮詰める。ほどよいとろみが出てきたら火から下ろす。

フレッシュチーズ

①牛乳800ccと生クリーム200ccを鍋で熱し、80℃を超えたらハーブヴィネガー40ccを加えてゆっくりと混ぜ、成分を分離させる。

②キッチンペーパーを敷いたザルで①を漉してホエー（乳清）を取り除き、冷蔵庫に1日おいて離水させる。

③②を曲げわっぱ（特注品）に移して冷蔵庫で冷やし固める。

牛乳のソルベ

牛乳1ℓ、グラニュー糖200g、濃縮乳500cc、ハチミツ（菩提樹）100gを合わせ、ソルベマシンにかける。

仕上げ

牛乳のレデュクション、一口大にちぎったフレッシュチーズ、クネル形に取った牛乳のソルベを皿の上に横一直線にのせる。隣に木製のスプーンを添える。

大地 泉
カラー52ページ

セル・ダニョーのロースト

①仔羊（北海道・白糠郡産）の鞍下肉を40gに切り出し、表面をオリーブオイルでリソレする。

②①を52℃のコンベクションオーブンで2時間ほど加熱し、芯温を50℃にする。

③②を炭火で香ばしく焼き上げ、芯温を52〜53℃にする。

仔羊のコンソメ

①仔羊を掃除した際に出る筋や骨でジュ・ダニョーを引く。

②鶏の胸肉のミンチ、黒コショウ、ローリエ、タイム、香味野菜を練り合わせた鍋に①を加えて静かにクラリフィエする。

仕上げ

①ガラス器のくぼみ部分にセル・ダニョーのローストを盛って葉ワサビを添える。

②①を客席に提供し、仔羊のコンソメを①のくぼみ部分に流す。

大地 炭
カラー52ページ

ハト

①ハト（北海道・赤平市産。中抜き）を常温にもどし、オリーブオイルでリソレする。

②①を52℃のコンベクションオーブンで1時間加熱し、芯温を48℃前後にする。

③②をさばいて腿肉と胸肉に分け、炭火で表面を香ばしく焼く。

④鍋底に藁を敷いて網を渡し、バーナーで火をつけて③の肉をのせる。蓋をして燻香をまとわせる。

ホワイトアスパラガス

ホワイトアスパラガスの皮をむき、多めの100℃の澄ましバターでゆっくりと加熱する。火が通ったらグリルパンでグリルする。

モリーユ

バター、きざんだニンニク、エシャロットを鍋に熱し、掃除したモリーユをソテーする。キジのコンソメと白ワイン（北海道産。ヴァン・ジョーヌに似た風味のものを使用）を注いでブレゼする。

行者ニンニクのパウダー

行者ニンニクを低温乾燥器で乾燥させた後、ミキサーでまわしてパウダール状にする。

レモンのピュレ

①レモン（皮付き）を半割にし、バットに並べてアルミ箔を被せる。200℃のオーブンで1時間蒸し焼きにし、全体に透明感が出て、柔らかな状態とする。

②①の果肉をくり抜き、裏漉しする。ワタを取り除いてきざんだ皮と、砂糖と合わせて20分間加熱する。

③②に凝固剤（アガー）を加えて一度沸かす。黄色の色粉を少量加え、ミキサーでまわしてなめらかな状態にする。

カルボナーラのエスプーマ

①クリームと卵黄、ハードチーズ（北海

道·黒松内産)を鍋に合わせてアングレーズの要領で炊く。ミキサーで攪拌し、漉す。
②①をサイフォンに詰めてガスを充填する。

黒いチュイル

①水150cc、薄力粉9g、オリーブオイル50g、竹炭パウダー1gを混ぜ合わせる。
②熱したフライパンに①を流し、水分と粉が分離した状態で焼き上げる。

仕上げ

①器の中心にハトの胸肉を盛り、ジュ·ド·ピジョン(解説省略)を流す。行者ニンニクの葉を重ね、行者ニンニクのパウダーをふりかける。
②器の縁にハトの腿肉を盛り、近くにレモンのピュレを添える。
③①の横に斜めに切ったホワイトアスパラガスを添え、カルボナーラのエスプーマを絞る。エスプーマの上にモリーユをのせ、黒いチュイルを重ね、アマランサスを飾る。ホワイトアスパラガスの上に一口大にスライスした生のホワイトアスパラガスをのせる。
④器の余白にサフラン風味のブール·ブランソースの泡(解説省略)を絞り、黒コショウを添える。

---

*「初夏 ミルフイユ」「初夏 苺」「初夏 桜」「初夏 粗茶」は解説省略

1–07

小林 圭
RESTAURANT KEI

シソのアイスグラニテ
カラー57ページ

①シソの葉を80℃の湯に入れて1時間アンフュゼし、布で漉す。
②①にグラニュー糖、梅酒、米酢を加えて混ぜ合わせ、ティースプーンにのるくらいの小さなキューブ型に流し、−20℃の急速冷凍庫に1時間入れて凍らせる。
③②のグラニテを型から抜き、バジルオイル(解説省略)を敷いたティースプーンにのせる。プレートにのせて供する。

ブレットとリコッタの
バルバジュアン
カラー57ページ

①ホウレンソウとフダンソウを下ゆでし、水気をしっかりきる。包丁でみじん切りにする。
②みじん切りにしたポワローとタマネギをバターでスュエし、粗熱をとる。冷めたら①と混ぜ合わせ、マジョラムのみじん切り、リコッタとすりおろしたパルミジャーノを加え混ぜる。
③薄くのばしたパイ生地*2枚で②を挟み、約1.5cm×2cmのギザギザの型で抜く。170℃のオリーブオイルで揚げて塩をふる。皿盛りする。

*パイ生地▶クロロフィルと強力粉、オリーブオイル、水、全卵をボウルに合わせてよく混ぜる。専用の袋に入れ真空にかけ、冷蔵庫で1日おいてよくなじませたもの

サーディンのタルトレット
カラー57ページ

①ヨーグルト、生クリーム、牛乳、燻製オイル(解説省略)を鍋に熱し、よく合わさったら火を止め、水でもどした板ゼラチンを加え混ぜる。塩で味をととのえ、サイフォンに入れてガスを充填し、冷蔵庫で冷やしておく。
②直径約3.5cmのタルトレット(解説省略)に、小角に切った赤タマネギとアンチョビークリーム*をのせる。

③②の上に①を絞り出し、小角に切ったオイルサーディン(スペイン産)とサリエットをのせ、プレートに盛る。

*アンチョビークリーム▶アンチョビー(フィレ)と牛乳をミキサーで攪拌したもの

エスカルゴのブイヨン
カラー57ページ

①みじん切りにしたタマネギとベーコンをバターでスュエし、エスカルゴの煮汁(解説省略)を加えて火から下ろす。そのまま10分間ほどアンフュゼした後、漉す。
②エスカルゴとみじん切りにした新タマネギをオリーブオイルで軽くソテーする。
③卵形の器に②、細かくきざんだ生ハムとパセリ、エスカルゴバター*を盛る。皿にのせて客席に供し、ゲストの前で別容器から①を注ぎ入れ、蓋をして1分間待ってから、蓋を開ける。

*エスカルゴバター▶有塩バター、みじん切りにしたエシャロット、ニンニク、パセリ、アーモンドパウダー、生ハム(ハモン·イベリコ·デ·ベジョータ)のみじん切りを混ぜ合わせたもの

ラングスティーヌ、マヨネーズ、
キャヴィア
カラー58ページ

①アカザエビを殻付きのまま塩湯(塩分濃度2%)で15秒間加熱し、エビを氷水に移して加熱を止める。
②カクテルソースを作る。濃度が出るまで煮詰めたオマールのジュ、マヨネーズ(ともに解説省略)、ケチャップ(提携する業社から仕入れたもの)、タバスコ、ウォッカ、すりおろしたライムの皮を鍋に合わせ、濃度がつくまで煮詰める。漉す。
③①の殻をはずし、②のカクテルソースをまとわせ、80℃のコンベクションオーブンで10分間ほど加熱し、芯温を36℃にする。
④器に③を盛り、澄ましバターでソテーしたクルトンを等間隔に貼り付ける。隣に直径約3cmのセルクルで抜いたキャビアを添える。

牡蠣、ハドックのエスプーマ
カラー58ページ

①牡蠣を殻ごと90℃のオーブンで4分間加熱し、2分間室温でやすませる。

②①の牡蠣を一つ食べてみて、火が入っていればすぐに氷水に浸けて冷やす。火入れが足りなければさらに1分間加熱してから氷水に浸ける。殻と身を分ける。
③ハドック*を細かくカットし、牛乳とともに専用の袋に入れて真空にかける。80℃の湯煎で1時間半加熱する。
④③をミキサーにかけて撹拌し、漉す。
⑤鍋に④のピュレ、ヨーグルトを合わせて熱する。
⑥⑤に、水でもどした板ゼラチンと生クリーム(乳脂肪分35%)を合わせたものを加える。サイフォンに入れてガスを充填し、冷蔵庫で2時間以上おく。
⑦炭火焼きにしたクレソンを牡蠣の殻にのせる。②の牡蠣の身に、魚醤とたまり醤油、ショウガのみじん切りを合わせて1日おいたものを薄くぬって上に重ねる。
⑧⑦の上に⑥のエスプーマを絞り、ソバの実とクレソンの芽をたっぷりとあしらう。
⑨岩塩と海藻を混ぜて器に盛り、⑧をのせる。

*ハドック▶北大西洋の両岸に生息するタラ科の魚コダラを指す。生の他、干ものや缶詰、燻製にしたものが流通し、ここでは燻製にしたものを仕入れて使う

野菜の庭
カラー58ページ

タプナードとアンチョビーの
マヨネーズ

①黒オリーブのみじん切り、ケイパーのみじん切り、ケイパーの漬け汁、水、ニンニクのみじん切りを混ぜ合わせてタプナードとする。
②卵黄、ディジョンマスタード、グレープシードオイルを撹拌して乳化させ、マヨネーズを作る。①とアンチョビーのピュレ、レモン果汁、塩、コショウを加えて混ぜ合わせる。

トマトのヴィネグレット

①トマトを60℃のサーモミックスで撹拌し、シノワで漉す。さらに果肉を裏漉しし、ピュレと果汁に分ける。
②①のトマトの果汁を鍋で半量になるまで煮詰め、①のピュレと合わせる。シェリーヴィネガー、オリーブオイル、塩、コショウを加え混ぜる。

ルーコラのエスプーマ

①オリーブオイルとニンニク1片を鍋に熱し、バジル、ルーコラを加えてソテーする。急速冷凍庫で0℃に冷ます。
②鍋からニンニクを取り出してミキサーにかけて撹拌し、裏漉しする。
③ホウレンソウをゆで、氷水に落とす。適宜に切ってミキサーにかけて撹拌する。
④②、③、生クリーム(乳脂肪分35%)、ヨーグルト、水でもどした板ゼラチン、塩、砂糖、オリーブオイルを混ぜ合わせ、サイフォンに入れる。ガスを充填し、冷蔵庫で冷やしておく。

レモンのジュレ

①レモン果汁、水、砂糖、凝固剤(アガーアガー)を鍋で沸かす。
②火を止め、水でもどした板ゼラチンを加えて粗熱をとり、冷蔵庫で冷やす。
③冷え固まったら1cm角にカットする。

レモンのエミュルジョン

レモン果汁、水、砂糖、大豆レシチンをボウルに合わせ、ハンドミキサーで撹拌する。

クランブル

①カソナード、薄力粉、アーモンドパウダー、バターをボウルで合わせる。
②天板に①を薄くのばし、175℃のオーブンで5分間加熱する。
③②を冷ました後、粗めの網でふるいにかけてクランブル状にする。
④85℃のオーブンで8時間乾燥させた黒オリーブをみじん切りにし、③と合わせる。

野菜

①ズッキーニ(緑・黄)、セロリ、ラディッシュ(赤・黒)、ダイコン、キュウリ、ブロッコリー、カリフラワー、ニンジン(オレンジ・紫)、ウイキョウ、トレヴィス、ビーツ(赤・黄)、アンディーヴ(赤・黄)など旬の野菜を用意する。
②生で食べられるものはそのまま一口大にカットし、根菜類などの加熱が必要なものは歯ごたえが残る程度に固ゆでして一口大に切る。

ハーブ

ディル、セルフイユ、アマランサス、マスタード(赤・緑)、マスタードの花、クレソン、ウイキョウ、ツルナ、ミズナなど

旬のものを10種前後用意する。

仕上げ

①器にタプナードとアンチョビーのマヨネーズ、トマトのヴィネグレット、葉野菜以外の野菜と一部のハーブを盛り、ルーコラのエスプーマを絞る。レモンのジュレ、一口大に切ったスモークサーモン(解説省略)を上に重ねる。
②①にレモンのエミュルジョンをふわりと重ね、残りの葉野菜とハーブをあしらい、バジルオイルをかける。客席に提供し、ゲストの前でクランブルをたっぷりふりかける。

フォワグラのロティ、
苺のエスプーマ
カラー59ページ

フォワグラのロティ

①血管などを掃除し、適宜に切ったフォワグラ(鴨)を、塩を加えた牛乳に浸し、28℃の温度帯を保った状態で2時間マリネする。
②フライパンにグレープシードオイルを熱し、両面に軽く色がつくまでソテーする。90℃のオーブンで芯温46℃になるまで約5分間加熱する。
③②に味噌のコンディマン*を薄くぬり、フルール・ド・セル、コショウ、細かくきざんだショウガのコンフィ(解説省略)をのせる。1人分にカットする。

*味噌のコンディマン▶ハトのジュ、白味噌、赤味噌、醤油、アーモンドパウダー、ゴマのピュレ、日本酒、メープルシロップ、コショウを合わせて加熱したもの

苺のエスプーマ

①鍋にイチゴ果汁、砂糖、ライム果汁、ショウガのすりおろし、卵白、白ワインヴィネガーを合わせて加熱する。
②①がよく合わさったら火を止め、水でもどした板ゼラチンを加えて撹拌する。サイフォンに入れてガスを充填し、冷蔵庫に入れて冷やしておく。

苺のマリネ

イチゴの果肉をヘタ付きのままイチゴの果汁とともに専用の袋に入れて真空にかける。冷蔵庫で3時間ほどマリネする。

仕上げ

①器にフォワグラのロティ、半割にし

た苺のマリネ、苺のエスプーマを盛って客席に供する。
②ゲストの前で、イチゴ風味のメレンゲ（解説省略）とコーヒー（粉）を混ぜたものをスプーンでふりかける。

スズキ、トマトのコンフィ
カラー59ページ

スズキ

①スズキ（ノワールムティエ産）をさばいて1人分（75〜80g）のフィレにおろし、塩*をふって冷蔵庫で5〜24時間おいて身に味を移しながら締める（時間は個体の状態を見極めながら調整する）。
②フライパンにナタネ油とオリーブオイル、ゴマ油を3:1:1の割合で合わせて熱し、①のウロコを立たせるように揚げ焼きにする。

*塩▶フランス・ブルターニュ地方ノワールムティエ島産のもの

トマトコンフィ

トマトの皮をむき、オリーブオイル、塩、砂糖をふって80℃のオーブンで45分間加熱する。

仕上げ

①バジルオイルとシトロンキャビアを和えて器の中心に流し、トマトコンフィを盛り、一口大にスライスしたカラスミ（解説省略）をのせる。
②①の縁にスズキをのせ、衣に塩をふり、タイムの花を飾る。

オマールの燻製
カラー60ページ

オマールの燻製

①塩湯（塩分濃度2%）を鍋に熱して白ワイン（ソーヴィニョン・ブラン）とコショウを加える。直前に頭を包丁で落としてコライユなどを掃除し、箸などまっすぐの棒を軸にしてタコ糸で身を縛ったオマールを入れて45秒間加熱する。
②①のオマールを同じ塩分濃度の氷水に落とし、加熱を止める。芯温2℃になったら、網にのせて表面を乾かし、殻ごと一口大にカットし、脚を切りはずす。
③有塩バターとカレーパウダーを混ぜ合わせて②の身側にぬり、90℃のオーブンで芯温20℃になるまで8〜10分間加熱する。炭火で殻側を焼い

て香りを出す。
④鍋の底に藁を敷き、中心に石を並べる。オーブンで60℃に温めておく。
⑤③のオマールの芯温が35℃ほどになったら、④の鍋に入れて蓋をし、瞬間燻製にする。

シイタケのラグー

①バターを敷いた鍋で適宜にきざんだニンニク、タカノツメ、シイタケを炒める。
②①の香りが出たらフォン・ブラン、ソース・オマールディーヌ（ともに解説省略）、魚醤を加える。
③仕上げにゴマ油、きざんだシブレットを加える。

仕上げ

①器にシイタケのラグーを流し、行者ニンニクのピュレ（解説省略）を点描する。
②①とオマールの燻製の鍋をともに客席に運ぶ。ゲストの前で鍋の蓋を開けて香りを楽しんでもらった後、器にオマールの燻製を盛りつける。

仔豚
カラー60ページ

仔豚のスライス

①仔豚（イベリコ豚）をさばいて肩の後ろの柔らかい部分を切り出す。塩をふり、ナタネ油を熱した鉄板で表面に膜を作る。
②①を90℃のオーブンで8分間加熱し、芯温20℃にする。
③②をアルミ箔で包み、50℃の保温庫に10分間おいて芯温を28℃まで上げる。室温にもどし、芯温26℃まで下げる。
④③をよく熾した炭焼き台で香ばしい焼き色がつくまで焼く。フルール・ド・セルとコショウをふり、スライスする。

ピペラードのエスプーマ

①オリーブオイルを熱した鍋で適宜に切った赤ピーマン、赤タマネギ、トマト（完熟）、ニンニク、ピマン・デスペレット、ブーケガルニを炒め、塩で調味し、ピペラードとする。
②ブーケガルニを取り除いた①をミキサーにかけてピュレ状にし、バター、生クリーム（乳脂肪分35%）、オリーブオイルを加えてさらに撹拌する。サイフ

オンに入れてガスを充填する。

ソース

①仔牛のバラ肉を4〜5cmの角に切り、ココット鍋で焼き色をつける。適宜に切ったバター、タマネギ、ニンジンを加えて野菜がしんなりとしたらフォン・ブラン、ニンニク、黒コショウも加えて3時間煮る。漉す。
②①を漉したものに水を加え、沸騰直前の火加減を保って3時間煮て2番をとり、ソースとする。

仕上げ

①温めた器に仔豚のスライスを4枚のせ、上に実ザンショウと3種のコショウ（マレーシア産、ネパール産、ベトナム産のもの）を半割にしてそれぞれのせる。
②①の脇にきざんでから和えたシシトウ（赤）と柚子胡椒をあしらう。余白にソースを流す。
③適宜に切ったラディッキオを炭火で焼き、ジュ・ド・ヴィアンド（解説省略）をからめて深い器に盛る。ほぐしたスブレサッド*を重ね、ピペラードのエスプーマを絞る。タンポポの葉を挿す。

*スブレサッド▶Soubressade。スペインで主に作られる豚肉を使ったソーセージの一種で、パプリカやトウガラシの辛みや風味をきかせるのが特徴

ヤギのチーズ
カラー61ページ

①シェーヴルに生クリーム（乳脂肪分35%）、牛乳、塩、オリーブオイル、グラニュー糖を加え混ぜてサイフォンに移し、ガスを充填して5℃に冷やす。
②①を器に絞り、シードルのソース*をかけ、フルール・ド・セル、コショウ（ネパール産）をふる。E.V.オリーブオイル（イタリア・シチリア産）をまわしかける。

*シードルのソース▶リンゴ果汁、グラニュー糖、シードル（ブリュット）を煮詰めたもの

*「ミントのグラニテ」「柑橘のスムージー」「黒糖のババ」「フランボワーズのギモーヴグラッセ」「キャラメルのタルトレット」は解説省略

1–08

目黒浩太郎
abysse

イクラ セルフィーユの根
カラー65ページ

根セルフイユのペースト

①根セルフイユの皮をむいて半割にし、塩、オリーブオイルとともに専用の袋に入れて真空にかける。
②①を90℃のスチコンに入れて20分間蒸す。
③クールブイヨン（解説省略）、牛乳、②をミキサーに入れてなめらかな状態になるまで撹拌する。裏漉しして塩を少量ふる。

イクラ

①常温にもどしたイクラを40〜50℃の塩水に浸し、手で軽くほぐす。この時、薄皮などの不純物を浮かせるようにほぐしていく。
②①の水を捨てて新しい塩水を入れ、再度手でほぐす。不純物が浮かんでこなくなるまでこの工程を5回ほどくり返す。
③カツオだし（解説省略）、日本酒、ミリン、塩、醤油を入れた容器に②を一晩浸ける。

仕上げ

①器にスプーンですくった根セルフイユのペーストを盛る。
②キッチンペーパーで軽く水分をふいたイクラを①の脇に盛る。

バフンウニのブリニ
カラー65ページ

①牛乳、卵黄を混ぜ合わせたボウルの中にイーストを加えて10分間おく。
②ふるった薄力粉、海藻パウダー（市販品）を①に加えて混ぜる。
③別のボウルで卵白にトレハロースを加えて軽く泡立て、②に混ぜ合わせる。
④樹脂加工のフライパンに、スプーンですくった③を直径3cmの大きさに落とす。
⑤片面がキツネ色に焼けたら面を返し、220℃のオーブンに1分間入れる。

---

⑥オーブンから⑤を取り出してバットにあけ、常温にもどして軽く塩をふったウニをのせる。適宜に切ったメネギを飾り、皿に盛る。

寒ブリ ラディッシュ
カラー66ページ

ブリ

①ブリを掃除し、腹身を切り出す。5mmの厚さに切る。
②①にヴィネグレット*をからめる。

*ヴィネグレット▶E.V.オリーブオイル、シェリーヴィネガー、白バルサミコ酢、ハチミツ、マスタードを混ぜ合わせたもの

ヘーゼルナッツのクランブル

ヘーゼルナッツ、薄力粉、ココアパウダー、バター、カソナードを混ぜ合わせてフード・プロセッサーで粉砕し、シルパットにのせて160℃のオーブンで20〜25分間焼く。

マスカルポーネとダイダイのソース

マスカルポーネ、ダイダイ*果汁、牛乳、ハチミツをボウルに入れて混ぜ合わせる。

*ダイダイ▶ビターオレンジの一種で、強い酸味が特徴の柑橘類

黒オリーブのオイル

①種を抜いた黒オリーブをウォーマーの中に半日入れて乾燥させる。
②オリーブオイル、①をミキサーにかける。漉す。

仕上げ

①器にブリを盛り、ヘーゼルナッツのクランブルを少量のせる。
②①を覆うようにスライスしたラディッシュを並べ、ヘーゼルナッツのクランブルをまぶす。
③マスカルポーネとダイダイのソースを全体に少量流し、ハコベを飾る。黒オリーブのオイルをたらす。

真ダコ 本ワサビのブイヨン
カラー67ページ

①マダコを冷凍庫に入れて凍らせる。
②解凍した①を30分間ゆで、ザルにあけて粗熱をとる。
③②にオリーブオイルまわしかけてグリルパンに入れ、強火で焼く。

---

④キッチンペーパーで③の水分をぬぐい、一口大にカットする。塩を軽くふる。
⑤器に④を盛り、マイクロオラッグ*をのせる。
⑥鍋に鶏のブイヨン*、すりおろした本ワサビを入れて葛粉でとろみをつける。仕上げにオリーブオイルを加えて⑤に注ぐ。

*マイクロオラック▶広島県三原市の梶谷農園が栽培するハーブ
*鶏のブイヨン▶四つ割にした丸鶏を85℃の湯に入れて、沸かさないように弱火で2日間煮込んだもの

クルマエビ エビイモ
カラー67ページ

エビイモのキッシュ

①エビイモの皮をむき、一口大に切り分けて専用の袋に入れて真空にかけ、90℃のスチコンで15〜20分間蒸す。
②①を袋ごと氷水に浸けて粗熱をとる。
③生クリーム（乳脂肪分35%）、全卵、塩、コショウをボウルで混ぜ合わせる。
④②のエビイモを直径4cmのタルト型に並べ、③を流す。削ったパルミジャーノをかけ、220℃のオーブンで10分間焼く。

クルマエビのソテー

①クルマエビの殻をむき、頭はぶつ切りにしてソース用に取りおく。
②米油を敷いたフライパンで①を強火でソテーし、フライパンごと220℃のオーブンに15秒間入れる。
③オーブンから②を取り出し、レモン果汁を加えてさらにソテーする。

ソース

①クルマエビのソテーで取りおいた頭をフライパンに入れ、木ベラで叩きつぶしながら炒める。コニャック、白ワインを注いでデグラッセする。
②①にクールブイヨンをひたひたにかぶるくらいまで加えて10分間強火にかける。途中、クールブイヨンが減ってきたら適宜水を足して量を調節する。
③②をシノワで漉し、鍋に入れて煮詰める。塩、コショウで味をととのえる。

サクラエビのパウダー

①サクラエビを160℃のサラダ油で素揚げし、キッチンペーパーに取って油分をふき取る。
②①をウォーマーで半日乾燥させる。
③②を細かくきざむ。

仕上げ

①型からはずしたエビイモのキッシュにクルマエビのソテーをのせてキンセンカの花びらを飾る。サクラエビのパウダーをふる。
②皿に①を盛り、ソースを横に流す。

白子 マッシュルーム

カラー68ページ

白子

①適宜に切り分けたタラの白子を、沸かした湯に10秒間くぐらせる。
②①の水気をきって米油を敷いたフライパンに入れ、強火でソテーする。塩、コショウをふる。

マッシュルームソース

①みじん切りにしたタマネギを、バターを敷いたフライパンでしんなりするまでソテーする。
②①にスライスしたマッシュルームを加えて水分をとばしながら炒め、鶏のブイヨンをひたひたにかぶるくらいまで注いで中火で沸かす。
③②が半量まで煮詰まったらミキサーにかけ、シノワで漉す。
④③を鍋に入れ、クールブイヨンを加えて濃度を調節してぼてっとした状態にする。塩、コショウで味をととのえる。

ムカゴ

ムカゴを180℃のサラダ油で揚げ、キッチンペーパーに取る。

エゴマ

エゴマを中火にかけたフライパンで煎る。

仕上げ

①皿にマッシュルームソースを敷き、ムカゴ、エゴマを散らす。
②①の上に白子を盛り、スライスしたマッシュルームをのせる。キノコパウダー*をふる。

＊キノコパウダー▶20〜30種類の天然の

キノコ（北海道産）を50〜60℃のコンベクションオーブンで2日間、途中常温でねかせながら乾燥させ、ミルサーでパウダー状に粉砕したもの

真ダイ 青汁 黒トリュフ

カラー68ページ

マダイ

マダイをウロコを引いて三枚におろす。この時、出た骨はケールのスープ用に取りおく。マダイに塩をふり、キッチンペーパーに包んで2時間おいて水分を抜く。

ケールのスープ

①取りおいたマダイの骨に塩をふって10分間おき、熱湯を注いで臭みと出てきた水分を流す。
②①の骨、昆布、水を合わせて鍋に入れて弱火にかける。
③②が沸きそうになったらさらに弱火にし、90℃くらいの温度で煮出す。
④③に味が出てきたらシノワで漉して鍋に戻し、半量になるまで煮詰める。
⑤塩ゆでしたケール、④をミキサーにかけてシノワで漉す。
⑥鍋に⑤、細かくきざんだバジル、イタリアンパセリ、セルフイユ、コリアンダー、ディル、黒トリュフ、オリーブオイル、レモン果汁、塩、コショウを入れて混ぜ合わせる。

仕上げ

①1人分80gに切り分けたマダイを60℃の湯で5〜6分間ゆでる。この時、最後の1分間は70℃まで温度を上げてゆでる。
②器にケールのスープを注ぎ、①を盛る。
③ゆでたブロッコリー、プティヴェールを②の前方に盛り、ナスタチウムの葉、レッドチョイ*、アリッサムを飾る。ケールパウダー*をふる。

＊レッドチョイ▶広島県三原市の梶谷農園が栽培するベビーリーフで、ほのかな甘みとシャキッとした歯ごたえが特徴
＊ケールパウダー▶塩ゆでしたケールを50℃の温かい場所において乾燥させ、ミルサーでパウダー状にしたもの

＊「ルレクチェのベニエ クレームキャラメル」「フォレノワール」「ホワイトチョコレート」は解説省略

1-09

室田拓人
LATURE

鹿の血のマカロン

カラー73ページ

鹿の血のマカロン

①シカの血をミキサーで泡立てる。泡立ちはじめたらグラニュー糖を数回に分けて混ぜ入れ、しっかりと泡立てる。
②①にふるったアーモンドパウダーと粉糖を加えて、さっくりと混ぜる。
③②を絞り袋に詰めて、クッキングシートを敷いた天板に丸く絞り出し、20分間ほど風があたる場所に置いて表面を乾かす。
④③を180℃のコンベクションオーブンで11分間焼く。

ブーダン・ノワール

①豚の背脂を鍋に入れて温め、タマネギのみじん切りをじっくりと炒める。甘みが出たら、塩、黒コショウ、ニンニクのみじん切り、ナッツメッグを入れる。
②①に生クリーム（乳脂肪分38%）を注いで温め、水溶き片栗粉を加えてとろみをつける。
③②に豚の血を入れ、弱火でかき混ぜながら少しとろみがつくまで火を入れる。
④天板にテリーヌ型を置いて③を流し入れ、湯煎にして蓋を被せ、150℃のオーブンで15分間加熱する。

仕上げ

①ブーダン・ノワールを丸形に薄くスライスし、塩、黒コショウをふって鹿の血のマカロンで挟む。
②①をシカの毛皮を敷いた木箱に置いて提供する。

アナグマのケークサレ

カラー73ページ

アナグマのベーコン

①アナグマのバラ肉に塩、コショウ、砂糖をすり込み、3日間冷蔵庫でマリネする。
②桜のチップを燃やして①とともに容器に入れ、燻製にする。

ケークサレ

①ローストした松ノ実をアナグマのベーコンとともに粗くきざむ。

②①、全卵、ポマード状にしたバター、すりおろしたコンテチーズ、牛乳、アーモンドパウダー、ベーキングパウダーを混ぜ合わせる。

③②にふるった薄力粉を入れてさっくりと混ぜ、小さなしずく形の型に入れて160℃のオーブンで4〜5分間焼く。

仕上げ

①クリのハチミツとクリームチーズを混ぜ合わせ、2枚のケークサレで挟む。

②①を大型の松笠に置いて提供する。

ヒヨドリのリエット
カラー73ページ

ヒヨドリのリエット

①ヒヨドリの羽と内臓を取り除き、骨ごと細かくきざむ。サラダ油を温めた鍋で香ばしくソテーする。

②掃除したフォワグラ（鴨）を、フライパンで色づくまでポワレする。

③鍋に①、②、赤ワイン、コニャック、赤ポルト、水を合わせて2時間ほど煮込み、塩、コショウで味をととのえる。

④③をフード・プロセッサーにかけてなめらかにし、漉す。3日間ほど冷蔵庫において味をなじませる。

ミカンジャム

①ミカンの外皮をむき、薄皮ごときざむ。鍋に入れ、グラニュー糖を加えて少しおく。

②①のミカンから水分が出てきたら火にかける。ペクチンを合わせて、とろりとするまで弱火で煮る。

仕上げ

①食パンをスライスし、麺棒を使って薄く押しのばす。小鳥の形に型抜きする。

②①を140℃のオーブンでカリッとするまで焼く。

③ヒヨドリのリエットとミカンジャムを2枚の②で挟み、木の形のスタンドに置く。

クジャクのコンソメ
カラー73ページ

クジャクのコンソメ

①クジャクを羽根付きのまま、6℃の冷蔵庫で1ヵ月間ほど熟成させる。

②羽と内臓を取り除いて部位ごとに切り分け、ササミ以外の身をすべて挽き肉にする。ササミと骨は取りおく。

③クジャクの骨、適宜に切ったタマネギ、ニンジン、セロリ、黒コショウ、ネズの実、クローヴ、ローリエ、タイム、水を合わせて火にかけ、アクを引きながら2時間ほど煮出し、漉す。

④鍋に②の挽き肉と卵白、適宜に切ったタマネギ、ニンジン、セロリを入れて混ぜ合わせ、③を注いで中火にかける。卵白が固まってきたら混ぜるのを止めて、弱火にして1時間ほど静かに煮る。

⑤④の液体が充分に澄んだら、液体だけをレードルですくい、目の細かい布を被せたシノワで布漉しする。

仕上げ

①取りおいたクジャクのササミを専用の袋に入れて真空にかけ、54℃のコンベクションオーブンで15分間火を入れる。取り出して一口大にスライスする。

②シャントレル、ヒラタケ、トランペット・ド・ラ・モール、ピエ・ド・ムートンを掃除し、クジャクのコンソメでさっと煮る。

③ガラスのスープ皿の内側にクジャクの羽と枯れ葉を詰める。①と②を皿に盛り、きざんだシブレットを散らす。温めたクジャクのコンソメを客前で注ぐ。

ジビエのパテ・ショー
カラー74ページ

ソース・マデール

①マデラ、赤ワイン、エシャロットのみじん切りを鍋に合わせ、⅓量になるまで煮詰める。

②フォン・ド・ジビエ（解説省略）を加え、さらに煮詰める。塩、コショウで味をととのえて、漉す。

パテ・ショー

①シカ、クマ、イノシシの端肉を、それぞれ角切りと挽き肉にする。

②黒トリュフとクルミ、ニンニク、イタ

リアンパセリをみじん切りにし、塩、コショウ、カトルエピス、コニャック、赤ポルトとともに①の肉と混ぜてファルスとする。

③シカのロース肉とフォワグラ（鴨）を1㎝の厚さにスライスし、それぞれ塩、コショウをふって色づくまでフライパンでソテーし、冷ます。

④下から③のシカ肉、黒トリュフのスライス、③のフォワグラの順に重ねて①のファルスで覆い、フイユタージュ（解説省略）で包んでドーム形に成形する。

⑤表面に放射線状の模様をつけて溶いた卵黄をぬり、180℃のコンベクションオーブンで12〜13分間焼く。取り出して2〜3分間温かい場所でやすませる。

根セロリのピュレ

①皮をむいてきざんだ根セロリをバターで炒め、フォン・ド・ヴォライユ（解説省略）と水を加えて煮る。

②柔らかく煮上がったらザルに上げ、漉してピュレにする。

仕上げ

パテ・ショーを縦半分に切り、皿に盛る。根セロリのピュレをクネル形に取って添え、温めたソース・マデールを流す。

エゾライチョウのスープ仕立て
カラー74ページ

①エゾライチョウを羽根付きのまま、6℃の冷蔵庫で2週間ほど熟成させる。

②羽根と内臓を取り除いておろし、腿肉と胸肉を切り出してそれぞれ塩、コショウをふる。

③フライパンにバター、つぶしたニンニク、タイムを入れて温め、腿肉を香ばしくソテーする。

④胸肉も腿肉と同様の状態で軽くソテーし、両面に焼き色がついたら220℃のオーブンに2分間ほど入れ、中心はレアに焼き上げる。

⑤パセリ、バター、ニンニクをフード・プロセッサーに入れてまわし、パセリバターを作る。

④パセリとヒマワリ油をミキサーにかけ、漉してパセリオイルを作る。

⑤アサリを水から煮出しただしに、きざんだ原木ナメコ、ハクサイ、ギンナ

ンを入れてさっと煮る。飾り用に具の一部を引き上げ、残りに③のパセリバターを加え混ぜる。

⑥スープ皿にライチョウの腿肉と胸肉を重ね、⑤のスープを注ぐ。⑤で引き上げた原木ナメコ、ハクサイ、ギンナンを肉にのせ、④のパセリオイルを散らす。

ベカスのロースト

カラー75ページ

ベカスのロースト

①ヤマシギ（スコットランド産）を羽根付きのまま、6℃の冷蔵庫で2週間ほど熟成させる。

②羽根を取り除いておろし、各部位に分けて塩、コショウをふる。骨、腸、肺、肝臓、心臓は取りおく。

③フライパンにバター、つぶしたニンニク、タイムを入れて温め、腿肉を香ばしくソテーする。

④胸肉も腿肉と同様の状態で軽くソテーし、両面に焼き色がついたらササミをはずして240℃のオーブンに2分間ほど入れて、レアに焼き上げる。

⑤頭を半分に割ってバターでしっかりとソテーする。

ソース・サルミ

①鍋にサラダ油を温めてヤマシギの骨をつぶしながら炒め 、コニャック、赤ワイン、フォン・ド・ジビエ、タイム、ローリエ、ネズの実、クローヴを入れて煮詰める。

②①に掃除したヤマシギの腸、肺、豚の血少量を加えてさらに煮詰め、漉す。塩、コショウで味をととのえる。

レバートースト

①フライパンにバターを温めてヤマシギの肝臓と心臓を炒め、コニャックを加えてなじませながら炒める。冷ましてからフォワグラのテリーヌ（解説省略）と一緒に裏漉しし、ペーストにして塩、コショウで味をととのえる。

②ハート形に型抜きした薄いトーストに①をこんもりとのせ、オーブンで軽く温める。

キクイモのピュレ

①キクイモの皮をむいてきざみ、バターでソテーする。

②①にフォン・ド・ヴォライユを注いで

柔らかくなるまで煮る。

③②をフード・プロセッサーにかけてピュレにし、漉す。

仕上げ

①皿にキクイモのピュレを絞り、カブのソテー（解説省略）を置いてヤマシギの頭をのせる。

②ヤマシギの腿肉、胸肉、ササミを並べ、黒トリュフのスライス、レバートースト、ゴボウの素揚げ（解説省略）、アマランサスのスプラウトを飾る。

③ソース・サルミを流す。

---

*「カボスとヴァニラのデザート」「キジのフィナンシエ」は解説省略

1–10

春田理宏
Crony

グアンチャーレ

カラー79ページ

①ジャガイモを塩湯で柔らかくなるまでゆで、皮をむいて目の細かい漉し器で裏漉しする。

②きざんで飴色になるまで炒めたタマネギと、炒めたグアンチャーレとその際に出た脂、塩、コショウ、バターを①に混ぜ合わせる。

③②を一口大に取って丸く成形する。

④竹炭パウダーを加えた少し重めの天ぷら衣（解説省略）に③をくぐらせて、180～200℃のサラダ油で1～2分間揚げる。油をきる。

⑤同じくらいの大きさの黒い石を敷き詰めた小皿に置く。

パースニップ

カラー79ページ

パースニップのピュレ

①皮付きのパースニップを200℃のオーブンで20～50分間ローストし、外皮をむく。外皮は取りおく。

②①、牛乳、塩をミキサーで混ぜ合わせてピュレ状にする。

パースニップの外皮

①取りおいたパースニップの外皮を低温のサラダ油で水分が抜けるまでじっくりと揚げる。

②熱々のうちに筒状に成形し、塩をふって粗熱をとる。

仕上げ

温めたパースニップのピュレをパースニップの外皮に詰め、流木に置く。

エイブルスキーバー、カニ

カラー79ページ

①生地を作る。ボウルに全卵を溶きほぐし、塩、削ったパルメザン、焦がしバターを加え混ぜる。薄力粉を入れてさっくりと混ぜる。

②カニを殻ごとゆでいて、身を取り出す。

③②と、適宜に切ってくたくたになるまで蒸し煮にしたポワローを混ぜ合わせ、塩、コショウで調味する。

④エイブルスキーバー専用のフライパンに①の生地を半分ほど入れて、強火にかける。

⑤④が焼け固まったら③を詰めて、①の生地を満杯まで入れて面を返す。焦げないよう火加減に気をつけながら、後から入れた生地も焼き固める。

⑥ポワローのパウダー*を⑤にふりかける。

⑦エイブルスキーバーをフライパンに入れたまま客前で披露し、お客自身に皿に取って食べてもらう。

*エイブルスキーバー専用のフライパン▶エイブルスキーバーは、小麦粉、卵、乳製品などを混ぜ合わせて焼き上げるデンマークの伝統料理。それ自体はそこまで甘くないが、粉糖や果物のジャムなどを添えて菓子として食べるのが一般的。専用のフライパンは半球形の穴がいくつも開いた、タコ焼き器に似た形状が特徴

*ポワローのパウダー▶60℃のオーブンで約10時間乾燥させたポワローを、ミキサーでまわしてパウダー状にしたもの

白子、葉ワサビ

カラー79ページ

白子のベニエ

①タラの白子を一口大にカットして、ベニエ生地（解説省略）を付ける。

②①を180〜200℃のサラダ油でサクッとなるまで揚げ、塩をふる。

葉ワサビのソース

①少量のサラダ油を敷いたフライパンで、葉ワサビを片面だけ焦がすように焼く。氷の上に置いたバットに取って急冷する。

②①と水をブレンダーで混ぜ合わせ、少量のバターで味をととのえる。

仕上げ

①器に白子のベニエを入れる。

②提供直前に葉ワサビのソースをハンドミキサーで泡立てて、①にかける。

ホタテ、下仁田ネギ、アーモンド

カラー80ページ

ホタテ

ホタテの貝柱を横に2mmほどの厚さに

スライスし、55℃のオーブンに6時間〜半日ほど入れて乾燥させる。

下仁田ネギのピュレ

①下仁田ネギを薄くスライスして、少量の生クリームと牛乳でくたくたになるまで蒸し煮にする。

②①を水分ごとミキサーでまわしてピュレ状にし、塩で味をととのえる。

アーモンド

ローストして砕いたアーモンド、アーモンドオイル、塩を混ぜ合わせる。

仕上げ

皿にアーモンドを盛って下仁田ネギのピュレをのせ、上からホタテで覆う。

カリフラワー、仔羊

カラー80ページ

カリフラワーのソテー

カリフラワーを1cmほどの厚さにスライスして、サラダ油を熱したフライパンで焦げ目がつくまでソテーする。仕上げに少量のバターを加え、塩を軽くふる。

カリフラワーのピュレ

①適宜に切ったカリフラワーを、少量の生クリームと塩でくたくたになるまで蒸し煮にする。

②①を水分ごとミキサーでまわし、ピュレ状にする。

仔羊の塩漬け

①仔羊の腿肉の筋と余分な脂を取り除き、1:1の割合で合わせた塩と砂糖をまぶして冷蔵庫に2日〜1週間おく。その間、塩と砂糖は数回新しいものに取り換える。

②完全に水分がなくなったら、流水で1〜6時間塩抜きする。

③②の水気をふき取り、60℃のオーブンに入れて乾燥させる。指で押して弾力が感じられる程度の硬さになったらオーブンから取り出す。なお、大きめのものはより高い温度で一気に乾燥させ、小さめのものはより低温でじっくり水分をとばす。

仕上げ

①皿にカリフラワーのピュレを敷き、カリフラワーのソテーを置く。

②生のカリフラワーを小房に分けて削って散らし、仔羊の塩漬けをたっぷりと削りかける。

パン、ヨーグルト

カラー81ページ

パン

①専用の酵母*とプレーンヨーグルトの乳脂肪分*を混ぜ合わせたパン生地（解説省略）を一次発酵させる。

②①を二次発酵させずに鍋に移し、強火にかける。

③外側に香ばしい焼き色がつき、ガリッとした触感になったら火を弱め、中心までゆっくりと火を入れる。焼き時間は計2〜3時間ほど。

*専用の酵母▶春田氏の修業先である「セゾン」（米国・サンフランシスコ）由来の酵母を使用

*プレーンヨーグルトの乳脂肪分▶ヨーグルトを火にかけて乳脂肪と液体に分離させる。乳清は仕上げに使用

仕上げ

①提供直前にパンをちぎり、220℃のオーブンで温める。

②室温にもどしたバターに、プレーンヨーグルトの乳清を少しずつ加えながら泡立て器で混ぜ合わせ、塩で味をととのえる。別器に詰めて、①とともに提供する。

サワラ、縮みホウレンソウ、キクイモ

カラー81ページ

サワラ

①柔らかくなりすぎないように鮮度を見きわめながら、丸のサワラを数日間冷蔵庫に置く。

②①をフィレにして、野菜のだし（解説省略）、コショウ、フェンネルシード、ネズの実、アップルヴィネガーを混ぜ合わせたマリネ液に一晩ほど浸ける。

③高温に熱して少量のバターを入れたフライパンに②のサワラを入れ、皮目を焼く。

④皮目がカリッとしたら250℃のオーブンに移して1〜3分間焼く。

⑤④をサラマンドルに入れ、皮目のみをあぶる。1人分にカットして、フルール・ド・セルをふる。

縮みホウレンソウ

縮みホウレンソウを水洗いし、水分をふき取って強火で焦がすようにサラダ油で焼く。仕上げに少量のバター、塩で味つけする。

キクイモのピュレ

①キクイモの皮をむき、適宜に切ってサラダ油を敷いたフライパンでカラメリゼさせる。
②①を少量の水とともにミキサーでまわしてピュレ状にし、塩で調味する。

仕上げ

①皿にサワラを置き、キクイモのピュレを添える。
②①を縮みホウレンソウで覆う。

和牛シンシン、キノコ、ヘーゼルナッツ

カラー82ページ

和牛シンシン

①フライパンをよく熱してサラダ油を敷き、牛（黒毛和種）のシンシンを置く。さっと焼いて、香ばしい焼き目をつける。
②①を250℃のオーブンに移し、1分弱ほど加熱して温かい場所でやすませることを数回くり返す。
③提供直前に、高温に熱したフライパンで再度表面を焼く。

キノコのソテー

①適宜に切ったエリンギ、シメジを、サラダ油を敷いたフライパンでソテーし、7割ほど火が入ったらきざんだエシャロットとつぶしたニンニクを入れる。
②香りが立ったらバターを加え、フルール・ド・セルをふる。

ソース

ジュ・ド・ヴィアンド（解説省略）を火にかけ、塩、コショウ、ヘーゼルナッツペースト（解説省略）、少量のつぶしたニンニクと生クリーム、アップルヴィネガーで調味する。味が決まったらすぐ火を止めて漉す。

仕上げ

①和牛シンシンを1人分80gに切り分けて皿に置き、上にキノコのソテーを盛る。

②スライスしてローストしたヘーゼルナッツと、キノコパウダー（解説省略）をまんべんなくふりかけ、客前でソースをかける。

ラクレット、ムカゴ

カラー83ページ

チーズ

①ラクレットを適宜に切り、高温のオーブンで焦げ目がつくまで焼く。
②①の粗熱をとり、溶いた全卵、焦がしバター、サラダ油、アップルヴィネガー、塩と合わせてミキサーにかける。
③②をサイフォンに入れてガスを充填し、温かい場所に置いておく。

仕上げ

小ぶりの器にムカゴの素揚げ、クルトン（ともに解説省略）を入れて、上からチーズを絞る。

＊「洋ナシ、チョコ」「米のアイスクリーム、ミカン」「アーモンドクッキー」は解説省略

1-11

鳥羽周作

sio

鶏 水 白トリュフ

カラー87ページ

鶏のブロード

①丸鶏（大山どり、中抜き）の頭を落とし、一度ゆがいてから皮を取り除く。再び水から強火で炊き、沸騰してアクが出てきたらそのまま5分ほど沸かして湯を捨てる。
②鍋に①の鶏を入れ、適宜に切ったニンジン、セロリ、タマネギ、黒粒コショウ、ローリエを加え、たっぷりの湯で煮る。沸騰しはじめたらアクを取り除き、岩塩を少量加える。アクが出ないように沸騰寸前の状態を保ちながら約4時間煮出す。途中、浮いてくる脂はていねいに取り除く。
③②を漉して粗熱をとる。鶏をさばいて肉は後の料理のために取りおく。この鶏のブロードは常備し、他の料理にも使う。

仕上げ

①鶏のブロードを鍋にとって温め、塩で味をととのえる。アユの魚醤を1滴落とし、黒コショウをふる。
②①を猪口に注ぎ、提供直前に白トリュフオイルを1滴落として香りを立たせ、熱々の状態で供する。

フォアグラ 柿 蕎麦の芽

カラー87ページ

フォワグラのムース

①掃除したフォワグラ（鴨）をバットに入れて砂糖、塩をまぶし、10分間程度おく。浸透したらマルサラをふってなじませる。臭み消しに人肌程度に温めた牛乳を加え、冷蔵庫で一晩おく。
②45℃・湿度100％に設定したスチコンで①のフォワグラを2時間ほど加熱する。余分な脂が出てきたら漉して除く。
③マルサラを軽く煮詰め、ジュ・ド・プーレ＊を加えて、さらに煮詰める。
④生クリーム（乳脂肪分38％）を泡立てて九分立てにする。
⑤②のフォワグラの表面を流水でざっ

と洗い、水気をきる。ミキサーに入れて撹拌し、西京味噌、③を加えて撹拌する。④を加えてさらに混ぜ合わせ、なめらかなムースに仕上げる。

*ジュ・ド・プーレ▶大山どりの手羽先でとった濃度のあるジュ

マカロン生地

①アーモンドパウダーと粉糖、竹炭パウダーを合わせてふるい、卵白を加えて混ぜ合わせる。
②別のボウルに卵白を泡立てて、途中熱したシロップ（解説省略）を加え混ぜてイタリアンメレンゲを作る。
③①と②をよく混ぜ合わせ、絞り袋に入れる。クッキングシートの上に直径約3cmの円形に絞り出す。140℃のオーブンで約50分間焼き、クッキングシートごと網の上にのせて冷ます。

あんぽ柿のジャム

①あんぽ柿を細かく切り、鍋に入れる。ブランデーと砂糖を加えて火にかけ、ブランデーに適度な濃度が出るまで煮詰める。
②①をミキサーで撹拌し、味を見ながらヴァン・ジョーヌを加えて風味づけする。

仕上げ

①マカロン生地をクッキングシートからはがし、あんぽ柿のジャムを刷毛でぬる。上にフォワグラのムースを重ね、それぞれ乾煎りしたコリアンダーシードとソバの実を散らす。塩（英国・マルドン産）をふる。冷蔵庫で冷やし固める。
②粉糖と合わせてなめらかになるまで混ぜたマスカルボーネを①の上に絞り出し、形を半球形に整える。再度冷蔵庫で冷やし固める。
③ミキサーで撹拌して細かく砕いたカカオニブを②のまわりに貼り付け、カカオパウダーをふる。
④③の頂点にソバの芽を差し込み、石製の台座にのせる。

越田さんのもの凄い鯖 ビーツ 梅

カラー88ページ

鯖の揚げ焼き

①サバの干物（もの凄い鯖*）の骨を取り除き、一口大に切る。
②フライパンにピュアオリーブオイル

を多めに熱し、①の皮目を下にして揚げ焼きにする。面を返さずにそのままアロゼして、皮目はパリッと香ばしく、身側はソフトに仕上げる。

*もの凄い鯖▶茨城県神栖市の干物店「越田商店」のサバの文化干し。三枚におろしたサバを45年間継ぎ足しながら使い続ける熟成漬け汁に漬け、干したもの。独特の香りと旨みを持つ

ビーツの浸け汁

①ビーツを適宜に切り、スロージューサーにかけてジュースを搾る。搾りかすは取りおく。
②①のジュースにフランボワーズヴィネガー、ハチミツ、塩、砂糖を加えて混ぜる。

ビーツの付合せ

①ビーツの皮をむき、薄くスライスしたものと、みじん切りにしたものを用意する。
②①をそれぞれビーツの浸け汁に3時間浸けて、下味をつける。

ビーツのパウダー

①ビーツの漬け汁に、ジュースを作った際の搾りかすを2時間浸す。
②①の搾りかすの水気をきり、シルパットの上に広げる。80℃のオーブンに10時間入れて乾燥させる。
③②の粗熱がとれたら、ミルサーで撹拌して粉末にする。

キヌアの下処理

①キヌアを塩湯で柔らかくなるまでゆでて、水気をきる。
②①にビーツの浸け汁を加え混ぜ、白バルサミコ酢と塩で味をととのえる。

ペコロスのピクルス

①小タマネギの皮をむき、適宜の大きさに切る。
②ビーツの浸け汁を沸かし、①を加える。そのまま冷まして丸1日漬けておく。

ジャガイモのピュレ

①ジャガイモ（メークイン）をスライスして塩湯でゆでる。柔らかくなったら水をきって再び火にかける。目の細かいザルで裏漉しする。
②鍋にバターと牛乳を沸かし、①を加えてなめらかになるまで混ぜ、塩で味をととのえる。

仕上げ

①鯖の揚げ焼きの身側に、梅のハチミツ漬け（解説省略）とクリームチーズを混ぜ合わせたピュレをぬる。
②皿にジャガイモのピュレを敷き、①の皮目を上にして盛る。
③下処理をしたキヌアを②の上から散らし、ビーツの付合せ、ペコロスのピクルス、ザクロの実を盛る。
④白バルサミコ酢、塩、E.V.オリーブオイルで和えたカラシナを盛り、上から茶漉しでビーツのパウダーをふるいかける。

牡蠣 菊芋 カラマンシー

カラー88ページ

牡蠣のフリット

①牡蠣のむき身を50℃の湯に12分間浸した後、水洗いする。
②細挽きのコーンフラワーに炭酸水と塩を加え混ぜ、揚げ衣とする。
③水気をふいた①に②の衣を付け、サラダ油と太白ゴマ油を9:1の割合で合わせた揚げ油で、香ばしく揚げる。

ユリネのフリット

①ユリネ（北海道・山西農園の「月光」）の鱗片をはがし、水洗いして水気をふく。
②牡蠣のフリットと同様の揚げ衣をまぶして同じ揚げ油で香ばしく揚げる。

キクイモのピュレ

①キクイモの皮をむき、スライスする。トレハロースをふってなじませる。
②フライパンにバターを敷き、①をソテーする。色が変わってきたら鶏のブロードを加えて柔らかくなるまで加熱する。
③ミキサーで②を撹拌し、バターを加えてツヤを出す。生クリームを少量加え混ぜ、塩で味をととのえる。

仕上げ

①皿にキクイモのピュレを敷き、揚げたての牡蠣のフリットとユリネのフリットを盛る。塩昆布のパウダー*を茶漉しでふるう。
②塩ゆでしてから水にさらしたオカヒジキと、黒ダイコンのスライスを、それぞれカラマンシーヴィネガーで和えて盛る。
③ハマグリのだし（解説省略）を煮詰め、生クリームと牛乳を8:2の割合で合わ

せて加え、ハンドミキサーで撹拌して泡状にする。

④セルクルで抜いたナスタチウムの葉と、ピーテンドリル*を白バルサミコ酢、塩、E.V.オリーブオイルで和えてサラダ仕立てとし、バランスよく飾る。

⑤適宜にちぎって80℃のオーブンで加熱して乾燥させたカーリー・ケールとミドリムシパウダー*を合わせてミルサーで撹拌したパウダーを、茶漉しでふるいかける。

*塩昆布のパウダー▶塩昆布をオーブンで10時間乾燥させ、ミルサーで撹拌して粉末状にしたもの

*ピーテンドリル▶スナップエンドウの新芽。土っぽい風味が特徴

*ミドリムシパウダー▶ミドリムシ(学名ユーグレナ)の粉末。海藻を思わせる風味がある

小麦

カラー88ページ

ニョッキの仕込み

①ジャガイモ(インカのめざめ)200gを皮付きのまま塩水でゆでて、熱いうちに皮をむいてザルで裏漉しする。

②①が温かいうちに、薄力粉50g、リコッタ50g、塩ひと摑み、パルミジャーノふた摑みを加え、グルテンが出ないようにさっくりと混ぜ合わせる。

③②をひとまとめにして、ラップ紙で包んで棒状に形を整える。一口大に切り分け、手早く形を整え、打ち粉をしてバットに広げる。

④沸騰した塩湯に③を入れ、浮き上がってきたら30秒間ゆでてから引き上げ、氷水に落とす。粗熱がとれたら水気をきり、オリーブオイルをふって冷蔵庫に入れておく。

仕上げ

①フライパンでバターを熱し、溶けたら鶏のブロードを加えて煮詰め、塩で味をととのえる。

②別の鍋で塩湯を沸かし、ニョッキを入れる。浮いてきたら水気をきって、①に加えて軽く煮た後、皿に盛る。

③粉末状にしたボッタルガ(イタリア・シチリア産)を②の上からふる。

本日のお肉料理
鳩 黒ニンニク キャベツ

カラー89ページ

仔バトの下処理

①仔バト(フランス・ランド産)の頭を落とし、ノドもとの喉袋を取り除く。手羽と脚を切り落とし、内臓を抜く(ここでは胴体のみを使う)。

②①の胴体全体に塩をまぶし、オリーブオイルでソテーして表面に焼き色をつける。フライパンごと57℃のオーブンに1時間半ほど入れて温める。

ソース

①フォン・ド・ヴォー(解説省略)を煮詰め、甜麺醤(市販品)と黒ニンニクのピュレ*を加え、ハチミツを少量加える。

②①にバターを加えてモンテする。

*黒ニンニクのピュレ▶薄皮をむいた黒ニンニクと鶏のブロードを合わせてピュレ状になるまで撹拌したもの

キャベツのソテー

フライパンにオリーブオイルを敷き、煙が出るまで加熱する。適宜に切ったキャベツを貼り付けるようにフライパンの面に広げ、こんがりと焦げ目がついたら面を返し、さっとソテーする。

仕上げ

①七輪に炭火を熾す。

②保温しておいた仔バトを220℃のオーブンに入れ、1分〜1分半ほど加熱する。熱々のうちに、皮を付けたまま食べやすい大きさに切り分けて網にのせ、皮目のみ炭火をあててパリッと香ばしく、身側はなめらかな触感になるよう焼き上げる。軽く塩をふる。

③皿に鶏の白レバーペースト(解説省略)を敷き、②の身側を下に向けて盛る。キャベツのソテーをのせ、ソースを流す。

鶏 ふさおとめ レモンバーム

カラー90ページ

海南鶏飯風のゆで鶏と鶏だし

①「鶏 水 白トリュフ」でさばいた鶏の腿肉を掃除し、重量の1.2%の塩とトレハロース少量で半日ほどマリネする。

②鶏のブロードを軽く煮詰め、醤油、アユの魚醤、ゴマ油、塩、砂糖で味を

ととのえる。

③鍋に①と②を入れ、加熱する。沸いたら火を止め、コンロの傍など温かい場所に20分間ほど置き、常温になるまで冷ます。

④③から腿肉を取り出し、残っただしはご飯を炊く際に使うため取りおく。

海南鶏飯

①米(千葉県産「ふさおとめ」)を研ぎ、15〜30分間浸水して吸水させる(吸水度合いは当日の気候によって左右されるため営業前に一度炊いて味見して確認する)。

②鍋に①の米を入れ、海南鶏飯風の鶏だしを加えて強火にかける。沸いたら220℃のオーブンで12分間加熱し、5分間蒸らす。

サラダ

①セリ、コリアンダー、ミズナを適宜に切る。ミョウガをせん切りにしてから水にさらす。

②グリーンロメインやテーブルビートなどのベビーリーフ数種、レモンバーム、菊の花びらと①を合わせる。カラマンシーヴィネガー、塩、E.V.オリーブオイルを加えて混ぜる。

仕上げ

①蒸らし終えた海南鶏飯をざっくりとかき混ぜ、蓋をせずに火にかけて水分を適度にとばす。1人分30〜40gを器に盛る。

②海南鶏飯風のゆで鶏を一口大に切ってカラマンシーヴィネガー、ゴマ油、塩で和えて①にのせ、サラダをこんもりと盛る。

*「金子さんの蕪 酒粕 ゆず」「山椒 鳴門金時 ごぼう」「小菓子」は解説省略

1-12

砂田裕智
Ñ

エキストラバージンオイルの
スポンジアイスとコムハニー
カラー95ページ

エキストラバージンオイルの
スポンジアイス

①小鍋に牛乳と水でもどした板ゼラチンを合わせて加熱し、混ぜながら50℃まで温める。
②ホイッパーをセットしたスタンドミキサーのボウルに①を注ぎ入れ、撹拌する。よく混ざったら、撹拌しながら2℃に冷やした牛乳を少量ずつ加えていく。
③②がふわふわとした状態になってきたらE.V.オリーブオイル（スペイン産アルベッキーナ種）を少量ずつ加えてさらに撹拌して乳化させる。
④テリーヌ型に流し、30分間冷蔵庫に入れる。
⑤一口大に切ってから、半日以上冷凍する。

仕上げ

①提供15分前に冷凍庫からエキストラバージンオイルのスポンジアイスを取り出して、常温におく。
②①を器に置き、その上に巣蜜（コムハニー）を盛って塩（英国・マルドン産）をふる。

ブラックオリーブのマドレーヌ
カラー95ページ

①常温にもどしたバターを入れたボウルをスタンドミキサーにセットし、撹拌してバターをほぐす。
②グルコースと粉糖、水飴を加えてさらに撹拌し、ポマード状になったら黒オリーブのペースト（解説省略）を加えて均一に混ざるまで撹拌する。
③②に薄力粉、ベーキングパウダー、塩を加えて撹拌し、混ざったら溶きほぐした全卵を少量ずつ加えて撹拌する。生地がまとまったら絞り袋に詰め、半日以上冷蔵庫に置く。
④小さめのマドレーヌ型に③の生地を絞り、175℃のコンベクションオーブンで10分間焼く。

⑤焼きたてを皿に置き、塩（フランス・ゲランド産）をふる。

イベリコベジョータ生ハムと
パルミジャーノチーズの鳥の
巣仕立て
カラー95ページ

パルミジャーノチーズの鳥の巣

①パート・ブリック（冷凍品）を10分間常温におき、パスタマシンに通して約3mm幅の麺状にする。
②①とE.V.オリーブオイル、削ったパルミジャーノをボウルに入れ、和えるように混ぜ合わせる。
③クッキングシートを敷いた天板に②を8gずつ円形になるよう敷き、120℃のコンベクションオーブンで25分間焼く。

生ハム

①生ハム（ハモン・イベリコ・デ・ベジョータ）の塊を、スライサーで約1〜2mmにスライスする。
②①の片面にラップ紙、片面にキッチンペーパーをあてて、保存容器に入れて冷蔵保存する。

仕上げ

①提供前に生ハムを冷蔵庫から取り出し、常温にもどす。
②皿にパルミジャーノチーズの鳥の巣を置き、その上に①を盛る。

温度ウズラ卵とサヨリ・白ゴマ・
牡蠣醤油
カラー95ページ

温度ウズラ卵

①−20℃の冷凍庫でウズラの卵を冷凍する。
②①を1日冷蔵庫に入れて解凍する。
③②を常温にもどし、卵の殻をむく。白身を取り除いて黄身をオリーブオイルに浸けておく。

パート・ブリックのコーン

①円形のパート・ブリック（冷凍品）を¼にカットする。
②①を巻いて三角錐を作る。澄ましバターをぬった三角錐形の型に被せ、パート・ブリックを2つの型でサンドするように、その上から澄ましバターを内側にぬった三角錐形の型をさらに被

せる。
③②を175℃のコンベクションオーブンで5分間焼く。
④上に被せている型のみを取り除き、175℃のコンベクションオーブンでさらに4分間焼く。
⑤粗熱をとり、乾燥剤を入れた保存容器で常温保存する。

仕上げ

①サヨリを三枚におろして骨を取り除き、細切りにして牡蠣醤油（解説省略）とゴマ油で軽く和える。
②パート・ブリックのコーンにすりおろしたワサビ、①の順で詰め、温度ウズラ卵をのせる。塩（英国・マルドン産）をふる。
③白ゴマを入れた器に②を立てて盛る。

マルティーニのジュレと
ペドロヒメネスのクリーム
カラー96ページ

マルティーニのジュレ

①鍋にスパークリングワイン（マルティーニ）を入れて火にかけ、6分間沸騰させてアルコール分をとばす。
②火を止めて約5〜10分間おいて粗熱をとってから、水でもどした板ゼラチンを加えて混ぜ合わせ、器に流して冷蔵庫で冷やし固める。

ペドロヒメネスのクリーム

①シェリー（ペドロ・ヒメネス）を鍋に入れ、加熱してとろみがつくまで煮詰める。
②ホイッパーをセットしたスタンドミキサーのボウルに、人肌程度の温度に戻したクリームチーズを入れて撹拌する。
③②に生クリーム（乳脂肪分35%）を少量ずつ加えながら二〜三分立てになるまで撹拌する。
④③に塩と①を加え、均一に混ざるよう撹拌する。
⑤④をサイフォンに詰めてガスを充填し、1日以上冷蔵庫に入れる。

仕上げ

マルティーニのジュレの上にペドロヒメネスのクリームを絞り、塩（フランス・ゲランド産）をふる。アサツキの小口切りを散らす。

真サバ・ホウレン草・シェリーヴィネガークリームのコカ
カラー97ページ

サバ
①丸のサバを吸水シートに包んで2日間、2℃の冷蔵庫でねかせる。なお、シートは毎日取り換える。
②①を三枚におろしてフィレをバットに並べ、3:1の割合で合わせた塩と砂糖を両面にふって2時間おく。流水で洗い流し、中骨、小骨を取り除いて氷水にくぐらせる。水気をふき取る。
③別のバットに酢、白ワインヴィネガー、水を合わせ、②を浸して1時間弱常温におく。
④③からサバを引き上げて水気をふき取り、幅3～4cmのそぎ切りにする。

コカ生地
①スタンドミキサーのボウルに強力粉、ドライイースト、牛乳、塩を入れて撹拌する。
②①が均一に混ざったらまとめて丸め、ラップ紙で包んで温かい場所に2～3時間置いて一次発酵させる。ガス抜きをして約30分間、二次発酵させる。
③②をパスタマシンに通して5mmの厚さにのばし、長さ8cmにカットする。
④クッキングシートを敷いた天板に③を並べて160℃のコンベクションオーブンで2分間焼き、重しをのせてさらに2分間焼く。

仕上げ
①ニンニクオイル(解説省略)を敷いたフライパンで、軸を取り除いたホウレンソウをソテーし、塩をふる。
②サバに焼き塩をふってオリーブオイルをぬり、バーナーで皮目をあぶる。シェリーヴィネガークリーム*をかける。
③焼いたコカ生地に①と②をのせ、器に盛りつける。小口切りにしたアサツキを散らす。

*シェリーヴィネガークリーム▶煮詰めたシェリーヴィネガーに生クリームを加え、さらに煮詰めたもの

真ダコと海老芋 春菊のピューレとイディアサバルチーズ
カラー97ページ

タコ
マダコを塩もみしてから流水でぬめりを落とし、沸騰した湯に入れて50分間ゆでる。

海老芋
エビイモの皮をむいて、塩湯で下ゆでする。ギリギリ竹串が通る程度に柔らかくなったら引き上げる。

春菊のピュレ
①沸騰した湯にシュンギクを5秒間くぐらせ、氷水に落とす。水気をふき取る。
②スタンドミキサーに①と水、塩を入れてピュレ状になるまで撹拌し、裏漉しする。
③②に増粘剤(シャンタナ)を加え、ハンドミキサーで撹拌して均一に混ぜる。

イディアサバルチーズ
①クッキングシートを敷いた天板を薄く覆うようにイディアサバル*を削る。
②175℃のコンベクションオーブンで①を10分間焼いてシート状にする。
③冷めたら楕円形にカットする。

*イディアサバル▶スペインのバスク州、ナバラ州北西部で生産される、羊の乳を原料としたセミハードタイプのチーズ。羊乳の酸味と甘み、燻製によるスモーク香が特徴

仕上げ
①タコを厚さ約5～6mmのそぎ切りにして、オリーブオイルを敷いたブランチャで両面を焼く。塩(フランス・ゲランド産)をふる。
②海老芋を半月切りにして、180℃に熱したヒマワリ油で素揚げにする。
③器の底に常温の春菊のピュレを流し、熱々の①、②を盛りつけ、器の口にイディアサバルチーズを置く。

白子・セコガニ・赤ネギのグラタン
カラー97ページ

白子
①タラの白子を流水で洗い、ぬめりを落として筋を取り除き、一口大に切る。
②①を塩湯で2分間ゆでる。

③塩を加えた氷水に②を落として締め、水気をふき取る。
④薄力粉をふった③をブランチャで香ばしく焼く。

セコガニと赤ネギのソース
①活けのセコガニを30分間真水に浸ける。
②鍋に①と水、塩を入れて強火でゆではじめ、沸騰したら弱火にして10分間ゆでる。ザルに上げる。
③②の粗熱がとれたら甲羅とフンドシをはずして掃除し、身とカニミソ、内子を取り出す。身はほぐしておく。
④オリーブオイルを入れて弱火で熱した鍋に、せん切りにした赤ネギ(山形県産平田赤ねぎ)と塩を加えて炒める。
⑤④にソッフリット(解説省略)を加え、③をすべて加える。炒めながら薄力粉を加えて混ぜ合わせ、まとまってきたら牛乳を加えてのばし、ソースとする。

仕上げ
①白子をソースパンに盛り、セコガニと赤ネギのソースをかけ、160℃のコンベクションオーブンで4分間焼く。
②①をサラマンドルに移し、表面に焼き色がつくまで焼く。

メカジキの腹身・白インゲン豆・ピキージョピーマンのサラダ
カラー98ページ

メカジキ
①メカジキの腹身を塊の状態で吸水シートに包み、2℃の冷蔵庫に入れて4～10日間ねかせる。なお、シートは毎日取り換える。
②①の腹身を1人分40gにカットして表面に薄力粉をふり、ブランチャで中心がレアになるように焼く。仕上げに塩をふる。

白インゲン豆のピュレ
①白インゲンマメを一晩水でもどし、もどし汁ごとタマネギ、ニンジンとともに火にかけ、ゆでる。
②スタンドミキサーに①と牛乳、塩を入れてなめらかになるまで撹拌する。

ピキージョピーマンのピュレ
ピキージョピーマンの水煮をスタンドミキサーに入れて撹拌し、裏漉しする。

*ピキージョピーマンの水煮▶市販品。ス

ペイン・ナバラ州産の肉厚の赤ピーマンを炭火焼きにしてから皮と種を除いて水煮にしたもの

仕上げ

①皿にメカジキを置き、脇に白インゲン豆のピュレを盛る。ピキージョピーマンのピュレを線描する。

③アマランサス、ワサビナ、マイクロコリアンダー、レッドオキサリス、レッドチリカラシナ、レッドオゼイユを上から被せるように盛る。E.V.オリーブオイルとシェリーヴィネガーを葉野菜にかけ、ドライ明太子*を削って散らす。

*ドライ明太子▶明太子を陰干しで2週間乾燥させたもの

和牛ホホ肉の低温調理・足赤海老・ジャガイモとちりめんキャベツ

カラー98ページ

牛ホホ肉

①牛のホホ肉の表面の筋を取り除き、掃除する。3:1の割合で合わせた塩と砂糖をまぶして2時間おき、流水で洗って水気をふき取る。

②①とバター、オリーブオイルを専用の袋に入れて真空にかけ、75℃のウォーターバスで6～8時間加熱する。袋ごと冷蔵保存する。

ジャガイモとちりめんキャベツのガレット

①芯を取り除き、ざく切りにしたチリメンキャベツと、皮をむいて乱切りにしたジャガイモを鍋に入れ、塩とひたひたの水を加えて加熱し、蓋をして蒸し煮にする。

②①に火が通ったら弱火にし、木ベラでつぶしてジャガイモの水分がとぶまで煮る。

③②の粗熱をとり、円盤状に成形する。

④牛ホホ肉の油脂*をブランチャに敷き、③を軽く焼く。

*牛ホホ肉の油脂▶牛ホホ肉を低温調理した後に出た肉汁を取りおき、浮き出た油脂を裏漉しして冷蔵保存しておいたもの

ホウキ茸のソース

①ホウキタケ(天然)を水洗いし、陰干ししてカラカラになるまで乾燥させる。

②砂糖を加えたぬるま湯で①をもどす。もどし汁は取りおく。

③フライパンにニンニクオイルを入れて②のホウキタケを炒め、ディジョンマスタードとパセリのみじん切りを加えてさらに炒める。②で取りおいたもどし汁と鶏のブイヨン(解説省略)を加えて炊く。

④③が半量になるまで煮詰まったら、生クリーム(乳脂肪分35%)を加えてさらに煮詰め、牛のだし(解説省略)を少量加えて軽く煮詰める。

足赤海老

①活けのアシアカエビを氷水に浸けて締め、背ワタと胴の殻を除いて竹串を刺す。

②①に塩をふり、オリーブオイルを敷いたブランチャで完全に火が通るまで焼く。

仕上げ

①同割にした牛のだしと鶏のブイヨン、袋から取り出して1人分30gに切り分けた牛ホホ肉をパイ皿に入れる。皿ごと160℃のオーブンで4分間温め、サラマンドルで加熱しながらアロゼする。

②ジャガイモとちりめんキャベツのガレットを160℃のオーブンで4分間焼き、サラマンドルに移して表面に香ばしい焼き色がつくまで焼く。

③器に①、②、足赤海老を盛りつけ、温めたホウキ茸のソースをかける。

スペイン産アンコウと源助大根のアロスメロッソ

カラー99ページ

米

①沸騰した湯に米を加えて6分間ゆで、水洗いして水気をきる。

②①を1人分40gに分けて冷蔵しておく。

アンコウ

①アンコウ(スペイン産)のフィレの中骨をはずして薄皮を引き、一口大に切る。

②①をオリーブオイルを敷いたブランチャで表面を軽く焼く。

③パイ皿に②とアサリのだし(解説省略)、オリーブオイルを入れ、サラマンドルで加熱しながらアロゼする。この時に出た煮汁は取りおく。

仕上げ

①鍋にニンニクオイルを入れて火にかけ、皮をむいたダイコン(石川県産源助だいこん)のイチョウ切りと塩を加えて炒める。

②①が軽く色づいたらアサリのだし、アンコウの骨でとっただし(解説省略)を加え、沸いたら米と牛のだしを少量加えて蓋をし、中火で炊く。

③水分がなくなってきたら、取りおいたアンコウの煮汁を加えてさらに炊き、米が柔らかくなり水分がとんでとろみがついたら器に盛りつける。

④③にアンコウをのせてアサツキの小口切りを散らす。

---

*「青リンゴのウィスキーサワーもしくはレモンジュースとピオーネの雫石」「姫リンゴのコンポートとシナモンアイス」は解説省略

1–13

米田裕二/米田亜佐美
SHŌKUDŌ YArn

抹ーロン茶＋
Nerikiri&Jamón
カラー103ページ

抹ーロン茶

①小さな抹茶碗に抹茶*と和二盆糖を合わせ入れ、それぞれ別容器に入れた冷たいウーロン茶、抹茶のリキュール（解説省略）、煮切りミリンとともに客席に運ぶ。

②客前で①の茶碗にウーロン茶を注ぎ、お茶を点てる。抹茶のリキュールと煮切りミリンを1滴ずつたらす。

*抹茶▶石川県・金沢市にある㈱米沢茶店の濃茶用抹茶「臥竜山」を使用

Nerikiri&Jamón

①生の白餡と水砂糖を鍋に合わせて熱し、よく混ぜながら炊く。

②餅粉と水を合わせた生地（解説省略）を熱湯に入れて加熱する。浮き上がってきたらザルに上げて水気をきり、①に加えてなめらかなテクスチャーとなるまで練る。

③ころ柿を適宜に切って楊枝に刺し、まわりに②の練りきりをまとわせて、一口大のきりたんぽのような形に成形する。杉板の壊紙の上にのせ、上にE.V.オリーブオイルを1滴たらす。

④ハモン・イベリコ・デ・ベジョータ2種類を適宜の大きさに切り出し、③の奥に盛る。

*ころ柿▶石川県・能登地方で作られる干し柿。渋柿を干して作るが、干すうちに甘みが引き出される。上品な甘みと、渋柿ならではの風味が特徴。同地ではお茶受けとして食される

*生ハム2種類▶両方ともスペイン産ハモン・イベリコ・デ・ベジョータ。手前はアンダルシア州にあるフビレス社が作る44ヵ月熟成の旨みも香りも強いもの。奥はホセリート社のもので、脂に甘みがあり、比較的まろやかな味わい

本日の突き出し（ちんぴらごぼう）
カラー103ページ

ゴボウのシュガーコーン

①ゴボウを適宜に切って水にさらしてアクを抜く。水気をきって50℃の野菜乾燥機に2～3日間おいて乾燥させる。

②①をミキサーでまわしてパウダー状になるまで撹拌する。

③卵白、室温にもどしたバター、砂糖、薄力粉、黒ゴマをボウルに合わせて手早く混ぜる。②を加えてさらに混ぜる。

④③をコーンメーカーに流して焼き上げ、円錐形の型で押して成形する。

ニンジンのアイス

①細切りにしたニンジンを、ゴマ油を熱したフライパンで炒め、火が通ったら砂糖、濃口醤油、ミリンを加えて味をととのえる。

②ボウルに卵黄と砂糖を合わせて白っぽくなるまでよく混ぜる。

③混ぜ合わせた牛乳と生クリームを火にかけ、約40℃になったら砂糖を加えてなじませる。よくなじんだら沸かす。②のボウルに加えてさらに加熱し、85℃になったらすぐに氷水をあてて温度を3℃まで落とす。

④③と①を合わせてミキサーで撹拌し、1日やすませる。パコジェット用のビーカーに入れてマイナス25℃で保存する。

⑤④のビーカーをセットしたパコジェットをまわす。

仕上げ

ゴボウのシュガーコーンにニンジンのアイスを盛り、上から黒ゴマと一味トウガラシをふる。穴の開いたスタンドに差して供する。

とーてもごまった
Schiacciatina
カラー103ページ

①00粉と一番だし（解説省略）、ドライイースト、塩、黒ゴマをボウルに合わせて混ぜ、丸くまとめて38℃の温度帯において発酵させる。

②①が発酵したら、1人分ずつに分割し、二次発酵させる。

③②の生地を薄くのばし、楕円形に成形する。E.V.オリーブオイルを敷いた

天板に並べて粗塩（石川県・能登産）とE.V.オリーブオイルを適量表面にふりかけ、170℃で焼き目を見ながらパリパリの状態になるまで焼く。

④耐油性の袋に③を入れて供する。

バブルカニシスターズ
カラー103ページ

カニ

①香箱ガニ*を水洗いし砂や汚れを取り除いた後、塩水に2～3分間浸けおく。

②100℃・湿度100％のスチコンで25分間①を蒸す。

③②をショックフリーザーに入れて急速冷却する。

④③の脚と甲羅をばらし、身、内子、外子に分ける。身は食べやすいよう軽くほぐす。甲羅は仕上げ用に取りおく。

*香箱ガニ▶北陸地方で獲れるメスのズワイガニ。今回は石川県・加賀橋立港で揚ったものを使用

カニ酢の泡

①米酢、醤油、砂糖、ミリン、ジンジャーエール（辛口）をボウルに混ぜ合わせる。

②①に増粘剤（イナゲル*）、乾燥卵白を加えてハンドミキサーで全体が泡状になるまで撹拌する。

③②に昆布を差して冷蔵庫に1日おいて昆布の風味を泡に移す。

*イナゲル▶長野県・伊那食品工業㈱製のゲル化剤

仕上げ

①リムの広い器の中心にカニの身、内子、外子をそれぞれ盛りつける。

②①を覆うようにカニ酢の泡をこんもりと盛り、取りおいた甲羅を飾って提供する。

ちょー理想な最中
カラー104ページ

チョリソー

①豚の腿肉と背脂を適宜の大きさに切り、ミンサーで挽いて粗挽きの状態にする。

②①とパプリカパウダー（市販品。甘みの強いタイプ）、昆布パウダー（解説省略）、ぶどう山椒*（パウダー）、すりおろしたニンニク、塩、氷を合わせて手早く練り上

げる。
③②を一口大に取って最中の皮*に詰める。電子レンジに入れて中心温度が上がるまで数秒間加熱する。
④③を190℃のオーブンで3分間加熱し、最中を香ばしい触感に仕上げる。

*豚▶石川県・能登半島穴水町の「たんぼぽファーム」が放牧で育てた「のと猪部里児（いべりこ）」。脂の質がよく、野趣味のある肉質が特徴

*ぶどう山椒▶和歌山県発祥と言われるブドウの房のように大粒の実をなすサンショウ

*最中の皮▶粗挽きの黒コショウを練り込んだ生地を焼いた特注品

ヒヨコマメのスープ

①1日水に浸してもどしたヒヨコマメの水気をきり、昆布だしとともに鍋で煮て味を含ませる。
②①をミキサーにかけてペースト状になるまで撹拌する。途中、淡口醤油、ミリン、ローズマリーの香りを移したE.V.オリーブオイル（解説省略）を加えてさらに撹拌する。裏漉しする。

仕上げ

チョリソーを盛ったお椀を提供する。温めたヒヨコマメのスープを鍋ごと客席に運び、客前でお椀に流して立ち上る香りも一緒に味わってもらう。

南瓜の炊いたん
カラー104ページ

①カボチャ（石川県・能登産。黒皮栗南瓜）を適宜に切って柔らかくなるまで蒸す。裏漉しする。
②①、カカオバター、砂糖、醤油をボウルに合わせて一体化するまでよく練り上げる。
③②を板チョコ型に流し込み、冷蔵庫に入れて冷やし固める。
④平皿に③を3個のせる。

The Only WAN
ver.三とう流風
カラー104ページ

マダイの真薯

①マダイをさばいてフィレにする。骨などを取り除いて身を軽くほぐし、ミキサーにかけてまわす。途中、卵白、昆布だしを加えてさらに撹拌する。

②①が一体化したら裏漉しする。すりおろしたツクネイモ（加賀丸いも）とすり鉢に合わせてよく混ぜ合わせる。塩と淡口醤油を加えて味をととのえ、削ったトリュフを加える。さらに均一になるまですり合わせる。
③②を茶巾に絞って85℃・湿度100%のスチコンで20分間ほど蒸し上げる。

椀づま

①カリフラワー、ロマネスコをそれぞれ触感が残る程度にゆでて細かく切り、吸い地（解説省略）に浸しておく。
②紅芯ダイコンとニンジンを厚さ1mmに切って花型に抜く。
③ズッキーニをせん切りにし、さっとゆがいて昆布だしに浸しておく。
④クルマエビに串打ちし、身が赤くなるまでスチコンで蒸す。蒸し上がったら串をはずして適宜に切り分け、一塩する。
⑤ヴィオラを花びら一枚ずつにばらす。

吸い地

①昆布（福井県・敦賀市の奥井海生堂製の天然の利尻昆布。平成25年度一等検）を水出しした後弱火にかけ、計4時間かけて煮出す。
②①の昆布を取り除き、コーヒーサイフォンに入れる。客席にサイフォンごと運び、火にかける。
③②が静かに沸いたら塩2種類（能登産とフランス・ゲランド産）を加えて味をととのえる。
④提供直前に削ったマグロ節（血合いのないきれいなもの）を入れたコーヒーサイフォンの上ボールを③にセットしてひと煮立ちさせる。
⑤充分に香りが出たら④の上ボールをはずし、日本酒（菊姫 大吟醸）を数滴加える。マグロ節は取りおく。
⑥ワイングラスに⑤を少量注いでゲストに味見をしてもらう。

仕上げ

①客席にマダイの真薯と椀づまを盛ったお椀を供する。その場でできたての吸い地を注ぐ。シャーレにトリュフを削ったものとスライスをのせて別添えし、好みで加えるようすすめる。
②取りおいたマグロ節をE.V.オリーブオイル、濃口醤油、羅臼昆布を差しておいた太白ゴマ油で和えて缶詰形の

器に盛り、途中つまむようにすすめる。

Nikujaga
カラー105ページ

牛肉の餡

①牛の粗挽き肉をさっと湯通しする。
②昆布だしにタマネギのスライスを加えて火にかけ、だしにタマネギの風味を移す。
③②にカツオ節の粗削りを加える。
④③をひと煮立ちさせて①を加える。追いガツオし、軽く煮立たせ、濃口醤油、淡口醤油、ミリン、黒糖を加えて味をととのえる。
⑤提供直前に④を温めなおし、小タマネギのスライスを加えてさっと火を通す。

コンニャク

①コンニャクを小角に切り、よく水洗いする。
②①の水気をよくきり、サラダ油を敷いた鍋で炒める。
③②に昆布だし、カツオ節、砂糖、濃口醤油、ミリンを加えて味をととのえる。

ジャガイモ

①ジャガイモ5種（タワラムラサキ、ノーザンルビー、インカのめざめ、レッドムーン、シャドークイーン）の皮をむいて適宜に切る。柔らかくなるまでスチコンで蒸す。
②①をそれぞれ一番だしとともにミキサーにかける。
③②がそれぞれなめらかな状態になったら直径約2.5cmの球形に成形する。

*タワラムラサキ▶紫色の皮と、もっちりとした粘質な実が特徴の品種
*レッドムーン▶サツマイモのような実の色で甘みがあり、コクが強い

仕上げ

①それぞれジャガイモの品種を書いた器に牛肉の餡を敷き、ジャガイモ5種類と小タマネギを盛りつける。コンニャクをジャガイモの間に盛り、ピノグリーンを添える。

皿だ!!

カラー106ページ

アボカドのジュレ

①アボカドの皮と種を取り除き、果肉を適宜に切る。

②①を水でもどした粉ゼラチンを溶かした昆布だしと合わせてハンドミキサーにかける。裏漉しする。

トマトのジュレ

①トマトを適宜に切ってミキサーにかけてまわす。塩と砂糖を軽くふる。

②①に差し昆布をし、2～3日間冷蔵庫に置いておく。

③②を漉してさらに冷蔵庫で1～2日間ねかせる。

④③の上澄みをすくって水でもどした粉ゼラチンを加え混ぜ、ジュレとする。

サラダ

①冷やしたグリーンマスタードやレッドマスタード、ワサビナなど辛みのある葉物菜を10℃以下に冷やした昆布だしとともに専用の袋に入れて真空にかける。

②①の袋が真空状態になったら袋を開ける。深さのある器に盛り、器の縁にびったりと沿わせてラップ紙を張る。

仕上げ

①サラダで使った器と同じ形の器の底に赤タマネギのスライスを敷く。アボカドのジュレ、トマトのジュレの順に重ね、上に粗塩をふり、コリアンダーの新芽を刺す。

②①の上にサラダを器ごと重ねて客前に提供し、客席で器を開いてラップ紙をはずして一緒に食べるようすすめる。

ハブたいもち

カラー106ページ

アマダイの松笠仕立て

①アマダイ（石川県・能登橋立港で揚がったもの）の皮とウロコを付けたまま三枚におろす。身側に薄く塩をふり、4日間冷蔵庫においてねかせる。

②①を1人分の大きさに切り出し、ウロコ側に塩水を浸ける。

③サラダ油を熱したフライパンに②の皮目を下に向けて入れ、ウロコを立たせる。

④③のウロコがきれいに立ったらサラマンドルに入れて表面がこんがりと色づくまで加熱する。

ハーブ味噌

①白味噌、煮切ったミリンと酒、トレハロースを合わせてのばす。きざんだディルとセルフイユを加えてよく混ぜる。絞り袋に入れて冷蔵庫で保管する。

②蒸し上げた道明寺（解説省略）に①を絞り出し、バーナーで香ばしい焼き色がつくまで焼く。

仕上げ

ハーブ味噌を器に盛り、手前にアマダイの松笠仕立てのウロコを上に向けて盛る。上にきざんだディルとセルフイユをのせる。

午ぼの紅茶

カラー106ページ

牛肉

①牛＊のフィレ肉を1人分に切り出し、羅臼昆布で全面を覆って丸一日昆布締めにする。

②①の昆布をはずし、サラダ油を敷いたフライパンで肉の表面に焼き目がつくまで焼く。

③サラダ油を51℃に温めたオイルバスの中に②を入れ、1時間40分加熱する。

④③の肉を取り出して51℃の恒温庫で30分ほどやすませる。

⑤熾した炭火の上にリンゴの枝をのせて、④の肉を遠火で焼いて燻香をまとわせる。

⑥⑤の肉を取り出して恒温庫で再度やすませる。

⑦提供直前にサラダ油を熱したブランチャで⑥を香ばしい色と香りが出るまで焼き上げ、スライスする。

＊牛▶石川県産の「能登牛」のA5ランクの中でも最高級ランクの「能登牛プレミアム（A5P）」を使用。サシが細かく入り、きめ細かく柔らかな肉質。脂にはオレイン酸が豊富に含まれ、甘みのある味わい

ゴボウのだし

①ゴボウのささがきを食品乾燥機で乾燥させる。

②ネギを適宜の大きさに切り、炭火で香ばしい香りが出るまで焼く。スライスして食品乾燥機で乾燥させる。

③干しシイタケ、ヤマドリタケモドキ（乾燥させたもの）、大豆、スルメイカ、昆布を一晩浸けおいた水を沸かし、アクをこまめに取りながらだしを引く。

④③の風味が液体に移ったら漉して醤油、ミリンを加えて味をととのえ、花カツオを加えて香りが出たら漉す。

⑤①と②を紅茶用のプレス式ティーポットに入れる。

仕上げ

①お椀に牛肉を盛り、上にマイクロシュンギクやカラシナ、ピノグリーン、赤カラシナ、食用花をたっぷりと盛る。

②客席に①と、プレス式ティーポットに入れた乾燥ゴボウとネギ、鍋で温めただしを一緒に運ぶ。

③客前で②のティーポットにだしを注いでプレスし、だしを仕上げる。

④③をお椀に注いで立ち上る香りとともに味わってもらう。この時、肉と野菜だけを食べてだしは飲み干さずに取りおくようすすめる。

ニシンニハソパスタ

カラー107ページ

①ソバ粉＊80g、デュラムセモリナ粉20g、全卵50g、E.V.オリーブオイル（新物）と塩各適量をボウルに合わせて混ぜる。

②①をひとまとめにして5～6時間ほど冷蔵庫でやすませる。

③②を厚さ約1mmにのばし、幅1mmのパスタマシンにかけて断裁する。

④③を提供直前に沸いた湯でさっとゆでる。氷水で急冷した後、水気をきる。

⑤④を皿に盛り、上に芽ネギを散らし、E.V.オリーブオイルをふる。客席に別皿に盛った粗塩とともに運び、好みで塩をまぶしたり、一皿前の午ぼの紅茶のだしにくぐらせて食べるようすすめる。

＊ソバ粉▶石川県・珠洲市で栽培されたソバの在来種を挽いたもの。新ソバを使用

＊「ぷりん」「みりんご」「ミニャルディーズ」は解説省略

2

岸田周三
Quintessence

ホタルイカのサブレ
カラー116ページ

サブレ

①薄力粉、バター、塩、アーモンドパウダー、少量のパルミジャーノを合わせ、まとまるまで混ぜ合わせる。
②①を長方形の型に厚さ1cm程度になるよう入れて、冷蔵庫で冷やす。
③②を型から出して1.5cm×2.5cmの長方形に切り、180℃のオーブンで10分間焼く。

ホタルイカのソテーとペースト

①ホタルイカの目とクチバシを取り除き、胴、脚、内臓に分ける。
②①の胴に軽く塩をふり、オリーブオイルを敷いたフライパンで表面がカリカリに香ばしくなるまで焼く。
③きざんでオリーブオイルで炒めた①の脚、オリーブオイルでしっかりと炒めた①の内臓、みじん切りにしてオリーブオイルで炒めたタマネギとニンニク、ごく少量の塩を合わせて叩き、ペースト状にする。

仕上げ

サブレにホタルイカのペーストをぬり、ホタルイカのソテーをのせる。その上にシブレットとニワトコのつぼみを飾って、皿に2つ盛る。

ガスパチョ・ペティアン
カラー116ページ

①みじん切りにしたトマト、山ウド、ホワイトセロリ、焦げるまでローストした赤パプリカと、ぶつ切りにした生のアマエビの身、サフラン、ハマグリのジュ（解説省略）、マスカットヴィネガー、ヴェルジュ、少量のオリーブオイルを合わせ、味がなじむまで冷蔵庫に置く。
②提供前にきざんだバジルの葉とライム果汁を加え混ぜ、炭酸ガスを注入する。ショットグラスに入れて提供する。

山羊乳のバヴァロワ
カラー117ページ

①ヤギ乳と生クリームを合わせ、水でもどした板ゼラチンを加え混ぜて、冷蔵庫で冷やし固める。
②ユリネを塩ゆでし、1片ごとにばらす。
③①を器に盛り、上からE.V.オリーブオイル*をかけて、②のユリネとマンドリンカッターでスライスしたマカダミアナッツをのせる。フルール・ド・セルをふる。

*E.V.オリーブオイル▶時季によって、主にフランス産とイタリア産2～3種をブレンドして使用。グリーンオリーブから作られたものと黒オリーブのものを混ぜ合わせ、すがすがしい青い香りながらも角がとれたまろやかな味わいをめざす

フォワグラ、オーベルジーヌ、アリーバ
カラー118ページ

焼きナス

①ナスを1cmの厚さに切り、塩をふって少しおき、出てくる水気をふき取る。
②オリーブオイルを敷いたフライパンに①を置き、両面に焼き目がつくまで焼く。
③②をバットに取り、熱いうちにシェリーヴィネガーとアップルヴィネガーをふる。粗熱をとり、冷蔵庫で冷やす。

カカオのチュイル

①全粒粉、水、カカオエピス*、バター、ごく少量のマルトデキストリンをよく混ぜる。
②①をクッキングシートを敷いた天板に薄くのばし、180℃のオーブンで5～6分間焼く。三角形に切り出す。

*カカオエピス▶不二製油（株）が製造・販売する調理用チョコレート。砂糖を含まず、カカオ特有の風味成分とココアバターをバランスよく配合して作られる。エクアドル産アリバ種のカカオを使用

サラダ

オキサリス、マンネングサ*、ツボスミレ*、テイラギ*、ニリンソウの花を、E.V.オリーブオイル、塩、赤ワインヴィネガーで和える。

*マンネングサ▶ベンケイソウ科の多年草で、肉厚な葉を持つ

*ツボスミレ▶スミレ科の多年草で、白い小さな花を咲かせる。食用とされることは少ないが、日本各地に分布する

*テイラギ▶オランダガラシの日本での通称。ヨーロッパ原産のクレソンが帰化したもの

仕上げ

①皿にカカオのチュイルを置き、チュイルからはみ出さない大きさの長方形に切ったフォワグラのテリーヌ*とナスを2枚ずつ、計4層になるよう重ねる。
②カカオのチュイルをのせ、サラダを上に盛る。

*フォワグラのテリーヌ▶フォワグラ（鴨）を掃除し、塩、コショウ、砂糖などでマリネして専用の袋に入れて真空にかけ、湯煎にかけて加熱。それをテリーヌ型に詰めて、冷やしたもの

ホワイトアスパラガスのベニェとアイナメ
カラー119ページ

ホワイトアスパラガスのベニェ

①ホワイトアスパラガスの皮をむき、根元の硬い部分を切り落として、塩をふる。
②①にベニェ生地（解説省略）をまとわせ、高温のサラダ油に入れて生地が色づくまで3～4分間揚げる。油をきる。

アイナメのタルタル

①アイナメをサクに取り、小さめのそぎ切りにする。
②①、薄切りにしてヴェルジュに漬けたエシャロット、落花生のピクルス（解説省略）、みじん切りにしたミョウガタケ*とドライトマト、きざんだセルフイユ、ディル、タイム、エストラゴン、E.V.オリーブオイル、塩を混ぜ合わせる。

*ミョウガタケ▶ミョウガの茎を軟白栽培し、収穫前に日にあてて色づけしたもの。シャキシャキとした触感でやさしい風味を持つ

仕上げ

①ホワイトアスパラガスのベニェを皿に置き、アイナメのタルタルをのせる。
②スライスしたエシャロットのピクルス（解説省略）、タマネギの薄皮、ニワトコの葉、クレソンの花をバランスよく飾る。

グルヌイユのムニエル

カラー120ページ

グルヌイユのムニエル

①活けのカエル（兵庫県・淡路産）の頭を落とし、皮をはぐ。脚と腕を切り出す。
②①の脚と腕に塩をふり、出てくる水分をしっかりとふき取る。
③②に強力粉をまぶし、オリーブオイルを敷いたフライパンで全面が香ばしくなるまで焼く。

フレーク

砕いたヘーゼルナッツ、アンチョビー（フィレ）、みじん切りにしたニンニクを香ばしく炒める。

スナップエンドウ

スナップエンドウをさっとゆでて細切りにし、塩をふる。バターで軽く温める程度にソテーする。

アーティチョーク

アーティチョークのがくの部分を適宜に切り、クールブイヨン（解説省略）とレモン果汁でさっと炊く。塩、オリーブオイルをふる。

仕上げ

①皿にグルヌイユのムニエルを置き、フレーク、スナップエンドウ、アーティチョークを全体に散らす。
②オゼイユとヤブガラシ*の葉をのせる。

*ヤブガラシ▶ブドウ科のツル植物。日本各地に広く分布しており、若芽を食用とすることがある

イサキのポワレ

カラー121ページ

イサキのポワレ

①イサキを三枚におろし、塩をふる。
②オリーブオイルを敷いたフライパンに、①の皮目を下にして置く。皮目が香ばしくパリパリになったら、面を返して身側もさっと焼く。
③②を耐熱皿に移し、300℃のオーブンにさっと入れて取り出し、やすませて余熱で火を入れ、中心をレアに仕上げる。
④提供前に③を300℃のオーブンで熱々になるまで温め直す。3〜4cmの厚さに切り分ける。

ノリのソース

①みじん切りにしたタマネギ、エシャロット、ニンニクをオリーブオイルで炒めて、白ワインとフュメ・ド・ポワソン（解説省略）を入れ、しっかりと煮詰める。
②①にアオサ、イワノリ、ホンダワラを入れて軽く煮て、塩抜きしたケイパー、グリーンペッパー、甘夏果汁を加える。仕上げにバターでモンテし、適宜に切ったコシアブラを加える。

付合せ

①ソラマメをサヤから取り出し、熱湯にさっとくぐらせる。
②乾燥のモリーユをよく掃除して、水でもどす。もどし汁は取りおく。
③みじん切りにしたタマネギとニンニクを炒め、②のもどし汁を加えて煮詰める。
④③に②のモリーユとフレッシュのモリーユをきざんで入れる。少量のバターを加え、薄皮をむいた①のソラマメを入れてさっと煮る。

仕上げ

①皿にノリのソースをバランスよく流し、イサキのポワレを一切れは断面を、もう一切れは皮目を見せて盛る。
②半分に切ったオオナルコユリ*とアケビの芽をオリーブオイルを敷いたフライパンで焼く。
③①に付合せを添え、②を上にのせる。

*オオナルコユリ▶ユリ科アマドコロ属の多年草。根やほのかな甘みのある芽を山菜として食用する

仔バトの
ドゥミ・アンクルート・グリエ

カラー122ページ

仔バトのドゥミ・アンクルート・グリエ

①仔バト（フランス・ラカン産）をコフルと腿肉に分け、それぞれ弱火のフライパンで皮目を焼く。徐々に火を強め、皮目の位置を動かしながら、皮目全体に香ばしい焼き色がつくまで焼く。
②①の肉を240℃のオーブンにさっと入れる。その後、温かい場所でやすませる。
③②のオーブンに入れてはやすませる作業を4〜5回ほどくり返し、肉の中心が4〜5割程度の火入れ（ロゼ色になる手前）になるよう仕上げる。

④③のコフルから胸肉を切り出し、皮の反対の面にアンクルート用の生地（後述）をぬって、フライパンで焼く。腿肉も同様に焼く。
⑤生地に香ばしい色がついたらグリラーに移して、皮の面を香ばしく焼く。胸肉は半分にカットする。

アンクルート用の生地

①薄力粉、強炭酸水、イースト、卵黄、少量の塩を混ぜ合わせる。
②①に九分立てにした卵白を加えてさっくり混ぜる。
③②にラップ紙をかけて発酵するまでおく。

ソース

①5mm角に切ったタマネギとエシャロット、みじん切りにしたニンニクをオリーブオイルで炒めて、白ワインを入れて水分がほぼとぶまでしっかりと煮詰める。
②①にブイヨン・ド・ヴォライユ、フォン・ド・ヴォー（ともに解説省略）を加えて、さらに煮詰める。
③②にバター、5mm角に切ったグリーントマト、きざんだカモミール、コアントロー（1970年製）を順に加える。

付合せ

①レンズマメ、適宜に切ったタマネギ、ニンニク、グアンチャーレ、ブイヨン・ド・ヴォライユを鍋に合わせて煮る。
②皮をむいて小さめの乱切りにしたジャガイモを加え、柔らかくなるまで煮る。ジャガイモの皮は取りおく。
③②に約20種の香辛料をごく少量ずつ加える。

*約20種の香辛料　クミン、フェンネル、キャラウェイ、アニスなど、その時に常備する香辛料20種ほどを使用

ジャガイモの泡

①取りおいたジャガイモの皮をひたひたの水で20分間ほど煮て香りを移す。漉す。
②①にバターを加え、ハンドミキサーで泡立てる。

仕上げ

皿に仔バトのドゥミ・アンクルート・グリエ、付合せ、長さ1〜1.5cmほどのごく小さな早摘みのラディッシュ、ジャガイモの泡をバランスよく盛る。全体に

ソースをかける。

＊「モンブリアック」「ソルベ 木の芽、ショコラ」「発芽玄米のリ・オ・レ」「焼きたてのガトー・フレーズ・カシス」「メレンゲのグラス」「ピスタチオのキャラメル」は解説省略

3–01

生井祐介
Ode

2017年12月のコース

ドラ○ン ボール
カラー130ページ

①カカオバターを熱した鍋に、適宜に切ったオマールの殻を入れて強火で焼きつけ、それぞれ適宜に切ったニンニク、タマネギ、ニンジン、セロリを加えてじっくり炒める。トマトペーストを加え、炒め合わせる。
②①に水を加えて沸かし、アクを引きながら1時間煮出す。漉して、そのまま冷やす。
③②が冷えて油脂とだしの2層に分かれたら、油脂は取りおき、だしはさらに煮詰めて、生クリームとマスカルボーネを加え混ぜる。
④③を半球形のシリコン型に流して冷やし固め、2つを合わせて球形にする。
⑤赤い食紅入りのカカオバターシート（市販品）を小さなクッキーカッターで星形に抜き、④に貼り付ける。
⑥③で取りおいた油脂を鍋に入れて温める。ここに、楊枝に刺した⑤をくぐらせてコーティングし、冷やし固める。
⑦紫色の台座を置いた蓋付きの器に⑥を置く。

フォアグラ／玉ねぎ／いぶりがっこ
カラー130ページ

メレンゲ

①タマネギをスライスし、サラダ油を敷いた鍋でじっくり炒める。途中塩を加えてさらに炒め、キツネ色になったら取り出し、裏漉しする。水飴を加え混ぜる。
②卵白と乾燥卵白を合わせて泡立て器で硬く泡立て、①を合わせる。絞り袋に入れてクッキングペーパーを敷いた天板に絞り、68℃の食品乾燥器に4時間入れて乾燥させる。

フォワグラムース

①掃除したフォワグラ（鴨）を適宜にス

ライスし、アーモンドオイルを温めた鍋で両面を色よく焼く。
②①に生クリームを注いで沸かし、フォワグラに火が通ったら取り出す。
③②のフォワグラをミキサーにかけ、塩とハチミツで味をととのえる。いぶりがっこの小角切りを加え混ぜる。
④③を絞り袋に詰めておく。

2種のパウダー

①タマネギの皮をオーブンで焦がし、食品乾燥器で充分に乾燥させる。ミルサーにかけてパウダーにする。
②ほうじ茶の葉をミルサーにかけ、パウダーにする。煎ってから細かく砕いたアーモンドと合わせる。

仕上げ

①メレンゲの底を削って空洞を作り、フォワグラムースを絞り入れる。
②アーモンド入りの焙じ茶パウダーを①のメレンゲの底に付け、焙じ茶の茶葉を敷いた器に盛る。タマネギの皮のパウダーをふる。

ゴールデンキャビア／ジャガイモ
カラー130ページ

①皮をむいたジャガイモをたっぷりの湯でゆがき、裏漉ししてなめらかにする。
②①に卵黄、サラダ油、塩、コショウ、ヴァニラペーストで作ったマヨネーズ（解説省略）を混ぜ合わせ、サイフォンに詰めてガスを充填する。
③ゴールデンキャビア（ニジマスの卵）にヴァニラオイルをからめる。
④グラスに②を絞り入れ、③をのせる。小菊の花びらとディルの花を飾る。

鰯／尾崎牛／黒ニンニク
カラー132ページ

イワシ

①イワシをおろしてフィレにし、塩をふって15分間おく。表面ににじみ出た水分をキッチンペーパーでふき取る。
②スモークガンにローズマリーを詰めて火をつけ、①を入れたバットに煙を充満させて蓋をし、香りを移す。提供直前に赤ワインヴィネガーをからめる。

牛肉

牛（宮崎県産尾崎牛）の外腿肉を小角に切り、バーナーでさっとあぶる。エシャロットとローズマリーのみじん切り、塩、E.V.オリーブオイルを合わせてタルタルとする。

レモンクリーム

①レモンを皮ごとアルミ箔で包み、250℃のオーブンで40〜50分間焼いてとろとろの状態にする。
②①を半分に切り、種を取り除く。裏漉しし、E.V.オリーブオイルとハチミツ、塩で味をととのえる。

黒ニンニクマヨネーズ

卵黄、バルサミコ酢、マスタード、黒ニンニクのペースト（解説省略）、塩、サラダ油を合わせてよく混ぜ、マヨネーズを作る。

イワシのメレンゲ

①サラダ油を敷いた鍋にイワシの頭、骨、少量のアンチョビー（フィレ）を入れ、つぶしながらじっくり炒める。
②①に生クリームを入れて沸かし、½量になるまで煮詰める。
③②をミキサーにかけ、シノワで漉す。水飴を加えて濃度をつける。
④卵白と乾燥卵白を合わせて硬く泡立て、途中で③を加えてさらに泡立てる。
⑤クッキングペーパーを敷いた天板に④をシート状にのばし、68℃のオーブンで1時間ほど乾燥させる。

ウイキョウのサラダ

ウイキョウを薄くスライスし、塩とレモン果汁で和える。

仕上げ

皿にレモンクリームを敷き、イワシ、ウイキョウのサラダ、黒ニンニクマヨネーズを順に重ね、適宜に割ったイワシのメレンゲで覆う。

白子／椎茸／ロベール
カラー132ページ

シイタケのデュクセル

シイタケをみじん切りにし、ラードとバターを熱した鍋でじっくり炒める。塩をふる。

ヴィエノワーズ

①アーモンドパウダー、パン粉、溶かしバター、すりおろしたグラーナ・パダーノ、少量のシイタケのデュクセルを合わせてフード・プロセッサーにかける。
②①をクッキングシートの上にシート状にのばし、冷蔵庫で冷やしてから適宜の大きさに切り分けておく。

キノコのパウダー

数種類のキノコを68℃の食品乾燥器で4時間乾燥させ、ミルサーにかけてパウダーにする。

豚皮のせんべい

①豚の皮を専用の袋に入れて真空にかけ、100℃のスチームコンベクションオーブン（以下、スチコン）で加熱し、とろとろの状態にする。
②①を冷やして脂の層をこそぎ取り、ごく薄い板状にする。完全に乾かしてから、170℃のサラダ油で揚げる。

ソース・ロベール

白ワインを約⅓量になるまで煮詰め、マスタード、ジュ・ド・ポー、フォン・ド・ヴォー（ともに解説省略）を加えてなじませる。塩、コショウで味をととのえる。

白子

タラの白子を掃除してさっとゆがく。

仕上げ

①白子の上にシイタケのデュクセルをのせ、ヴィエノワーズを重ねてサラマンドルで香ばしく焼く。
②皿にソース・ロベールを流し、①を盛る。豚皮のせんべいを被せてキノコのパウダーをふる。

イカスミ／アオリイカ／
コリアンダー
カラー132ページ

イカスミのソース

①サラダ油を敷いた鍋でニンニクのみじん切りを炒め、アオリイカのスミ袋を加えて香ばしく炒める。
②①にトマトソース（解説省略）を加えてさっと沸かし、ミキサーにかけてなめらかにする。シノワで漉してイカスミのペーストとする。
③アサリを殻ごと水から煮出し、漉す。

だしを煮立ててバターでモンテする。
④③に②を加え混ぜる。

イカスミうどん

①中力粉、塩、水、イカスミを合わせて練り、うどん生地を作る。
②①をやすませてからのばし、切り分ける。

仕上げ

①アオリイカに隠し包丁を細かく入れ、細く切り分ける。
②イカスミうどんを熱湯でゆでる。
③イカスミのソースを鍋に入れて火にかけ、①と②を入れてからめる。
④皿にセミドライトマト*を置き、③を盛る。E.V.オリーブオイルとレモン果汁、塩で和えたマイクロコリアンダーをのせる。

*セミドライトマト▶横半分に切ったプティ・トマトに塩をふり、食品乾燥器で2時間ほど乾燥させて、E.V.オリーブオイルに浸したもの

ケール／牡蠣／豚耳
カラー134ページ

豚耳のソース

①ソミュール液に1日浸けた豚の耳をゆでる。3時間ほどゆでたら、きざんだタマネギ、ニンジン、セロリ、ニンニクを入れ、さらに1時間ゆでる。火を止め、そのまま冷ます。
②①から豚の耳を引き上げて角切りにする。
③フォン・ド・ヴォーに、塩抜きをしたケイパーとシェリーヴィネガーを入れて沸かし、②を加える。必要なら塩で味をととのえる。

カリフラワーのエスプーマ

①カリフラワーを薄切りにし、バターを温めた鍋でじっくり炒める。焦げつきそうになったら適宜水を足し、飴色になるまで炒める。
②①に生クリームと牛乳を加えてさっと沸かし、ミキサーにかけてなめらかにする。塩とクミンパウダーを加えて味をととのえ、サイフォンに詰めてガスを充填する。

ケールのパウダーとフリット

①ケールの葉の太い葉脈を取り除き、食品乾燥器で4時間ほど乾燥させる。

②①の一部をミルサーでまわし、パウダーにする。残りを160℃のサラダ油で素揚げし、パリッとさせる。

牡蠣のムニエル

①牡蠣を殻からはずし、56℃の湯で7～8分間温める。
②①の水分をふき取り、薄力粉をまぶす。バターを温めたフライパンでムニエルにする。

仕上げ

皿に牡蠣のムニエルを盛り、豚耳のソースをかけ、カリフラワーのエスプーマを絞る。ケールのフリットで覆い、ケールのパウダーをふる。

すじあら／青海苔／黒米

カラー134ページ

すじあら

①店で2週間ほど熟成させたスジアラをおろし、フィレにする。1人前のポーションに切り分けておく。骨は取りおく。
②①の骨を、塩を加えた水で煮出し、フュメをとる。

黒米のパフ

①黒米を多めの水と合わせて火にかけ、煮崩すようにしてゆでる。
②①がもったりしたお粥状になったらクッキングシートの上に広げ、5時間ほど食品乾燥器にかけて乾燥させる。
③②を適宜の大きさに割って、170℃のサラダ油でパリッと揚げる。

昆布と柚子のペースト

昆布を柔らかく煮て、黄ユズの皮と塩、太白ゴマ油とともにフード・プロセッサーにかけてペーストにする。

ホウレンソウのペースト

チヂミホウレンソウをゆでる。水気をきって裏漉しし、ディジョンマスタードを加え混ぜる。

オカヒジキ

オカヒジキを5秒間ほど湯通しし、塩、白ワインヴィネガー、E.V.オリーブオイルで和える。

青ノリのスープ

スジアラのフュメを温め、水で溶いた葛粉でとろみをつける。提供直前に青ノリを加える。

仕上げ

①鍋にスジアラのフュメを沸かす。スジアラを入れたら火から下ろし、そのまま余熱で火を入れる。引き上げてクミンシードをのせ、ラルドのスライスを重ねる。
②皿に①とオカヒジキを盛り、黒米のパフを適宜割ってのせ、ナスタチウムの葉を飾る。パフの上に、昆布と柚子のペーストとホウレンソウのペーストを少量ずつ絞る。温めた青ノリのスープを客席で注ぐ。

猪／黒ビール／黒キャベツ

カラー134ページ

猪のソース

①イノシシ（佐賀県産）をさばいた時に出た骨を、適宜に切ったタマネギ、水、黒ビールとともに鍋に入れて火にかけ、4時間煮出す。
②①を漉して½量になるまで煮詰め、フォン・ド・ヴォーを加え、さらに煮詰める。
③②にディジョンマスタードとちぎったフォカッチャを加え、ひと煮立ちさせてから裏漉しする。

セープのエスプーマ

①鍋にバターを温め、セープをじっくり炒める。みじん切りのエシャロットと生クリームを加え、なじんだらすぐにミキサーにかけてなめらかにする。サイフォンに詰めてガスを充填する。

付合せ

①チリメンキャベツを専用の袋に入れて真空にかけ、100℃のスチコンで4～5時間加熱する。1枚ずつ開いて黒トリュフのスライスを挟む。
②黒キャベツをさっとゆがき、①を包む。さらに豚の網脂で包む。
③バターをたっぷり温めたフライパンに②を入れ、アロゼしながら温める。

ロース肉

①適宜に切り出したイノシシのロース肉を300℃のオーブンで1分間加熱し、取り出して約100℃の場所で5分間やすませる。これを1時間かけてくり返し、ゆっくり火を入れる。

②サラダ油を敷いたフライパンに①を入れ、さっと表面を焼きつける。

脂身

①イノシシの肩の部分にある脂身を切り出し、塩とカソナードを合わせたものをまぶし付け、ラップ紙を巻く。3日間ほど冷蔵庫に入れる。
②たっぷりの水を張った鍋にラップ紙をはずした①を入れて火にかけ、4時間ほど煮る。
③②を1人分に切り分け、提供時にサラマンドルで加熱する。

仕上げ

皿にロース肉と脂身、半分に切った付合せを盛る。猪のソースを流し、セープのエスプーマを絞る。

キャラメル／チーズ／洋ナシ

カラー136ページ

キャラメルエスプーマ

①グラニュー糖125gを加熱し、カラメル色になったら生クリーム（乳脂肪分38%）300gを加えて溶かす。
②卵黄60g、グラニュー糖25gを白っぽくなるまで泡立て器で撹拌し、温めた牛乳125gを少しずつ加えて混ぜ合わせる。
③②に①を加えて混ぜ、冷ます。サイフォンに入れ、ガスを充填して冷やしておく。

洋ナシのコンポート

①白ワイン150ccを沸かしてアルコール分をとばす。グラニュー糖80g、ハチミツ50gを溶かし入れ、レモン果汁50gを加える。
②①で、皮をむいて身を除いた洋ナシを煮る。仕上がりにアニスパウダーを適量ふる。

キャラメルチュイル

①ふるったグラニュー糖75gと薄力粉20gをボウルで合わせる。生クリーム20g、牛乳20g、溶かしバター25gを混ぜ合わせる。アーモンドダイス50gを混ぜ合わせる。冷蔵庫でやすませる。
②シリコンバットの上で薄くのばし、180℃のオーブンで8分間焼く。焼き上がったらすぐに取り出し、短冊状に切り、セルクルに巻いて筒型に成形

する。

きび糖のジョコンド

①全卵150gに、合わせておいたグラニュー糖100g、アーモンドパウダー100g、薄力粉50gを少しずつ混ぜ合わせ、泡立てる。
②卵白150g、きび砂糖70gをしっかりと泡立てる。
③①に②を加え、軽く混ぜ合わせる。澄ましバター20gを加える。
④型に流し入れ、5〜7分間焼く。

チーズのアイスクリーム

①クリームチーズ200gにグラニュー糖52gをすり混ぜ、生クリーム（乳脂肪分42%）200g、レモン果汁30gでのばす。水飴（ハローテックス）100g、マスカルポーネ50g加え、ハンドミキサーで混ぜ合わせる。
②パコジェット用のビーカーに入れて凍らせ、パコジェットにかける。

仕上げ

キャラメルチュイルを器にのせ、丸く抜いたきび糖ジョコンドを敷く。適宜に切った洋ナシのコンポート、チーズのアイスクリームを順にのせる。キャラメルエスプーマを絞り入れる。

アマゾンカカオ／藁／金柑
カラー136ページ

フォンダン

①カカオマス（アマゾンカカオ）200gを藁で燻製にする。
②①を溶かし、40℃まで冷まして溶かしバター140gを混ぜ合わせる。グラニュー糖100g、アーモンドパウダー50gを混ぜ合わせる。
③冷蔵庫から出し、30℃ほどの温度の全卵2個を②と混ぜ合わせる。
④型に入れ、220℃のオーブンで4分間焼く。急速冷凍する。切り分ける。
⑤提供時に、凍った状態を160℃のオーブンで3分間温める。

金柑のコンポート

①キンカン1パック分を半分に切り、種を除く。
②鍋に①、ハチミツ80g、白ワイン250ccを入れて火にかける。沸騰直前に弱火にし、20分間煮る。

藁のアイスクリーム

①牛乳500cc、生クリーム（乳脂肪分450g）で藁20gをアンフュゼする。
②①、卵黄180g、ハチミツ50gでアングレーズを炊く。パコジェット用のビーカーに入れて凍らせ、パコジェットにかける。

マカンボパウダー

①グラニュー糖200gを熱してキャラメルを作る。薄くのばし、砕く。
②マカンボ*をローストし、フード・プロセッサーで撹拌し、粉糖を少しずつ加える。
③①、②を混ぜ合わせ、パコジェット用のビーカーに入れて凍らせる。パコジェットにかける。

*マカンボ▶カカオの仲間の植物の種。濃厚なナッツのような風味

仕上げ

皿に金柑のコンポート、フォンダンを盛り、マカンボパウダーで覆う。藁のアイスクリームを添える。

---

*「小さなお菓子」は解説省略

2019年5月のコース

ドラ○ンボール
カラー131ページ

①作り方は203ページ「ドラ○ンボール」を参照。
②器に石を敷き、水を入れる。①を2つ盛り入れ、液体窒素を注ぎ入れて蓋をする。客前に運び、蓋を開けたら煙が出るプレゼンテーションとする。

しいたけ　昆布
カラー131ページ

しいたけのシガー

①しいたけ（生）をフード・プロセッサーでそぼろ状にし、結着させるための最少量の卵白を混ぜ合わせる。シート状にのばし、食品乾燥機に入れる。
②ある程度乾いて丸まってきたら、水をスプレーして平らにもどし、重石をのせて引き続き食品乾燥機で乾燥させる。この作業を半日ほどくり返し、乾燥して扱いやすい状態になったら適当な大きさに切り、円筒形の型に巻く。さらに半日ほど食品乾燥機で乾燥させる。

昆布とユズのピュレ

①ユズを丸ごとアルミ箔で包み、オーブンでローストする。
②昆布（だしをとった後のもの）を、水で柔らかく煮る。塩を加える。
③②をミキサーに入れる。①の種を除き、果肉、皮の白い部分、表皮も、仕上がりが苦くなりすぎないようバランスを調整してミキサーに入れる。撹拌してピュレにする。
④フレッシュのユズの果汁、すりおろした表皮を少量加える。

仕上げ

しいたけのシガーの中に、木ノ芽をピンセットで入れる。口の長いピペットを使い、昆布とユズのジュレを絞り入れる。ヒュミドール（葉巻用の保管箱）に入れて提供する。

桜エビ ココナッツミルク
カラー131ページ

サクラエビのケース

①サクラエビ（生）をサラマンダーで香ばしさが出るまで乾燥させながら焼く。その後食品乾燥機に移し、完全に乾燥させる。フード・プロセッサーで粉末状にし、目の細かい網で漉す。
②①、小麦粉、水を混ぜ合わせてまとめ、のばし、直径4cmのセルクルで抜く。冷蔵庫で1日ねかせる。
③160～170℃のサラダ油で1分間ほど、生地が膨らんでこんがりと色づくまで揚げる。油をきり、提供まで食品乾燥機に入れて余分な油を除く。

ココナッツミルクのベシャメル

小麦粉とバターを炒め、温めた牛乳を少量加え混ぜる。軽くのばしたら、温めたココナッツミルクを少しずつ加える。よく混ぜながら加熱し、炊く。

仕上げ

①ココナッツミルクのベシャメル（その営業で使用する量）を鍋で温め、ココナッツのリキュールを1滴たらす。ピペットに入れ、湯煎で温めておく。
②サクラエビのケースの底に小さな穴を開ける。ピンセットでマイクロコリアンダー、レモン果汁でマリネしたハッサクの果肉を少量入れた後、①をピペットで入れる。
③皿に盛りつけ、レモンの皮*をのせる。

*レモンの皮▶レモンの皮を細切りにし、さっとゆでてからレモン果汁でマリネする

白瓜 コリアンダーフラワー
カラー131ページ

①白ウリを5mmの厚さに切り、セルクルで中心の種の部分を抜く。皮を包丁でむく。
②ハーブオイル*で作ったマヨネーズ（解説省略）にコリアンダーのみじん切り、生カラスミを混ぜ合わせる。
③①に②をぬり、コリアンダーの花、アリッサム、エルダーフラワーを盛りつける。

*ハーブオイル▶鮮やかな緑色のオイル。パセリとワケギを生のままサラダ油とともにミキサーで撹拌し、漉す。
*生カラスミ▶膜が破れるなどして、干しカラスミとするのが難しくなったボラの卵を

塩漬けにし、瓶詰めにしたもの

トキシラズ 白ゴマ
カラー131ページ

①トキシラズを塩でマリネし、冷蔵庫で1日おく。適宜に切り、フライパンで炒めながらほぐし、しっかりと火を入れる。冷まし、冷蔵庫で冷やしておく。
②フード・プロセッサーで、①、サワークリーム、マスタードを撹拌して混ぜ合わせる。太白ゴマ油を少しずつ加えて乳化させる。
③②をタルトレット型（解説省略）に絞り入れる。
④白ゴマペースト、自家製の豆板醤、米酢を合わせてソースとする。
⑤③にトレハロースで作った薄い飴（解説省略）をかぶせ、④を絞る。白ゴマをふる。

グレー 2019
カラー133ページ

*作り方は203ページ「鰯／尾崎牛／黒ニンニク」を参照。

トリ貝 赤しそ 新タマネギ
カラー133ページ

新タマネギと赤ジソ

①新タマネギをアルミ箔で包み、皮ごと300℃のオーブンで40分間ローストする。
②冷めたら1枚ずつはがす。内側の柔らかい部分は、バーナーで焼いて焦げ目をつける（独特の匂いを取り除くため）。米酢と塩でマリネする。
③トリ貝を掃除してワタを取りはずす。身を沸騰直前の湯にさっとくぐらせる。少量のゆで汁とともにボウルに移し、氷水にあてて冷やす。一口大に切る。
④ナスを素揚げにし、氷水に落として皮を取り除く。水気をふき、細かく叩く。
⑤フルーツトマトを湯むきし、種を取り除いて粗いみじん切りにする。
⑥③、④、⑤、シェリーヴィネガー少量、クミンパウダー、塩、エシャロット、ミョウガそれぞれのみじん切り、E.V.オリーブオイルを混ぜ合わせる。②で巻き込む。
⑦赤ジソを軸ごと沸騰した湯に入れ、火からおろし、10分間ほどおく。赤ジソを引き上げ、残った汁にクエン酸、グラニュー糖を加えて紫蘇のジュース

とする。
⑧⑦の一部に少量のアガーを加え、薄くバットに流し、冷やし固める。セルクルで抜く。
⑨⑥を器に盛り、⑦の紫蘇のジュースをかけ、⑧の紫蘇のジュースのゼリーをかぶせる。

新タマネギのタルト

①トリ貝を掃除して出た端材でだしとる。このだしで、やや水分を多めにしてコメを炊く。
②①を紙を敷いたバットに入れて平らにのばし、食品乾燥機で乾燥させる。1人分の大きさに割り、サラダ油で揚げて膨らませる。
③トリ貝のワタを水分がとぶまで炒め、マスタードとともにミキサーでペースト状にする。②にぬる。
④新タマネギをごく薄切りにして水にさらす。水気をきり、オニオンヴィネグレット（解説省略）で和える。
⑤②に③をぬり、④をのせる。タマネギのパウダーをふる。「新タマネギと赤ジソ」の器の蓋にのせ、蓋を閉じて提供する。

ヤングコーン グリーンカレー 沢ガニ
カラー133ページ

ヤングコーン

ヤングコーンの皮をむき、残り1～2枚となったら根元に包丁で切り目を入れる。グリラーで皮ごと、表面に焼き色がしっかりとつくまで焼く。

グリーンカレーのサバイヨン

①湯煎にしたボウルに卵黄、水を入れ、白っぽくなるまで泡立て器でかき立てる。澄ましバターを少しずつ加えて混ぜ続け、乳化させる。グリーンカレーのペースト、クミンとニンニク風味の油、カニ味噌のペースト（すべて解説省略）を加え、味をととのえる。漉し、サイフォンに入れる。ガスを充填して冷やしておく。
②生ウニを、エシャロットのみじん切り、クミンパウダーで和える。
③器に②を入れ、①のエスプーマを絞る。

沢蟹のスナック

①活けのサワガニをコニャックに浸け

てからゆでる。引き上げ、バラバラの方向に向いているサワガニの脚を形よく整える。食品乾燥機で24時間乾燥させる。

②①を170〜180℃のサラダ油で揚げる。粗熱がとれたら、白味噌と自家製マヨネーズ（解説省略）を合わせたソースを絞り入れる。

仕上げ

沢蟹のスナックを、石と木を重ねた皿に盛りつける。グリーンカレーのサバイヨンとともに客前にセッティングする。焼きたてのヤングコーンを紙ナプキンで巻き、ヤングコーンの皮でゆるく縛ったものを手渡しする。根元を持ちながら皮をぐるりと回し、根元の切れ目から皮をはずすよう説明する。ヤングコーンは紙ナプキンごと手で持ち、グリーンカレーのサバイヨンをつけて食べるようすすめる。

ゴールドラッシュ 小柱 ブイヤベース

カラー135ページ

①鋳鉄の鍋で、包丁で芯から切り落としたトウモロコシの実、トウモロコシの芯とともに、貝のだし*でコメを炊く。炊き上がったら小柱を入れて蒸らし、一度お客にプレゼンテーションする。
②①を混ぜ合わせ、鍋にとり、貝のだし、バターを加えてリゾット状に炊く。炊き上がるタイミングで、生の実ザンショウの粗みじん切りを加える。
③器に盛り、モロヘイヤの片面に薄衣をつけてサラダ油で揚げたものをかぶせる。

*貝のだし▶アサリのだしとホタテのヒモのだしとをブレンドしたもの

ヒラスズキ 花ズッキーニ 新ショウガ

カラー135ページ

ブールブランソース

①ヒラスズキのフュメ（解説省略）をしっかりと煮詰め、貝のだしを加えてさらに煮詰める。煮詰めたベルモットを加える。
②よく冷やした角切りのバターを少しずつ加えて混ぜ、乳化させる。
③新ショウガの搾り汁、エシャロットのみじん切りを加えてすぐに漉す。緑の

ピュレ*を加える。
*緑のピュレ　ズッキーニの皮を炒め、パセリとともにミキサーで攪拌し、クロロフィルを加える

仕上げ

①ヒラスズキの身をエスカロップに切り、浅い器に入れ、上にバターをひとかけのせて蒸す。
②ざく切りにした花ズッキーニの花弁を、新ショウガの薄切り、塩と酢を抜いたハラペーニョのみじん切りとともに、バター、少量の水でクタクタになるまで炒め煮にする。
③ズッキーニを薄い輪切りにし、さっとゆでる。温蔵庫に入れておく。
④皿にブールブランソースを敷き、①をのせ、②をぬり、③を花弁のように巻いて盛りつける。

仔羊 アンチョヴィ

カラー135ページ

①仔羊の背肉を掃除し、芯を筒状に切り出す。掃除して出た端肉を挽肉にし、芯を包み込む。豚の背脂のシートで巻く。紐で結ぶ。
②①を専用の袋に入れて真空にし、サーキュレーターで芯温56℃になるよう加熱する。袋から取り出し、背脂ごとリソレする。60℃の温蔵庫に入れ、余熱で火を入れる。提供直前に背脂をはがし、1人分の大きさに切る。
③ソースを作る。鍋でブールノワゼットを作り、アンチョビー、ケイパーのみじん切りを加える。レモン果汁で味をととのえる。
④ベシャメルのエスプーマを作る。小麦粉とバターを炒め、ローズマリーをアンフュゼした牛乳を少量ずつ加えながらよく混ぜて加熱する。漉し、サイフォンに入れて湯煎にかけておく。
⑤ジェノベーゼを作る。素揚げしたゴーヤ、さっとゆでたバジル、ローストした松ノ実とピスタチオ、パルミジャーノ、オリーブオイルをパコジェット用のビーカーに入れて凍らせる。パコジェットにかけ、ピュレにする。
⑥ソラマメ、スナップエンドウ、サーベルインゲンをゆでる。スナップエンドウはさやから豆を取り出す。これらをジャガイモのニョッキ（解説省略）とともに⑤で和える。
⑦皿に③を敷き、②を盛りつける。④

を絞り、⑥を添える。⑥にタイバジル、サリエット、エンドウマメの花、タイムをのせ、ベロニカを添える。

マンゴー オレンジフラワー

カラー137ページ

マンゴーシート

マンゴーのピュレ200g、レモン果汁250g、グラニュー糖25g、アガー10gを溶かし、バットに流してシート状に冷やし固める。丸く抜く。

オレンジフラワーバタークリーム

①牛乳250g、卵黄40g、グラニュー糖160gでアングレーズを作り、32℃になるまで冷ます。
②柔らかくしたバター450gに、①をハンドミキサーで混ぜながら少しずつ加える。適量のオレンジフラワーアロマで香りをつける。

トマトスープ

トマトの種を取り除き、適宜に切り、塩で半日マリネする。ミキサーで攪拌し、紙で1日間かけて漉す。

シャンパンジュレ

シャンパーニュ150gと白ワイン100gを熱してアルコール分をとばし、グラニュー糖20g、レモン果汁30g、アガー40gを混ぜ合わせる。容器に入れて冷やし固める。フード・プロセッサーで攪拌して細かいジュレにする。

仕上げ

①器にシャンパンジュレ、オレンジフラワーバタークリームを順に盛り入れる。
②①に2cm角に切ったマンゴーの果肉、水でもどしたミニタピオカをのせ、マンゴーシートをかぶせる。
③トマトスープを流し入れ、ヤグルマソウの花をのせる。

アマゾンカカオ サマートリュフ

カラー137ページ

アイスアパレイユ

①牛乳300g、生クリーム（乳脂肪分38%）200g、卵黄100g、グラニュー糖30g、水飴（ハローデックス）30g、乳化剤（SOSA社 グリセリン）20gでアングレーズを炊く。

②アマゾンカカオ100gに①を加え、混ぜ合わせる。
③トリュフオイルを加え、パコジェット用のビーカーに入れて凍らせる。
④パコジェットでまわし、きざんだサマートリュフを適量加える。型に流し入れ、スティックを刺して凍らせる。

コーティングチョコレート

クーベルチュール（ヴァローナ社・グアナラ）200g、グレープシードオイルを溶かし混ぜる。カカオニブを加える。

仕上げ

凍ったアイスアパレイユをコーティングチョコレートで覆う。カカオニブを入れた器に刺して提供する。

メロン ラベンダー
カラー137ページ

メロンマリネ

メロンの青い硬い部分を、リボン状にスライスする。シャルトリューズとシロップを混ぜ合わせ、メロンをマリネする。

メロンジュレ

①白ワイン、シャルトリューズ、ペルノーでマリネしたメロンを、ハンドミキサーで撹拌する。漉す。
②①を200gとり、アガー12g、シャルトリューズ15g、グラニュー糖50gを混ぜ合わせる。

ブランマンジェ

牛乳200g、生クリーム（乳脂肪分42%）200g、グラニュー糖40gを煮溶かし、アマレット30g、ゼラチン6gを加える。バットに流して固め、丸く抜く。

ラベンダーアイスクリーム

①牛乳600g、生クリーム350gを加熱し、フレッシュのラベンダー15gをアンフュゼする。
②漉した①、卵黄200g、グラニュー糖60g、水飴（ハローデックス）30gでアングレーズを炊く。
③パコジェット用のビーカーに入れて凍らせ、パコジェットにかける。

ハーブオイル

グレープシードオイル100g、タデ1束、パセリ10g、ディル20g、フェンネル

20gをブレンダーで撹拌する。紙で半日かけて漉す。

タデのピュレ

タデ2束、グレープシードオイル50g、ハチミツ50gをミキサーでしっかりと撹拌する。

クランブル

ピスタチオペースト、ホワイトチョコレートを溶かして混ぜ合わせ、適量のマルトセックを加えてパウダー状になるまで混ぜ合わせる。

仕上げ

①皿にブランマンジェを置き、メロンジュレをのせる。
②メロンのマリネ、クランブルを添える。タデのピュレ、ハーブオイルをたらす。
③ブランマンジェとラベンダーアイスクリームをのせ、ディルを飾る。

＊「小さなお菓子」は解説省略

3-02

石井真介
Sincère

2018年5月のコース

金沢の岩牡蠣のミキュイ、軽やかなトマトと合わせて
カラー140ページ

岩牡蠣のミキュイ

①岩牡蠣を殻からはずし塩水（塩分濃度3%）に浸けて洗う。殻は仕上げ用に取りおく。
②別鍋で新たに塩水（塩分濃度3%）を沸かし、①を入れる。火を止め、そのまま15秒間おく。ボウルにあけて氷の上にあて、冷やす。

トマトのムース

①ヘタを取った熟れたトマトとフルーツトマトに重量の1%の塩をふり、ミキサーにかける。紙漉ししてそのまま一晩おく。
②①の液体に対し10%の増粘剤（プロエスプーマ COLD*）を加えてサイフォンに詰め、ガスを充填する。

＊プロエスプーマ COLD スペイン・SOSA社製の粉末状の増粘剤。通常泡立ちにくい素材も泡状にすることが可能

仕上げ

①みじん切りにしたエシャロット、シェリーヴィネガー、E.V.オリーブオイルを合わせて一口大に切った岩牡蠣のミキュイと和える。
②牡蠣の殻に①を盛り、トマトのムースを絞る。スライスしたプティ・トマト（赤・緑・黄）、シュンギクの葉、キクの花びらを飾る。
③黒い石を敷いた器に飾り用の牡蠣の殻、②を置いて客前で披露する。

アミューズ
カラー140ページ

1. パテを挟んだカカオドーナツ

①ホットケーキミックス、牛乳、全卵、アマゾン産のカカオパウダー*を混ぜ合わせる。
②ワッフルメーカーにドーナツ用のプレートをセットし、スプレーでサラダ油

を吹きかける。

③②にカカオニブを敷く。①を流してワッフルメーカーの蓋をし、7分間加熱する。

④提供直前に190℃のオーブンで③を1分間温め、ドーナツの大きさに合わせてカットしたパテ・ド・カンパーニュ*を挟む。専用の包み紙に入れ、木箱に盛る。

*カカオパウダー▶石井氏が使うカカオは、すべてアマゾン産カカオの卸売をする太田哲雄氏から仕入れる

*パテ・ド・カンパーニュ▶兵庫県・芦屋市と神戸市にあるシャルキュトリー店「メツゲライ・クスダ」のパテ・ド・カンパーニュを使用

2.朝食の一口

①営業時に残ったブリオッシュ生地をまとめて冷凍保存したものを薄切りにし、約3cmの正方形に切る。ほんのり焼き色がつくまでトーストする。

②冷凍したウズラの卵を流水に浸けて解凍する。殻の先端をカットしてそこから卵白を取り除く。

③籠を用意し、木の台の上に①、スライスしたブーダン・ノワール*の順にのせ、ブーダン・ノワールの表面にE.V.オリーブオイルをぬる。殻付きのまま②を置く。提供時にお客自ら殻を取って食べるようすすめる。

*兵庫県・芦屋市と神戸市にあるシャルキュトリー店「メツゲライ・クスダ」のブーダン・ノワールを使用

3.サーモンのムース

①サクに取ったサケを専用の袋に入れて真空にかけ、40℃のスチームコンベクションオーブン（以下、スチコン）で40分間加熱する。そのまま氷水に落として冷やす。

②①、クリームチーズ、牛乳、塩、コショウをミキサーにかけ、途中で八分立てに泡立てた生クリームを加えてさらに撹拌する。

③半球形のシルパットに絞り袋に入れた②を絞り出し、冷凍する。

④パイ生地の端材を集めてクッキングシートで挟み、平らになるように押して全体を均等に均す。直径2cmの型で抜き、180℃のオーブンで15分間焼く。

⑤鍋でノイリー・プラット、スライスしたエシャロットを火にかけ、⅒量になるまで煮詰める。生クリームを加えて

半量になるまでさらに煮詰め、塩、コショウをふる。水でもどした板ゼラチンを加え混ぜる。

⑥網に型からはずした③を並べ、熱い状態の⑤を表面にかける。④にのせ、少量のオレンジのジャム（解説省略）を絞り、冷凍したエディブルフラワーに液体窒素をかけて砕いたものをまぶす。木のプレートに盛る。

4.サザエのクロケット

①殻からはずしたサザエを、みじん切りにしたニンニク、エシャロット、白ワインとともに5分間ほど火にかける。サザエを取り出し、漉した煮汁に再度サザエを戻して粗熱がとれるまでおく。身と肝を分ける。

②バターを敷いたフライパンでみじん切りにしたニンニク、エシャロットを炒めて薄力粉を加える。

③サザエの肝とその煮汁、牛乳を②に加えて火が通るまで炊く。塩、コショウで調味する。

④半球形のシルパットに絞り袋に入れた③を絞り出してすりきり、薄切りにした①のサザエの身をのせる。冷凍する。

⑤型から抜いた④を合わせて球形にする。卵白にくぐらせて、竹炭パウダーを混ぜたパン粉（解説省略）をまぶし付ける。これをもう一度くり返し、パン粉を二度付けする。

⑥180℃のサラダ油で⑤を1分間揚げ、温かい場所でやすませる。提供直前に180℃のオーブンで軽く温め、上にマヨネーズ（解説省略）を絞って赤ジソの葉を飾る。

⑦石とサザエの殻を敷いた器に⑥を盛る。

5.ポワローのコルネ

①スライスしたポワローをバターで炒め、柔らかくなったら生クリームを加えて沸かす。ミキサーにかけて塩、コショウをふる。サイフォンに入れてガスを充填する。

②春巻きの皮（市販品）を20cm×4cmの帯状にカットし、オリーブオイルをくぐらせる。ステンレス製の棒に何重にも巻き付け、180℃のオーブンで10分間加熱する。

③②の粗熱がとれたら棒をはずして空洞に①を絞り、生ハムを巻く。マイクロセルフイユを飾る。石を敷いた器

に盛る。

6.五つの味のトマト

①常温においたプティ・トマトのヘタを取って洗い、キッチンペーパーで水気をとる。サラダ油を薄く敷いたバットに塩（英国・マルドン産）、黒コショウをまぶす。

②鍋でグラニュー糖と少量の水を沸かし、色づいてきたら水を張ったボウルに鍋底をあてて冷やす。

③竹串を刺したトマトの下半分を②にさっと浸ける。

④③の下半分を①に浸ける。足りないようであれば塩、黒コショウを適宜つける。竹串を抜き、ヘタのあったところにローズマリーの新芽を刺す。黒い器に盛る。

仕上げ

1〜6を同時に提供する。

大西洋クロマグロを根セロリやスパイスと合わせて

カラー142ページ

マグロ

サクに取ったマグロ（大西洋クロマグロ）の大トロの上身を薄切りにする。

根セロリのピュレ

①きざんだ根セロリをひたひたになるくらいの牛乳、生クリームに浸し、弱火で柔らかくなるまで煮る。

②①をミキサーにかけてピュレにして漉す。塩で味をととのえる。

カラマンシーのヴィネガーオイル

カラマンシーヴィネガー*、みじん切りにしたエシャロット、グレープシードオイルを混ぜ合わせて塩、コショウで味をととのえる。

*カラマンシーヴィネガー▶「フィリピンレモン」とも呼ばれる東南アジア原産の柑橘系フルーツ「カラマンシー」が原料のヴィネガー

カレーパウダー

①E.V.オリーブオイルにミックススパイス（マドラス）を混ぜ合わせ、温かい場所に2時間ほどおく。

②①を紙漉しし、液体窒素を注いで凍らせる。適宜砕き、ミルでパウダー状になるまで撹拌する。

パート・フィロ

30cm×40cmのパート・フィロ（市販品）を5枚用意し、表面にカレー粉（市販品）を混ぜた澄ましバターを刷毛でぬる。5枚すべてを重ね、クッキングシートで挟んで上から押して平らに均す。150℃のオーブンで12分間加熱する。

仕上げ

①マグロに塩をふり、薄切りにした根セロリをのせる。中央にカラマンシーのヴィネガーオイルをたらし、くるりと巻き込む。
②器に根セロリのピュレを敷いて①を盛り、砕いたパート・フィロを添える。根セロリの芽を飾る。
③②を客席に運び、客前でカレーパウダーをかける。

甘みを引き出した
ホワイトアスパラガスのムース
足赤海老やあおり烏賊の
食感のコントラスト

カラー142ページ

ホワイトアスパラガスのムース

①ホワイトアスパラガスの皮をむき、皮を塩水（塩分濃度1%）で8〜10分間、くたくたになるまで火にかける。
②①のホワイトアスパラガスを取り出し、皮と少量の煮汁とともにミキサーにかける。サイフォンに入れてガスを充填する。

ホワイトアスパラガス

ホワイトアスパラガスを、皮をむいて5分間ゆでて塩、コショウをふる。網バットにあけて粗熱をとる。

足赤海老

殻をむいて掃除したアシアカエビを軽くバーナーであぶり、塩、コショウをふる。一口大に切る。

あおり烏賊

①アオリイカの胴を開いて薄皮をはがし、格子状に切り目を入れる。一口大に切る。
②E.V.オリーブオイルを敷いた樹脂加工のフライパンで温めるように①に火を通す。

ハーブオイル

ハーブ（セルフイユ、イタリアンパセリ、ディルなどその時に手に入るもの）と同量のグレープシードオイルをミキサーにかけ、紙漉しする。

仕上げ

①皿にホワイトアスパラガスのムースを絞り、四等分にしたホワイトアスパラガス、足赤海老、あおり烏賊をバランスよく立体的に盛る。
②セルフイユ、ディル、アリッサム、キンセンカ、シブレットを盛ってハーブオイルをかけ、周囲に削ったカカオペースト、レモンの皮をふる。

フォアグラのコンフィを様々な
甘み、酸味と組み合わせて

カラー142ページ

フォアグラのコンフィ

血管、筋を除いたフォワグラ（鴨）を白ポルト、砂糖、塩、コニャック、カトルエピスとともに専用の袋に入れて真空にかけ、63℃のスチコンで15〜20分間加熱する。一晩ねかせた後、冷蔵庫で冷やす。

牛乳のブラマンジェ

半量まで煮詰めた牛乳に水でもどした板ゼラチンを加え、七分立てに泡立てた生クリームを加えてさっくりと合わせる。容器に流し、冷蔵庫で冷やす。

メレンゲ

①卵白をなめらかになるまで泡立て、グラニュー糖を加えてさらに混ぜる。グラニュー糖が溶けたら粉糖を加える。
②バットに①を流してクッキングシートを敷いて平らに均す。100℃のオーブンで3〜4時間加熱する。粗く砕く。

ビーツのチップ、パウダー

①適宜に切ったビーツと水を鍋で沸かし、水分がなくなるくらいの量になり、ビーツが柔らかくなったら取り出す。ビーツを少量の煮汁、塩とともにミキサーにかける。
②皮をむいた生のジャガイモを適宜にカットし、①に加えてさらに撹拌させ、とろみをつける。
③シルパットに0.5mm程度の厚さになるように②を流し、120℃のオーブンで12分間加熱する。その後90℃のオーブンで15分間加熱する。
④③を粗く砕き、うち少量をミルにかけてパウダー状にする。

ルバーブのコンフィチュール

①ざく切りにしたルバーブにグラニュー糖を加えてすり混ぜる。
②①を強火で20分間煮る。レモン果汁を加える。

ピスタチオのパウダー

ピスタチオオイルをマルトセック*と合わせてパウダー状にする。

*マルトセック▶スペイン・SOSA社製のタピオカ由来のマルトデキストリンと呼ばれる多糖で、油脂を吸着する性質を持つため、これを加え混ぜると油脂を粉末状にすることができる

仕上げ

①フォアグラのコンフィを1人分（20g）にカットし、皿に盛る。
②牛乳のブラマンジェ、メレンゲを奥に添え、スライスしたマンゴー（宮崎県産）を丸めてのせる。
③ビーツのチップを添えてビーツのパウダーをふる。ルバーブのコンフィチュール、ピスタチオのパウダーを横に添える。アマランサスとマイクロイタリアンパセリをマンゴーの上に飾る。

銚子の鱸をクラシックな
パイ包み"バーアンクルート"に
仕立てて

カラー144ページ

鱸

頭と内臓をはずしたスズキ（千葉県産）を三枚におろして1人分（45g）に切り出す。切れ端は花ズッキーニのクネル用に取りおく。

アメリケーヌソース

①オマールの頭、殻を200℃のオーブンで水分がなくなるまで焼く。
②適宜に切ったタマネギ、ニンジン、セロリ、ニンニクを水で煮出してから①と鍋に合わせ、トマトペースト（解説省略）を足してからめる。
③②にペルノー、白ワインを加えて煮詰め、水、フォン・ブラン・ド・ヴォライユ（解説省略）、スライスしたジャガイモを加えて2時間煮る。漉して鍋に戻し、さらに煮詰める。

④③にトマトソース*を加えて煮詰め、ブランデーを数滴たらす。

*トマトソース▶プティ・トマトをオリーブオイルとともに火にかけ、ミキサーでまわして漉したもの

ベアルネーズソース

①みじん切りにしたエシャロットを白ワイン、白ワインヴィネガー、ノイリー・プラットとともに火にかける。
②①と卵黄を合わせて湯煎にかけ、バターを少しずつ加えて溶かす。塩、コショウで味をととのえ、みじん切りにしたセルフイユを加え混ぜる。

花ズッキーニのクネル

①スズキの切れ端をミキサーにかけ、ホタテの貝柱を加えてさらに撹拌する。生クリームを加えて全体がなじんだら卵白、塩、カイエンヌペッパーを加えて再度ミキサーにかける。絞り袋に入れる。
②花ズッキーニの花の部分を切り落とし、めしべを取り除いて中に①を絞り入れる。ズッキーニ部分は仕上げ用に取りおく。
③②を180℃のオーブンで7分間加熱する。

仕上げ

①ワッフルメーカーにたい焼き用のプレートをセットし、スプレーでサラダ油を吹きかける。
②12㎝×7㎝のパイ生地（市販品）に鱸をのせて塩、コショウをふる。パイ生地をもう1枚被せて①にのせ、蓋をして12分間加熱する。
③皿にアメリケーヌソースを敷き、羽根を取り除いた②を盛る。
④取りおいたズッキーニをスライスしてオリーブオイルでソテーし、花ズッキーニのクネルとともに③の横に添える。ニンジンの葉を飾る。
⑤ベアルネーズソースを別容器に入れて添え、好みでつけて食べるようすすめる。

茨城県産小鳩を山菜と合わせて
カラー144ページ

小鳩の下処理

①丸の仔バト（茨城県産）を冷蔵庫の風があたる場所で1週間おく。
②①の内臓をはずし、胸肉（骨付き）と腿肉を切り出す。肝臓はソース用に取りおく。

胸肉

①仔バトの胸肉をサラダ油を敷いたフライパンでソテーし、焼き色をつける。塩、コショウをふる。
②炭を熾して網を渡し、①をのせて両面を香ばしく焼く。

腿肉

①腿肉の骨をはずし、中にフキ味噌*を詰める。楊枝で皮目をぬい合わせる。
②炭を熾して網を渡し、①をのせて両面を香ばしく焼く。

*フキ味噌▶素揚げしたフキノトウを塩ゆでし、水気をきって同量の味噌と混ぜ合わせてフード・プロセッサーにかけ、鍋で軽く火を入れたもの

ソース

①下処理で取りおいた肝臓をバターとともにミキサーにかける。
②鍋にジュ・ド・ブフ（解説省略）を入れて火にかけ、①を加えて煮詰める。塩、サンショウのパウダー（市販品）で味をととのえる。

山菜

①タラの芽、ウドの葉、行者ニンニクのつぼみを180℃のサラダ油で素揚げする。
②下ゆでしたコゴミ、生のコシアブラの各先端を1分間ゆでる。
③糠とともに2時間、竹串がさっと入るまでゆでたタケノコを氷水に落とし、薄くスライスする。バーナーで表面をあぶる。

仕上げ

皿にソースを円形に敷き、半身に切った胸肉をのせる。山菜をバランスよく盛り、腿肉を添える。

ストウブで炊き上げる
イワシとフォアグラ鉄鍋ごはん
カラー144ページ

米

①鋳物鍋（ストウブ社製）に洗った米（新潟県魚沼産コシヒカリ）40gと水48㎖を加えて蓋をし、鉄板にのせて中火で4分間加熱する。
②180℃のオーブンで①を11分間加熱する。オーブンから取り出して蓋をしたまま5分間蒸らす。

イワシ、フォアグラのソテー

①頭、内臓をはずしたイワシを三枚におろし、上身をサラダ油を敷いたフライパンでソテーする。
②血管を取り除いたフォワグラ（鴨）を①と同様にソテーする。

仕上げ

①炊き上がった米にイワシ、フォアグラのソテーをのせて黒七味トウガラシをふって木ノ芽を添え、ソース*を全体にかける。蓋をする。
②客席に①を運んで蓋を開け、粗く混ぜて食べるようすすめる。

*ソース▶鍋でタマネギ、ニンジン、セロリなど野菜の端材、端肉を赤ワイン、赤ポルトとともに炒め、醤油、日本酒、ハチミツを加えてさらに火にかけ、漉したもの。冷蔵庫で保存し、他の米料理にも用いる

苺 蓬
カラー146ページ

蓬のアイスクリーム

ヨモギのピュレ500g、トレモリン150g、脱脂粉乳500g、牛乳500g、生クリーム250g、グラニュー糖100gをミキサーで混ぜ合わせ、パコジェット用のビーカーに入れて凍らせる。パコジェットでまわす。

苺のソース

イチゴとその20%の重量のグラニュー糖をハンドミキサーで撹拌する。

仕上げ

皿にキャラメルソース（解説省略）を敷き、蓬のアイスクリームをのせる。苺のソースで和えたイチゴの角切りを盛りつける。日本酒のソースを添え、蓬のパウダー（ともに解説省略）をふる。

宇和島のブラッドオレンジと
オリエンタルハーブ
カラー146ページ

メレンゲ

卵白100g、グラニュー糖100g、粉糖100gを混ぜ合わせてしっかりと泡立てる。シリコンバットに絞り、100℃のオーブンで6時間、乾燥焼きにする。

ヴェルヴェーヌのムース

①生クリーム100g、グラニュー糖20gを鍋に入れて沸かし、煮溶かす。ヴェルヴェーヌ10gを加えて火からおろし、蓋をする。香りを移す。
②①を漉し、サイフォンに入れて冷やしておく。

ブラッドオレンジのアイスクリーム

①ブラッドオレンジの果汁100g、糖度が20%になる量のグラニュー糖をパコジェット用のビーカーに入れて凍らせる。パコジェットでまわす。
②①をボウルにとり、液体窒素を入れて泡立て器で攪拌する。パラパラとした粒状に仕上げる。

バナナのピューレ

バナナをきざみ、グラニュー糖とともに鍋に入れて火を入れる。火からおろしてレモン果汁を加え、ハンドミキサーで攪拌する。

仕上げ

①メレンゲを2つに切り、中にヴェルヴェーヌのムースを絞り入れて皿に盛る。
②ムースの上に、ブラッドオレンジの果肉、バナナのピューレを盛りつける。2色のパンジー、ナデシコの花弁、パクチーの芽を飾る。柑橘のパウダー（解説省略）をふる。
③客前でブラッドオレンジのアイスクリームを盛りつける。

---

*「石、苔、砂」は解説省略

2019年5月のコース

長谷川さんの
グリーンアスパラガスの
カプチーノと蝦夷鮑
カラー141ページ

グリーンアスパラガスのヴルーテ

①グリーンアスパラガス*の硬い部分の皮をむく。適宜に切り、多めのサラダ油でソテーする。一部を仕上げ用に取りおき、残りはブイヨン、フォン・ド・ヴォー（各解説省略）、水を加えて煮る。塩、コショウで味をととのえる。
②①をミキサーに移して攪拌し、生クリームを少量加える。粗めに漉す。

*グリーンアスパラガス▶北海道厚沢町、ジェットファームの長谷川博紀氏の栽培によるもの。風味が強く、かつ表皮が柔らかい。ここでは色がよく出るよう、細めのものを用いる

蝦夷鮑

①アワビを殻ごとよく洗う。専用の袋に入れて真空にし、90℃のヴァプールモードのスチコンで70分間加熱する。
②①を袋から取り出し、殻を外す。身にセモリナ粉と薄力粉を半々で合わせた粉をまぶし、180℃のサラダ油で20〜30秒間揚げる。

仕上げ

①皿にグリーンアスパラガスのヴルーテを流し入れ、食べやすい大きさに切った蝦夷鮑、仕上げ用に取りおいたグリーンアスパラガスのソテーを盛りつける。
②温めた牛乳をハンドミキサーで攪拌し、泡を①の表面の右半分ほどにのせる。セルフイユの花、アリッサム、ビオラの花を飾る。

アミューズ
カラー141ページ

1.ホタルイカとふわふわの岩海苔パン

①岩ノリのスポンジを作る。岩ノリ、薄力粉、卵を混ぜて粗めに漉す。紙コップに入れ、電子レンジで加熱する。
②ホタルイカをゆでる。目とくちばしを取り除く。
③①に②のホタルイカ、タプナードソ

ース（解説省略）、花穂ジソ、キクの花弁を飾る。

2.山利しらすとグリーンピースのタルト

①グリーンピースをゆで、ミキサーで攪拌してピュレにする。塩で味をととのえる。
②焼き上げたタルト生地（解説省略）に①を搾り入れ、釜揚げのしらす*、ゆでたグリーンピースを盛りつける。ビオラの花弁を飾る。

*釜揚げしらす▶和歌山県和歌山市にある、創業160年の老舗しらす店、「山利」のもの。地元の西脇漁港に水揚げされる、和歌山県北部加太（かた）沖のしらすを用いる

3.モンドールのグジェール

①モンドールと生クリームを鍋に入れて沸かし、よく混ぜてペースト状にする。
②シュー生地にクッキー生地（各解説省略）をのせて焼く。
③②の上から1/4ほどの場所を水平に切り、中に①を絞り入れる。チョリソーのスライスを挟んで上1/4の生地をのせる。アマランサスの若芽をのせる。

4.小さなパテアンクルート

①パイ生地（解説省略）を平らに焼き、長方形に切る。
②パテ・ド・カンパーニュ（解説省略）の上にコンソメジュレ（解説省略）を薄く流したものを直方体に切り、①にのせる。
③ナデシコの花弁、マスタードリーフ、アマランサスをのせ、シソのパウダーをふる。カシスのソース（解説省略）を3ヵ所に絞る。

5.小さな朝食

①ブリオッシュのスライスをトーストする。
②うずらの卵を冷凍し、卵黄を取り出す。
②ブーダンノワールのスライスを軽く焼き、①、②を順にのせる。

6.フォワグラと日向夏のキャンディー

①フォワグラのムースを作る。掃除したフォワグラをコンフィにし、裏漉しする。泡立てた生クリームを加えてムース状にする。半球型のシリコン型に入れ、凍らせる。型から取り出す。
③①を2つ1組とし、日向夏のコンフィ

チュール（解説省略）を中に入れて組み合わせ、球形にする。
④黄色に色付けたカカオバターで③をコーティングする。頂上に日向夏のコンフィチュールを絞り、ミントの葉をのせる。

仕上げ

1〜6を同時に提供する。

ホワイトアスパラガスと猿払の帆立とキャビアのサステナブルカクテル
カラー143ページ

ホワイトアスパラガスのムース

①適宜に切ったホワイトアスパラガス、生クリームを鍋に入れて沸かす。
②水分が適度にとんだらミキサーに移し、撹拌する。漉し、泡立てた生クリームを混ぜ合わせる。

仕上げ

①煮詰めたソース・アメリケーヌ（解説省略）をエスプーマ用のサイフォンに入れる。
②グラスの底にホワイトアスパラガスのムースを入れ、ゆでて小口切りにしたホワイトアスパラガスを入れる。①を絞り入れる。ホワイトアスパラガスのムースを重ねる。コンソメジュレを流し入れる。
③軽く塩をしたホタテ*を盛り入れ、ゆでたホワイトアスパラガスの穂先、キャビア*を盛りつける。ペンタス、ボリジ、シュンギクの芽、アマランサスを飾る。

*ホタテ▶国内有数のホタテの産地、北海道宗谷郡猿払（さるふつ）産のもの。プランクトンが豊富で冷たいオホーツク海で育ち、味が濃い

*キャビア▶ロシア産のオシェトラキャビア。サステナブルなキャビア生産に配慮し、チョウザメを殺さずに腹からキャビアをとる養殖方法のもの

活け牡丹海老とクリアトマトのムース 青紫蘇と赤紫蘇のコントラスト
カラー143ページ

①活けのボタンエビの頭と尾を取り外し、殻をむく。軽く塩をふる。
②トマトをミキサーで撹拌し。キッチンペーパーで一晩漉し、透明な液体を

漉しとる。プロエスプーマ コールド*を加え、エスプーマ用のサイフォンに入れる。
③皿に①のボタンエビの身、ボタンエビの頭を盛りつける。身の上に②のエスプーマを絞る。エスプーマの中央にミニトマトのスライスを立てかけ、ケールのパウダー、ビーツのパウダー（各解説省略）をふる。マイクロ青ジソ、マイクロ赤ジソを盛りつける。

*プロエスプーマ コールド SOSA社の製品。サイフォンを用いても通常泡立たない素材を、泡状にすることができる増粘剤

琵琶湖の活き鮎のフリット山菜やホワイトアスパラガスの苦みを合わせて
カラー145ページ

①活けのアユ*にセモリナ粉をまぶし、180℃の油で4分間ほど揚げる。
②ホワイトアスパラガスを炭火で焼く。
③コゴミ、コシアブラを素揚げにする。タラノメをEVオリーブオイルを敷いた鍋で蒸し焼きにする。
④研いだコメをゆで、乾燥させる。高温の油で揚げる。
⑤アユの骨と頭をこんがりと焼き、コンソメ（解説省略）に香りを移す。漉す。
⑥皿に②、③、④を盛りつけ、潰した実ザンショウ、木ノ芽を添える。客前で熱々に熱した⑤を注ぐ。

*アユ▶琵琶湖の老舗のアユ養殖業者、木村水産のもの。河川と同じ速さの流れを持つ養殖池や、藻類を含む独自開発のエサで育てるため、一般的な養殖アユに比べて脂肪分が少なく、天然に近い、淡白で香り高い味となる

鳩とフォワグラのパイ包み焼き宮崎県いらかぶマスタードのソース
カラー145ページ

鳩とフォワグラのパイ包み焼き

①仔バト（茨城県産）の胸肉とフォワグラを、それぞれ軽くソテーする。ゆでたホウレンソウの葉で包み、パイ生地（解説省略）で包む。冷凍する。
②240℃のオーブンで12分間焼いて表面をこんがりとさせる。一度取り出し、200℃に温度を下げたオーブンに出し入れし、適宜やすませながら火を入れる。

宮崎県いらかぶマスタードのソース

ジュ・ド・ブフ（解説省略）にいらかぶのマスタード*を加えて、軽く煮る。塩で味をととのえる。

*いらかぶのマスタード▶宮崎県東臼杵郡美郷町西郷立石地区に伝わる伝統野菜で、アブラナ科の野菜、イラカブを復活させる運動の一環として作られたマスタード。イラカブの種子、有機米から作る国産純米酢、国産塩のみが原料。輸入マスタードとはやや異なるニュアンスで、国産材料となじみやすい風味を持つ

トウモロコシのムース

①炭火でトウモロコシを焼き、実をこそげとり、一部を仕上げ用に取り置く。
②①を牛乳とブイヨン（解説省略）で煮る。ミキサーにかけ、粗漉しする。サイフォンに入れておく。

モリーユとモリーユのソース

①フレッシュのモリーユを、みじん切りにしたエシャロット、バターとともにソテーする。
②①にマデラを加え、煮詰めつつ香りを煮汁に移す。コンソメを加え、さらに煮詰める。
③生クリームを加え、軽く煮る。塩で味をととのえる。
④別の鍋で牛乳を温め、ハンドミキサーで泡立てる。③にこの泡を加える。

仕上げ

①皿にトウモロコシのムース、モリーユとモリーユのソースを盛りつける。トウモロコシのムースの上に、トウモロコシの炭火焼き、素揚げにしたトウモロコシのひげをのせる。素揚げにしたシオデを添える
②宮崎県いらかぶマスタードのソースを流し、鳩とフォワグラのパイ包み焼きを切り分けて盛りつける。

ステーキアッシェのストウブご飯
カラー147ページ

①牛腿肉を包丁で粗く切る。エシャロット、ニンニク、ケイパー、セルフイユ、イタリアンパセリ、それぞれのみじん切り、E.V.オリーブオイルを混ぜ合わせる。塩、こしょうで味をととのえる。トリュフのみじん切りを加える。
②ミニサイズのストウブ鍋で炊いたご飯の上に①、ウズラの卵の卵黄を盛

りつける。

抹茶 パッションフルーツ マンゴー 柚子
カラー147ページ

バニラアイスクリーム

①卵黄30g、グラニュー糖28gを白っぽくなるまで混ぜ、バニラビーンズ0.1本分、スターアニス0.1個分をアンフュゼした牛乳100gと合わせ、ソース・アングレーズを作る。生クリーム50gを加え、パコジェット用のビーカーに入れて凍らせる。
②①をパコジェットでまわす。

パッションフルーツのソース

パッションフルーツの果肉、その20%の重量のグラニュー糖を混ぜ合わせる。

抹茶と柚子の泡

水100g、抹茶10g、ユズの皮0.2個分、グラニュー糖10gを混ぜ合わせ、火にかけて煮溶かす。冷めたら適量のレシチンを加え、空気ポンプで空気を送り込み、泡を作る。

マンゴーのマリネ

マンゴー50gを角切りにし、パッションフルーツのソース10gで和える。

仕上げ

パッションフルーツの殻にバニラアイスクリーム、マンゴーのマリネを盛り入れる。抹茶と柚子の泡をのせ、パンジーの花弁を飾る。

苺と蓬のミルフィーユ
カラー147ページ

フイユタージュ

パイ生地（解説省略）を薄くのばす。直径3.5cmの円形の型で抜き、200℃のオーブンで生地がほんのりと色づくまで焼く。適量の粉糖をからめ、オーブンに戻し、全体をカラメリゼしながら焼いて仕上げる。

蓬のクリーム

①卵黄50gとグラニュー糖50gを白っぽくなるまで混ぜ合わせ、ふるったコーンスターチ20gを混ぜ合わせる。温めた牛乳200ccのうちの少量でのばし、牛乳の鍋に戻し入れて火にかけ

る。よく混ぜながら煮て、濃度が出たらバター20gを加える。火からおろし、冷やす。
②①のクレーム・パティシエール210gにヨモギのピュレ50gを混ぜ合わせる。泡だてたバター120gと混ぜ合わせる。

蓬のアイスクリーム

ヨモギのピュレ500g、トレモリン150g、脱脂粉乳500g、牛乳500g、生クリーム250g、グラニュー糖100gをミキサーで混ぜ合わせ、パコジェット用のビーカーに入れて凍らせる。パコジェットでまわす。

苺のソース

イチゴとその20%の重量のグラニュー糖をハンドミキサーで攪拌する。

ヨーグルトのチップ

ヨーグルト500g、SOSA プロパンナコッタ*2gを混ぜ合わせ、シリコンバットに薄くぬり、70℃のオーブンで乾燥焼きにする。花形のクラフトパンチで抜く。

*SOSA プロパンナコッタ▶とろりとした粘り気のある固まり方をするゲル化剤。スペイン・SOSA社製

日本酒のジュレ

日本酒100g、アガー4gを混ぜ合わせ、冷蔵庫で冷やし固める。

仕上げ

①厚めにスライスしたイチゴの上に蓬のクリームを絞り、フイユタージュをのせる。イチゴのスライス（片面がイチゴの側面のもの）をのせる。ヨーグルトのチップ、イチゴのチョコレートのプレート（イチゴのチョコレートをテンパリングし、ごく薄くのばして冷やしたものを円形の型で抜く）をイチゴのソースでイチゴの表面につける。ヨーグルトのチップの中央にイチゴのソースを絞る。
②皿にクランブル（ジェノワーズ生地を乾燥させ、崩す）、砕いたフリーズドライのフランボワーズを散らす。
③②の皿に①、蓬のアイスクリームを盛りつける。イチゴのソースを絞り、日本酒のジュレを添える。

---

*「石、日向夏」は解説省略

3−03
髙橋雄二郎
le sputnik

2018年5月のコース

熟成甘鯛 茗荷竹 桃
カラー150ページ

アマダイ

①アマダイ（長崎県産）の頭と内臓を取り除き、脱水シートに挟んで1週間冷蔵庫でねかせる。途中、適宜紙を取り替える。
②①を三枚におろして塩を打ち、脱水シートで挟んで半日おく。
③②をオリーブオイルとともに専用の袋に入れて真空にかけ、1日おく。
④③のを身を薄造りにし、バットに広げる。上に皮をむいてせん切りにしたモモ、斜めに細切りにしたミョウガタケ*をのせる。
⑤④に削ったカボスの皮をふって、アマダイの身をロール状に巻く。

*ミョウガタケ▶ミョウガの茎を軟化栽培し、収穫前に日にあてて色づけしたもの。シャキシャキとした触感でやさしい風味を持つ

仕上げ

器にアマダイを盛り、E.V.オリーブオイルをふる。マイクロセルフイユの花とマスタードのスプラウトを飾る。

枝豆のチュロス
カラー150ページ

エダマメのピュレ

①エダマメを塩ゆでし、サヤからはずして薄皮をむく。一部を取りおく。
②水、鶏のブイヨン（解説省略）、魚のだし*で①を煮る。ミキサーで攪拌し、ピュレ状にする。

*魚のだし▶鍋に白身魚（タイ、ヒラメ、ハタなど）のアラ、適宜に切ったニンニク、トマト、ベーコン、水を入れて2時間煮出して漉したもの

エダマメのチュロス

①牛乳とバターを鍋で沸かし、薄力粉を加え混ぜる。ボウルに移して全卵を少しずつ加えながら混ぜる。エダマメのピュレを加えてさらに攪拌する。

②絞り袋に①を入れ、クッキングシートを広げたバットに約10cmの長さに絞り出す。

③エダマメのピュレで取りおいたエダマメをきざみ、②にバランスよくのせる。冷凍庫に入れて冷凍する。

④オーダーが入ったら③にコーンスターチをまぶして170℃のサラダ油でカラリと揚げる。

仕上げ

①石にサヤごと塩ゆでしたエダマメをのせ、エダマメのチュロスを盛る。

②①のチュロスに塩、粉糖、エダマメのパウダー*をふる。豆苗を飾る。

*エダマメのパウダー▶エダマメのピュレをバットに薄く流し、66℃のオーブンで乾燥させてミキサーにかけたもの

根セロリ フォワグラ グラニースミス

カラー150ページ

根セロリのジュレ

①根セロリを塩水（塩分濃度0.6%）とともに専用の袋に入れて真空にかけ、80℃の湯煎で12時間加熱する。

②①を氷水に取ってそのまま一晩おく。

③②の根セロリを袋から取り出して液体を漉し、ライムの果汁、適宜に切った青リンゴを加えて10分間ほど火にかけ、香りを移す。漉す。

④③にハチミツ、水でもどした板ゼラチンを加えて火にかけ、混ぜ合わせる。冷蔵庫に入れて冷やし固める。

フォワグラのフラン

①血管を取り除いたフォワグラ（鴨）、全卵、コショウ、少量のナッツメッグ、コニャックを合わせてミキサーにかけ、途中温めた牛乳とハチミツ、生クリームを加える。よく合わさったら漉す。

②器に①を流し、80℃・湿度80%のスチームコンベクションオーブン（以下、スチコン）で7～8分間加熱する。

仕上げ

①フォワグラのフランの上に根セロリのムース*とスプーンでほぐした根セロリのジュレを盛る。

②①に細切りにして半分にカットした青リンゴをバランスよく刺し、逆さにしたカモミールの花、柱頭、葉を間に飾る。

*根セロリのムース▶根セロリに塩をふり、オリーブオイルとともに鍋に入れて蓋をし、柔らかくなるまで火にかける。白ワインでデグラッセし、鶏のブイヨンと牛乳を加えさらに煮て、ミキサーで撹拌してから漉したもの

稚鮎 牛蒡 五香粉

カラー150ページ

稚アユのフリット

①活けの稚アユ（和歌山県産）に串を打ち、薄力粉をまぶす。

②皮をむいたゴボウをピーラーで細長いリボン状にスライスする。水にさらす。皮はソース用に取りおく。

③水気をきった②のゴボウのスライスを1本取り出し、薄力粉、卵黄、水を合わせた揚げ衣にくぐらせて①の稚アユに巻き付ける。残りのゴボウは仕上げ用に取りおく。

④③の稚アユを170℃のサラダ油でカラリと揚げる。

ゴボウのソース

①オリーブオイルを敷いたフライパンにみじん切りにしたニンニクを加え、香りが出たらみじん切りにしたタマネギを加えて水分をとばすように炒める。

②取りおいたゴボウの皮をきざんで①に加え、水分をとばすように炒める。バルサミコ酢、白ワインを加えてデグラッセする。

③鶏のブイヨン、魚のだしを②に加え、火が通ったら塩、黒コショウをふってミキサーにかける。漉す。

ゴボウのパウダー

稚アユのフリットで取りおいたゴボウのスライスの一部を64℃のオーブンに一晩入れて乾燥させ、ミルサーで粉末状にする。

仕上げ

①取りおいたゴボウの水気をきって170℃のサラダ油で素揚げし、熱いうちに高さ15～18cm、直径12cmの円柱状の塊にまとめる。塩をふる。

②器に①の土台を盛り、稚アユのフリットをのせる。ゴボウのパウダーと五香粉を合わせて全体にふりかけ、オキサリスの葉を飾る。

③ゴボウのソースを別容器で添え、稚アユのフリットにつけて食べ、土台は好みで適宜つまむようにすすめる。

入梅鰯 蓴菜 パッションフルーツ フェンネル

カラー152ページ

イワシ

①三枚におろしたイワシの身に塩をふる。脱水シートで包んで軽く水分を抜く。

②①に白ワインヴィネガーをふり、一口大に切る。

ジュンサイ

ジュンサイの水気をきって軽く塩をふる。

仕上げ

①パッションフルーツの果肉を漉して液体を取り出す。塩をふる。

②イワシ、ジュンサイを①の液体とともに和える。器に盛ってパッションフルーツの果肉を加え、E.V.オリーブオイルをかける。ウイキョウの花を飾る。

和歌山県産ホロホロ鳥"アバ" 原木椎茸 絹さや 荏胡麻

カラー152ページ

ホロホロ鳥のグリエ

ホロホロ鳥（和歌山県産）をさばいて砂肝、肝臓、心臓、腿肉、首ヅルの肉を切り出してそれぞれ一口大に切る。塩、コショウをふって両面をグリルパンで焼く。

ソース

ソース鍋にホロホロ鳥のジュ*を入れて濃度がつくまで煮詰め、シェリーヴィネガーとE.V.オリーブオイルを注ぐ。塩で味をととのえる。

*ホロホロ鳥のジュ▶ホロホロ鳥のガラを、焦がし焼いたニンニク、エシャロット、香味野菜とともに炒め、白ワインでデグラッセし、水とフォン・ド・ヴォーを加えて2時間煮出して漉したもの

エゴマの泡

①鍋でベルモット（ノイリー・プラット）、白ワイン、白ワインヴィネガーを半量になるまで煮詰める。

②①に魚のだし、少量のグラニュー糖、乾煎りしたエゴマを加える。

③火が通ったら少量の牛乳、塩、コショウ、ムーランで挽いたコリアンダー（シード）を加える。香りが出たらとろみが出ない程度にミキサーに軽くかける。漉す。

エゴマのパウダー

煎ったエゴマをミルサーにかけて粗いパウダー状にする。

仕上げ

①器にホロホロ鳥のグリエを盛ってソースをかける。
②①に、適宜に切ってオリーブオイルでソテーしたシイタケと、ゆでたサヤエンドウをのせ、ハンドミキサーで泡立てたエゴマの泡をかける。
③マイクロコリアンダーをあしらいエゴマのパウダー、サラダ油でカリカリになるまで揚げたホロホロ鳥の脂を②にまぶす。

岩手県産真牡蠣瞬間燻製 38年 ローズマリー ロックフォール

カラー152ページ

牡蠣

①殻をはずした牡蠣（岩手県産マガキ）を脱水シートで挟んで冷蔵庫に2時間おく。1人分2つを使用する。
②蒸し器の下段にヒッコリーのチップ、ローズマリーの枝を敷き、上段に①の牡蠣をのせる。チップに着火し、蓋をして2分間燻す。
③②から牡蠣を取り出し、強力粉をまぶし付け、オリーブオイルを敷いたフライパンで両面にしっかりと焼き色をつける。

ナスの揚げ浸し

①縦半分に切ったナスを170℃のサラダ油で素揚げし、皮をむく。
②①を塩、コショウ、ムーランで挽いたコリアンダー（シード）、ショウガとニンニクで香りをつけた魚のだしで一晩マリネする。

トマト

ヘタ付きのまま湯むきしたトマト*に塩、オリーブオイル、数滴のニンニクオイル（解説省略）をかけて80℃のオーブンで1時間加熱する。

＊トマト▶高知県・高岡郡四万十町で栽培される「狼桃」を使用。小ぶりだが重量があ

り、高糖度ながらほどよい酸味を持つ

ロックフォールのソース

鶏のコンソメ（解説省略）、少量のロックフォール、生クリーム、トマトの果汁、黒オリーブの液体*、少量のハチミツ、魚のだしを合わせて火にかける。

＊黒オリーブの液体▶市販品の黒オリーブの水煮の液体を軽く煮詰めたもの

仕上げ

①器にナスの揚げ浸しを盛り、上に牡蠣を1つのせる。半割にしたトマトを横に添える。
②牡蠣の上にゆでて食品乾燥器で乾燥させた赤カラシナをのせ、シブレットの花を飾る。
③②のまわりにロックフォールのソースを流し、ハーブオイル*を数滴たらす。
④ローズマリーの枝を蓋付きの器に敷き詰め、もう1つの牡蠣の身をのせる。ヒッコリーのチップを詰めたスモーキングガンで燻香を入れて蓋をする。
⑤③と④をともに供し、客前で蓋を開けて燻香を楽しんでもらう。

＊ハーブオイル▶ディル、セルフイユ、バジル、パセリ、エストラゴンの葉だけゆで、水気をきる。E.V.オリーブオイルとともに専用容器に入れて冷凍し、パコジェットにかける。シノワにあけてゆっくりとオイルを抽出したもの

"薔薇" フォワグラ ビーツ

カラー152ページ

フォワグラのテリーヌ

①フォワグラ（鴨）を掃除する。重量比1.1%の塩と、同量の砂糖、白コショウ、グランマルニエ、赤ポルト、コニャックを全面にふり、一晩マリネする。
②①の表面をふく。70℃のコンベクションオーブンに約10分間入れ、芯温が38℃になったら取り出す。網にキッチンペーパーを重ねた上にしばらく置いて油脂をきる。
③②を直径3㎝と2㎝の2つの円柱形の型にきっちり詰めて、冷蔵庫で冷やす。

アガーのシート

①赤ワイン、赤ワインヴィネガー、水、ビーツの切れ端、バラのジャム（市販品）、アニス、シナモン、黒粒コショウ

を合わせて火にかけ、アルコール分をとばす。
②①を漉してから凝固剤（アガー）を溶かし、トレイに薄いシート状に流して冷蔵庫で冷やし固める。

花びらのチップス

①ビーツの角切りを水から柔らかくなるまでゆでて、ザルに上げる。
②①をパラチニット*、グルコース、トレハロース、フルール・ド・セルとともにミキサーにかける。なめらかになったら漉して、冷蔵庫で冷やす。
③厚紙に大小さまざまな花びら形を切り抜いて型とする。これをシルパットの上に置き、上から②のペーストを薄くぬって型をはずす。
④③を120℃のオーブンに45分間入れる。焼き上がったら取り出し、温かいうちに花びら一枚一枚にカーブをつけるなど立体的に成形する。

＊パラチニット▶砂糖を原料とした低カロリー甘味料。低吸湿性で熱や酸に対する安定性が高く、飴細工などにも使われる

ビーツのソース

①赤ワイン、赤ワインヴィネガー、ポルト、塩を入れた湯でビーツの角切りをゆでて、ザルに上げる。
②①をミキサーにかけ、なめらかになったら漉す。

ビーツのパウダー

①ビーツをごく細いせん切りにし、天板に並べて赤ワインヴィネガーをふる。65℃のオーブンに入れて一晩乾燥させる。
②①をミキサーにかけ、パウダー状にする。

仕上げ

①皿にビーツのソースを線描する。
②フォワグラのテリーヌを型からはずしてスライスし、大きいほうを下に2段に重ねて皿に置く。正方形の型で抜いたアガーのシートを上にかぶせ、花びらのチップを刺してバラの花を形作る。
③ビーツのパウダーを全体にふる。端に挽いた黒粒コショウを添える。

静岡県焼津産伊勢海老
花ズッキーニ ハチミツ バニラ
ココナッツ 花粉
カラー154ページ

イセエビのソテー

バターを敷いたフライパンに殻をはず
したイセエビの身をのせ、塩、花粉、ヴ
ァニラビーンズのサヤ、ミックススパ
イス*を加えてソテーする。

*花粉▶北海道・北広島市にある荒井養蜂
場㈱で養蜂されるミツバチが集めてきた花
粉を採集したもの
*ミックススパイス▶シナモン、クローヴ、
クミン、黒コショウ、八角、コリアンダー、パ
プリカパウダー、ターメリック、ナッツメッグ、
キャラウェイ、カレー粉など10種以上のス
パイスをブレンドしたもの

バターソース

①フライパンでバターを熱して焦がし
バターとし、レモン果汁、きざんだニ
ンニクを加える。シノワで漉してニン
ニクを取り除く。
②①にイセエビのジュ*、ハチミツを加
え混ぜる。

*イセエビのジュ▶焼いたイセエビの殻を
香味野菜とともに炒め、白ワイン、コニャッ
クを注いでデグラッセする。魚のだし、鶏の
ブイヨン、水を加えて1時間煮出して漉し、
さらに煮詰めたもの

花ズッキーニ

①花ズッキーニのズッキーニ部分を
切り落とし、花を少量の水とともに専
用の袋に入れて真空にかける。
②①で残したズッキーニを、殻と尾を
はずしたイセエビの身、豚足と合わせ
てきざみ、ミンサーにかけてミンチに
する。絞り袋に入れる。
③①の袋から取り出した花を開いて
②を詰める。90℃・湿度90%のスチコ
ンで6〜7分間加熱する。

ココナッツの泡

牛乳にココナッツファインを加えて
10分間煮出し、アンフュゼする。漉す。

仕上げ

①皿にバターソースを敷き、イセエビ
のソテーと花ズッキーニを盛る。
②①にココナッツの泡をかけ、ヴァニ
ラビーンズのサヤとパンジーの花を
添える。E.V.オリーブオイルをかけて
花粉をふる。

長崎県平戸産鬼虎魚
発酵キャベツ
カラー154ページ

オコゼのソテー

①オコゼ(長崎県産)の頭と内臓をはず
して身を三枚におろし、塩をふって1
時間おく。
②オリーブオイルを敷いたフライパン
で①の皮目を中心に、両面をソテーす
る。
③200℃のオーブンで②を1分間加
熱する。

キャベツ、グリーンカリフラワー

キャベツの葉、適宜に切ったグリーン
カリフラワー*、塩、みじん切りにした
ニンニク、オリーブオイル、少量の水を
合わせて軽い蒸し煮にする。

*グリーンカリフラワー▶淡い黄緑色のカ
リフラワー。形と味わいはカリフラワーとほ
ぼ同じで、加熱後も鮮やかな黄緑色を保つ。
ロマネスコと似た色味だが、別種

発酵キャベツのソース

発酵キャベツ*、みじん切りにして水分
をとばすように炒めたタマネギ、魚の
だしをフード・プロセッサーで撹拌す
る。ハーブペースト*を加え、さらにまわ
す。

*発酵キャベツ▶適宜に切ったキャベツに
重量の2%量の塩、クミン、黒コショウ、ロー
リエ、ネズの実を合わせて1週間おいて発
酵させたもの
*ハーブペースト▶エストラゴン、セルフイ
ユ、ディル、イタリアンパセリ、ミントをゆで
てミキサーにかけてペースト状にしたもの

仕上げ

①皿に発酵キャベツのソースを敷き、
キャベツ、グリーンカリフラワーをの
せる。
②1人分に切り出したオコゼのソテー
を盛ってフルール・ド・セルをふる。ち
ぎったマイクロセロリを飾り、アボカド
オイル(市販品)をたらす。

フランス・アキテーヌ地方
アニョー・ド・プランシエ
背肉 腎臓 マスカット
カラー154ページ

仔羊のロースト

①乳飲み仔羊(フランス・アキテーヌ地方産)
のロース肉を2人分(300g)に切り出す。
タコ糸で全体を縛り、豚の網脂で覆う。
②200℃のオーブンで①を2〜3分間
加熱し、取り出して温かい場所で5分
間やすませる。これを芯温が50℃くら
いになるまでくり返す。
③②の網脂とタコ糸をはずし、オリー
ブオイルを敷いたフライパンでソテ
ーする。グリルパンで両面に香ばしい
焼き色をつける。

*乳飲み仔羊▶フランス南西部アキテーヌ
地方産の「アニョー・ド・プランシエ」を使用。
これは乳飲み仔羊の産地として名高いポイ
ヤック地方の「アニョー・ド・ポイヤック」と同
様の飼育方法で育てられたもので、肉質は
ミルキーで柔らかく、バターやナッツを思わ
せる香りを持つ

腎臓のソテー

流水にさらした仔羊の腎臓の水分を
よく絞る。オリーブオイルを敷いたフ
ライパンでソテーし、しっかりと火を
通す。塩をふる。

ソース

①仔羊の骨を水、フォン・ド・ヴォー、鶏
のコンソメとともに2時間煮出す。
②①を漉してソース鍋に取って煮詰
め、塩で味をととのえる。

葉タマネギのソテー

縦半分にカットした葉タマネギ(福島県
産)の下半分をオリーブオイルでソテ
ーする。塩をふり、200℃のオーブン
で甘みが出てくるまで加熱する。

仕上げ

①皿の左側にソースを円形に敷き、
横に葉タマネギのソテーをのせ、1人
分(120g)にカットした仔羊のロースト
を盛る。フルール・ド・セルをふる。
②①の両隣に半割にした腎臓のソテ
ー、80℃のオーブンで半日乾燥させ
たセミドライのマスカットを盛る。挽い
た黒粒コショウを端に添え、紫のオキ
サリスをバランスよく飾る。

"浮雲" メロン 塩
ディタ アーモンド

カラー156ページ

アーモンドのブランマンジェ

①スライスアーモンド150gを軽くローストする。
②牛乳1ℓを沸騰直前まで温め、①を入れて火からおろし、30分間アンフュゼする。
③再度沸騰直前まで温め、グラニュー糖187gを溶かす。漉す。
④板ゼラチン30g（ふやかしておく）、マスカルポーネ200gを混ぜ合わせ、冷ます。ごく軽く立てた生クリーム551gを混ぜ合わせる。
⑤器に入れて冷やし固める。

メロンのクーリ

メロンの果肉をミキサーで撹拌し、適量のジン、少量のレモン果汁を加える。

塩のディスクソルベ

①生クリーム50g、粉糖12g、フルール・ド・セル1～2g、白ワインヴィネガー25ccを鍋に入れ、温めて溶かす。板ゼラチン3～4g（ふやかしておく）を溶かし入れる。
②粗熱がとれたら、生クリーム120gを七分立てにして加える。
③セルクルの中に薄く敷き、凍らせる。

ディタの泡

①水1ℓを鍋で沸かし、グラニュー糖100gを溶かし入れる。レモンのゼスト1個分、オレンジのゼスト1個分、ミント15g、フェンネルの葉15gを入れて10分間アンフュゼする。漉す。
②粗熱がとれたらディタ20gを加える。提供直前に適量のレシチンを加え、泡立てる。

仕上げ

①アーモンドのブランマンジェの上にメロンのクーリを流し、丸くくり抜いたメロンの果肉を4～5個のせる。ディタの泡を流し入れ、メロンの果肉に塩のディスクソルベをのせる。
②塩のディスクソルベの上にメロンのクーリ、ディタの泡をのせ、ボリジの花を飾る。

"黒い森" グアナラ チェリー

カラー156ページ

アメリカンチェリーのソース

①鍋に種を除いたアメリカンチェリー200g、グリオットチェリー（冷凍）200g、水100cc、ルビーポルト80cc、赤ワイン80cc、赤ワインヴィネガー20cc、グラニュー糖80gを入れて火にかける。チェリーが柔らかくなるまで、約30分間煮る。
②①をミキサーでまわし、漉す。キルシュ20gを加える。直径2.5cmの半円形のシリコン型に入れて凍らせる。
③凍った②を2つ合わせて球形とし、ベジタブルゼラチンの溶液にくぐらせ、コーティングする。冷蔵解凍する。

チョコレートのパルフェ

①クーベルチュール（ヴァローナ社グアナラ・カカオ分70%）180gを40～45℃の湯煎にかけて溶かす。キルシュ20gを加える。
②グラニュー糖120gを水100gで煮溶かしてシロップを作る。
③卵黄7個分をミキサーにかけ、白っぽくなったら熱い①を少しずつ加えて立て、パータボンブを作る。
④③に①を加えて混ぜ合わせる。七分立てにした生クリーム（乳脂肪分38%）500gを、3回に分けて混ぜ合わせる。

ピスタチオのアイスクリーム

①グラニュー糖140g、トレハロース30gを混ぜ合わせ、卵黄10個分と混ぜ合わせ、白っぽくなるまですり混ぜる。
②牛乳750gと生クリーム（乳脂肪分38%）250gを温め、①とともにアングレーズを作る。
③ピスタチオのペースト200gに②を少しずつ注ぎ入れてハンドミキサーで混ぜ合わせる。トレモリン75gを加える。
④粗熱がとれたら、アイスクリームマシンにかける。

チュイル

①グラニュー糖80g、薄力粉25g、ココアパウダー10gを混ぜ合わせてふるう。溶かした無塩バター50g、ハチミツ5g、卵白70gを順に加え混ぜる。
②幅3.5cm×約20cm強の長方形を切り抜いた型をシリコンパッドにのせ、

①の生地をナッペする。
③160℃のオーブンで7～8分間焼き、熱いうちに5cm×5cm×高さ3.5cmのセルクルの外側に張り付ける。冷ます。

セルフイユの枝

①セルフイユの茎と適量の水を専用の袋に入れて真空にし、茎に水分を含ませて張りのある状態にする。
②卵白50gと粉糖50gを混ぜ合わせてグラスロワイヤルとし、水気をふいた①にぬる。ビスキュイジョコンドのパウダー（解説省略）50gをまぶし、66℃の食材乾燥機で一晩乾燥させる。

ショコラ・ショー

牛乳260gにクーベルチュール（ヴァローナ社グアナラ・カカオ分70%）50gを溶かし入れる。漉す。適量のキルシュを加える。

仕上げ

①5cm×5cm×高さ3.5cmのセルクルをバットに置き、中央にアメリカンチェリーのソース（ゼリーの膜で包んである）を置く。ローストしたピスタチオのコンカッセ、グリオットのキルシュ漬けをのせる。アメリカンチェリーのソースの周囲に、チョコレートのパルフェを絞り、凍らせる。
②ピスタチオのアイスクリームを①の周囲に絞り、凍らせる。再度チョコレートのパルフェを絞り、凍らせる（中央にアメリカンチェリーのソースがあり、周囲にチョコレートのパルフェ、ピスタチオのアイスクリーム、チョコレートのパルフェが3層を作る）。セルクルの上部は空洞のままとする。
③②からセルクルをはずし、チュイルをはめる。
④5cm角に切った薄い板状のチョコレート（ヴァローナ社グアナラ・カカオ分70%で作る）に、2ヵ所小さな穴を開け、③にかぶせる。カカオパウダーをふる。
⑤④を皿にのせ、④の穴にセルフイユの枝を挿して提供する。ショコラ・ショーを熱々に温め、客前で、④の中央に注ぐ。チョコレートが溶け落ち、中のアメリカンチェリーのソースの膜も溶ける様子を楽しんでもらう。

---

*「"パリジ" ブルーベリー ラベンダー」は解説省略

2019年5月のコース

蓴菜 鳥貝 茗荷竹
トマトヴィネガー

カラー151ページ

①トリ貝を掃除し、塩もみしてぬめりを除き、氷水で洗って水気をふく。一口大に切る。

②ジュンサイを軽く下ゆでし、塩をふる。ミョウガダケを切る。

③貝のだし*、自家製のトマトヴィネガー*を合わせる。

④器に①、②、③を入れ、クレイトニアをのせる。E.V.オリーブオイルをたらす。

*貝のだし▶掃除したアサリ2kg、ざく切りにしたトマト1個、ニンニク1/4株、大きめの短冊に切ったベーコン40g、ひたひたの量の水を鍋に入れ、ゆっくりと加熱する。アサリが開いたら、漉す

*自家製のトマトヴィネガー▶トマトを湯むきし、ざく切りにする。1%量の塩をふり、専用の袋に入れて真空パックにする。27〜32℃の場所に10日間おき、乳酸発酵させる。袋から取り出し、漉して透明な液体をとる。半年間ほど冷蔵庫において味をなじませる

空豆(ファーベ)のタルト、
枝豆のチュロス、
紫さつまいも ブーダン 林檎、
鮪 海苔 パプリカ

カラー151ページ

空豆(ファーベ)のタルト

①ソラマメ*をさやから取り出し、袋、薄皮をむく。

②①の一部を仕上げ用に残し、残りを塩ゆでする。ゆで汁で再度柔らかくなるまで漉し、一部に水でもどしたゼラチンを加え、ジュレとする。ゆでたソラマメを残りのゆで汁に戻し、再度柔らかくなるまでゆで、ミキサーで撹拌する。サイフォンに入れ、ガスを充填して冷やしておく。

②タルトレット(解説省略)に塩とフロマージュブランで和えた②のソラマメ(取りおいたもの)を入れ、ジュレをかけ、エスプーマを絞る。カラスエンドウの花、クレイジーピー*をのせる。

*ソラマメ▶能登タカ農園産の生で食べられる小さいサイズのソラマメ

*クレイジーピー▶村上農園産のエンドウマメの幼葉

枝豆のチュロス

*作り方は215ページ「枝豆のチュロス」を参照。

紫さつまいも ブーダン 林檎

①ムラサキイモをごく薄切りにし、口金2つの間に挟むようにして円錐形に巻く。150〜160℃のサラダ油で10分間ほど揚げる。途中、形が安定したら、口金をはずして揚げる。

②適宜に切ったリンゴ(紅玉)の果肉を炒める。グラニュー糖をまぶしてカラメリゼし、カルヴァドス、レモン果汁で味をととのえる。

③①に②を入れ、ブーダン・ノワールの生地(解説省略)を絞る。クレソンのスプラウトをのせ、ムラサキイモのパウダー*をふる。

*ムラサキイモのパウダー▶ムラサキイモをアルミ箔で包んでオーブンに入れ、火が入ったら漉す。シリコンパットにぬり、66℃のコンベクションオーブンに一晩入れてカリカリに乾燥させる。ミキサーでまわす

鮪 海苔 パプリカ

①ノリのチュイルを作る。薄力粉、ノリのパウダー*を混ぜ合わせ、卵白、溶かしバターを混ぜ合わせる。シリコンパットに薄くのばし、150℃のオーブンで約20分間焼く。長方形に切り、シガール型に巻き、80℃で30分間さらに焼いて乾燥させる。

②マグロの赤身をきざみ、塩、セルフィユ、エストラゴン、ディルそれぞれのみじん切り、パプリカのピュレ*で和える。

③①に②を入れ、ノリのパウダーをふる。マイクロコリアンダーをのせる。

*ノリのパウダー▶ノリとアオサを乾燥させ、ミキサーでパウダー状にする。クロロフィルと合わせる。

*パプリカのピュレ▶パプリカを真っ黒に焼き、表皮を向き、玉ねぎの種絵に入れ、よく炒めて柔らかくなったらひたひたの水を入れ、軽く煮る。ミキサーで撹拌してピュレにする。ピュレの濃度に応じて泡立てた生クリームをパプリカのピュレの1/3〜1/4量を入れ、塩、シェリーヴィネガー、白コショウで味をととのえる。全体量の1.1%のゼラチンを加えて冷やす

仕上げ

①空豆(ファーベ)のタルトをスレートの皿に盛る。

②枝豆のチュロスと紫さつまいも ブーダン 林檎を、黒ゴマを敷き詰めた器に挿す。

③鮪 海苔 パプリカを白い小石を敷き詰めた木箱に盛る。

④①〜③を同時に提供する。

牡丹海老 茄子

カラー151ページ

ボタンエビと甘エビのジュレ

①冷凍の甘エビの頭を外す。殻付きの身を、冷凍した状態で包丁できざむ(A)。

②ボタンエビの頭と殻を外す(身は仕上げで使う)。

③鍋に①のA、少量のトマト、ニンニク、ハーブの茎を入れ、ひたひたよりやや多いほどの量の水を加えて混ぜる。ブラックの端など、ごくゆっくりと鍋が温まる場所におき、2時間ほどかけて沸騰させる。

④③が沸騰するやや前のタイミングに合わせるよう、①の甘エビの頭、②のボタンエビの頭と殻をオーブンでこんがりと焼く。焼きたての熱い状態で、沸騰直前の③に入れる。沸騰したら、微沸騰の状態で30分間ほど煮る。キッチンペーパーで漉す。

⑤味を確認し、必要なら塩を加える。1.4%量のゼラチンを加え、冷やし固める。

ナスのムース

①ナスを素揚げにし、皮をむく。果肉の表面を香ばしくグリルする。きざむ。

②新タマネギ(ナス5本に対し、新タマネギ1/2個の割合)を薄切りにし、スュエする。適宜、塩を加える。①を加えてしっかりと炒める。白ワインでデグラッセする。

③ひたひたよりやや少ない鶏のブイヨン(解説省略)を加え、煮る。ミキサーでまわすことができる最小限の水分を含む状態になるまで煮詰める。火からおろし、ミキサーでピュレ状にする。

④③のピュレに、ピュレと同じほどの硬さに泡立てた生クリームを、ピュレの1/3〜1/4量混ぜ合わせる。味を確認し、必要なら塩を加える。

仕上げ

①ボタンエビの身に、レモンとライムの皮のすりおろしと塩をふる。

②皿にボタンエビと甘エビのジュレを盛り入れ、①、ナスのムースを盛りつける。アマランサスの芽をバランスよく散らす。

新玉葱 槍烏賊

カラー153ページ

①新タマネギの薄切りを無水調理用の鍋に入れ、軽く塩をする。E.V.オリーブオイルを加え、軽くもむ。蓋をして火にかけ、柔らかくなったらミキサーでピュレ状にする。

②新タマネギを薄切りにし、軽く炒める。掃除して一口大に切り、細かい切り込みを入れたヤリイカを加え、さっと炒める。塩で味をととのえる。

③新タマネギを薄切りにし、薄めのシロップとともに専用の袋に入れて真空パックにする。シロップが浸透したら取り出し、水気をふく。50℃に設定した食品乾燥機で乾燥する。

④①を器に入れ、②を盛りつける。③をのせる。

若鮎 西瓜 コリアンダー

カラー153ページ

①若アユに串を打ち、小麦粉をまぶし、溶きほぐした全卵をからめ、しんびき粉*をまぶしつけ、160〜170℃の油で10分間ほど揚げる。塩をふる。

②スイカを適宜に切り、種を取り除いてミキサーで撹拌する。計量して鍋にとり、スイカの1/3量の赤ワインヴィネガーとともに、半量に煮詰める。ごく少量の塩で味をととのえる。

③皿に①を盛りつけ、ミニクレソン、コリアンダーの花、バーネット*を混ぜ合わせてのせる。クロロフィルを乾燥させたパウダーをふる。客前でソースを皿に注ぐ。

*若アユ▶天竜川の若アユを活けで仕入れる

*しんびき粉▶もち米を蒸して干したものを、細かく砕き、色づかないように煎ったもの。主に和菓子の材料となる

*バーネット▶キュウリの香りがするハーブ

とうもろこし・味来 スフレ

カラー153ページ

トウモロコシのベース

①トウモロコシ（味来）をゆで、湯から引き上げて水気をふいてからバーナーで焼き色をつける。実をこそぎとる。芯はゆで汁に戻し入れ、引き続きゆでる。

②①の実をしっかりと炒め、①のゆで汁を適量加えて柔らかくなるまで煮る。ミキサーで撹拌し、漉す。漉して残った固形分は取りおく。

スフレ生地

①トウモロコシのベースを鍋で温める。

②ボウルに卵黄と砂糖を入れ、泡立て器で白っぽくなるまで撹拌する。ふるった小麦粉を加え混ぜ、①の一部を少しずつ加え混ぜてなめらかにする。

③②を漉しながら①に加え、泡立て器でよく混ぜながら炊く。

チーズのソース

①トウモロコシのベースを鍋で温め、生クリームを加える。ロックフォール、グリュイエール、フロマージュブランを加えて溶かす。

②①を半球形のシリコン型に入れて冷凍する。凍ったら取り出し、ベジタブルゼラチンにくぐらせる。

トウモロコシのアイスクリーム

①トウモロコシをゆで、湯から引き上げて水気をふいてからバーナーで焼き色をつける。実をこそぎとる。

②①をしっかりと炒め、牛乳を加えて柔らかくなるまで煮る。ミキサーで撹拌し、漉す。漉して残った固形分は取りおく。

③②を鍋に入れ、ヴァニラビーンズを加えて火にかける。

④卵黄とグラニュー糖をボウルで白っぽくなるまで泡立て、③の一部を少しずつ加えてのばす。これを③の鍋に戻し入れ、泡立て器で混ぜながらとろみがつくまで煮る。漉す。

⑤アイスクリームマシンにかける。

仕上げ

①セルクルを天板にのせ、ブリオッシュ（解説省略）の薄切りを丸く抜き、トーストしたものを敷く。ベジタブルゼラチンで包んだチーズのソースをのせ、スフ

レ生地を絞り入れて覆う。170℃のオーブンで7分間焼く。

②焼き上がったスフレを皿にのせ、玉杓子で真ん中をすくって穴をあけ、トウモロコシのアイスクリームを入れる。セルクルをはずす。

③すりおろしたトリュフ、トウモロコシのパウダー*をふりかける。

*トウモロコシのパウダー▶トウモロコシのベースやトウモロコシのアイスクリームの②の工程で取りおいたトウモロコシの固形分を、低温のオーブンで乾燥させてからミキサーでパウダー状にする

鱧 スナップえんどう

カラー153ページ

ハモのクネル

①ハモを骨切りし、塩をふる。切り分け、一部をミキサーにかけ、裏漉ししてすり身とする。

②すり身300g、卵白1個、ヴェルモット少量、塩適量をボウルに入れ、氷水をあてながらハンドミキサーで撹拌する。150gの生クリームを少しずつ加えて、空気を含ませながらなめらかに混ぜ合わせる。

③ラップの上に②をとり、ゆでたスナップエンドウの実をのせ、①のハモの切り身をのせ、茶巾に絞る。90℃のヴァプールモードのスチコンで加熱する。

ハモのスープ

①ハモの骨を30分間ほど流水にさらし、適当な大きさに切る。2/3は鍋に入れ、水、トマト、ニンニク少量、ベーコン少量とともにごく弱火にかける。2時間ほどかけて沸騰させる。

②ハモの骨の1/3は、オーブンでこんがりと焼く（①が沸騰する直前に焼きあがるよう調整する）。

③沸騰直前の①に②を入れ、ミニョネット、塩を加える。アクを取り除きつつ1時間ほど煮る。静かに漉す。

仕上げ

①ハモのクネルにバーナーで焦げ目をつけ、皿に盛り入れる。

②ハモのスープを注ぎ入れ、ナスタチウム、ニラの花をのせる。

③E.V.オリーブオイルをたらし、カボスの表皮のすりおろしをふる。

フォワグラ エスプレッソ オレンジ スパイス
カラー155ページ

エスプレッソのシート
エスプレッソにアガーを加え、バットに薄く流す。冷蔵庫で冷やし固める。

オレンジのシロップ煮、ピュレ
①丸ごとのオレンジを7回ゆでこぼす。
②①を5～6mmの角切りにし、種を取り除く。シロップで柔らかくなるまで煮る。
③②の一部を取りおき、残りをミキサーでピュレ状にする。グランマルニエを加え、レモン果汁で味をととのえる。

仕上げ
①フォワグラに塩、白コショウ、砂糖少量をふる。強力粉をまぶし、ポワレにする。
②オレンジのピュレ、オレンジのシロップ煮を皿にのせる。①を上に置き、エスプレッソのシートをかぶせる。
③スパイスのパウダー*をふり、レッドソレルを飾る。ミニョネットを添える。

*スパイスのパウダー▶パスティス、ラム、クローヴ、シナモン、アニスを加えたチュイルの生地(解説省略)を焼き、砕いて粉末状にする

真牡蠣 花ズッキーニ 南瓜 ムール ヒマワリ
カラー155ページ

花ズッキーニに詰めた真牡蠣
①真牡蠣の水気をふき、ミックススパイス*をまぶしつける。
②①をズッキーニの花に詰め、強力粉をまぶし、ソテーする。

*ミックススパイス▶クローヴ、シナモン、アニス、コリアンダー(多め)、クミン(多め)、ナツメグ、ターメリック、パプリカ、ジンジャーを合わせる

ソース
①鍋にエシャロットの薄切り、パスティス、白ワイン、白ワインヴィネガー、ヴェルモットを入れ、火にかけて液体が1/5量になるまで煮詰める。貝のだし*、魚のだし*、少量のフォン・ド・ヴォーを加えて煮詰める。絞るように漉す。
②①を鍋で微沸騰させ、サフランを加える。泡立て器で攪拌しながら、少量

ずつバターを加えて乳化させる。濃度がつくまで熱し、漉す。
③②を再び鍋に移して火にかけ、カボチャのピュレ*を加える。さらにココナッツミルクを加え、ミックススパイス*、塩で味をととのえる。味を確認し、酸味が足りなければレモン果汁をふる。

*貝のだし▶220ページ「蓴菜 鳥貝 茗荷竹 トマトヴィネガー」の*部参照
*魚のだし▶貝のだしと同じ要領で、アサリの代わりに白身魚のアラ、身を用いてとる。今回は味つけの補助用として使用
*カボチャのピュレ▶カボチャを蒸してからひたひたの量の水で煮て、ミキサーにかける
*ミックススパイス▶「花ズッキーニに詰めた真牡蠣」で、真牡蠣にふったもの

かぼちゃのニョッキ
かぼちゃを蒸し、裏漉しする。小麦粉と牛乳を加えてまとめ、小さい丸形に整形する。3分間ゆでる。

仕上げ
①花ズッキーニに詰めた真牡蠣、ソテーした丸ズッキーニ、蒸して身を取り出したムール、ソースをからめたニョッキを皿に盛りつける。ソースをかける。
②ミックススパイスをふり、サリエット、ヒマワリの花弁を散らす。

金目鯛 発酵ソース トマト
カラー155ページ

金目鯛
①骨付きでおろしたキンメダイを、身を下にしてバットにのせる。冷蔵庫の冷風のあたる場所に置き、2日間ほどねかせながら皮を乾燥させる。
②骨から身を切りはずし、適宜に切り、皮をカリッとさせつつポワレする。

発酵ソース
魚のだし*、トマトのコンソメ*、自家製のトマトヴィネガー*、1/4量に煮詰めたバルサミコ、発酵キノコのジュ*を合わせて味をととのえる。

*魚のだし▶220ページ「蓴菜 鳥貝 茗荷竹 トマトヴィネガー」の*部にある「貝のだし」と同じ要領で、アサリの代わりに白身魚のアラ、身を用いて作る
*トマトのコンソメ▶トマトのざく切りをミキサーにかけ、一晩かけてキッチンペーパー

で漉す
*自家製のトマトヴィネガー▶220ページ「蓴菜 鳥貝 茗荷竹 トマトヴィネガー」の*部参照
*発酵キノコのジュ▶マッシュルームを薄切りにし、1.5%の塩をふり、専用の袋に入れて真空にする。27～32℃の場所に10日間ほどおいて発酵させ、出てきた液体を加熱し、漉したもの。なお残った固形のマッシュルームは乾燥してパウダーとし、別の料理に使う

仕上げ
①フルーツトマトをヘタを付けたまま湯むきし、塩、コリアンダー、白コショウ、ニンニクオイルをかけて1時間半～2時間、80℃のオーブンでセミドライにする。
②皿に発酵ソースを流し入れ、金目鯛、①を盛りつける。
③ナヴェットオイル*を垂らし、ソテーしたオカヒジキ、シブレットの花を金目鯛にのせる。

*ナヴェットオイル▶フランス産。アブラナ科の植物、ナヴェットの種子からとる油。ナヴェットは伝統野菜で、一時は栽培が途絶えていたが、ディジョンの北方に位置するラングル高原にて復活した。菜種油に似るが、より香ばしい香りを持つ

仔鳩 ピオーネ
カラー155ページ

仔鳩
①仔バト(1羽で2人分)を丸のまま、2日間、冷蔵庫の風のあたる場所におき、皮を乾燥させる。
②①を背開きにし、脚の先のみを残し、他の部分の骨をすべて取り除く。皮を外側にして2つ折りにし、網をのせたバットに置き、冷蔵庫の風のあたる場所で乾燥させる。
③②を開き、両面に塩、コショウ、ネズの実のパウダーをふる。再度皮を外側にして2つ折りにし、端を竹串で縫うようにして止める。
④③を200℃のサラダ油で5～10秒間ほど揚げて皮を熱し、油から引き上げて表面に砂糖をふる。温かい場所で充分にやすませて余熱で火を入れる。揚げる工程を、さらに1～2回くり返す。
⑤④を開き、2つに切る。皮面にピジョンの赤ワインソース(後述)をぬる。熱したフライパンで皮目を焼く。

ピジョンの赤ワインソース

①ジュ・ド・ピジョンを作る。ニンニク、エシャロットとともに適宜に切った仔バトのガラを炒め、白ワインでデグラッセする。フォン・ド・ヴォー（解説省略）を加え、アクを取り除きながら2時間ほど煮る。漉す。

②赤ワインヴィネガー、コニャック、ルビーポルト、赤ワインを鍋で合わせる（やや甘さを強く仕上げるので、ルビーポルトを多めにする）。ネズの実、黒粒コショウを加え、水分が少なくなるまで煮詰める。①を加える。

ピオーネ

種なしのピオーネを房ごとオーブンシートにのせ、80℃のオーブンで8時間加熱する。

仕上げ

①黒米を煮て、水気をきる。ピジョンの赤ワインソースで少しのばし、黒米を和える。紫葉タマネギを焼く。これらを皿に盛る。

②①の上に仔鳩をのせ、タイムの花、タイムの葉、オキサリス、クローバーを盛りつける。ピオーネを添える。

マンゴー ライチ 黒糖
カラー—157ページ

マンゴーのムース

①マンゴーのピュレ（冷凍）212gを、冷凍した状態できざみ、ボウルに入れ、湯煎で溶かす。レモン果汁20gを混ぜる。

②①の一部を鍋にとって温め、板ゼラチン（水でふやかす）8.5gを溶かし入れる。①に戻し入れ、ボウルを氷水にあてて冷やしながら泡立て器で撹拌し、ヌーベとする。キルシュ12.5gを加える。

②①に、イタリアンメレンゲ（卵白67.5gを泡立てながら、グラニュー糖103g、水25gを煮溶かしたシロップを少しずつ加える）の1/3量、七分立てにした生クリーム212gの1/3量を、順に混ぜ合わせる。同様に、残りも順にさっくりと混ぜ合わせる。

マンゴーのエスプーマ

マンゴーのピュレ400g、パッションフルーツのピュレ100g、水60g、シロップ30g、プロエスプーマ コールド*7%を混ぜ合わせ、サイフォンに入れる。ガスを充填し、冷やしておく。

*プロエスプーマ コールド▶エスプーマを作るための増粘剤。通常は泡立たない素材も、エスプーマにできる。スペインSOSA社の製品

ビスキュイ・ブルジョワーズ

①てんさい糖100gとアーモンドパウダー100gをふるう。卵白60g、卵黄80gとともにボウルに入れ、泡立てる。もったりとしたらフレンチメレンゲ（卵白200gとてんさい糖120gをしっかりと泡立てる）を加え、さっくりと混ぜ合わせる。

②①をオーブンシートを敷いた鉄板に、厚さ6mmに流し入れる。170℃のオーブンで10〜12分間焼く。

③②を3cmと4cmのセルクルで抜く。ボーメ30°のシロップとディタ（ライチのリキュール）を3:1の割合で合わせたシロップを、刷毛でアンビべする。

ライチのジュレ

ライチのピュレ140g、グラニュー糖10g、水50gを混ぜ合わせ、板ゼラチン1.4g（水でふやかす）を加えて煮溶かす。冷めたらディタを加える。容器に入れて冷やし固める。

煎茶のグラス

①牛乳500g、グラニュー糖50gを80℃まで温める（沸騰させない）。煎茶を入れて火からおろし、蓋をして、30分間アンフュゼする。漉す。

②①、生クリーム200g、グルコース150g、抹茶5g、クロロフィル適量を混ぜ合わせ、ミキサーで撹拌する。漉し、アイスクリームマシンにかける。

オパリーヌ

①フォンダン245g、トレハロース125g、グルコース125gを鍋に入れ、火にかける。飴になる手前くらいになったらバットに流して冷やす。ミキサーで撹拌して粉末にする。

②半球のシリコン型を逆さにし、①をふる。軽く加熱して飴が溶けたら取り出す。冷ましてから型からはずす。

黒糖のクランブル

①黒糖50gとバター50gを、白っぽくなるまですり混ぜる。ふるった薄力粉50gとアーモンドパウダー50gを加えてさっと混ぜ合わせる。厚さ7mmにのばし、冷やす。

②①を1cm角に切り、170℃のオーブンで8〜9分間焼く。粗く砕く。

仕上げ

①器の底に黒糖のクランブルを敷く。オパリーヌを置き、マンゴーのムースを少量絞り入れる。

②ビスキュイ・ブルジョワーズ、ライチのジュレをマンゴーのムースの中央にのせて重ね、その周囲と上に再びマンゴーのムースを絞り入れる。その上にまた、ビスキュイ・ブルジョワーズ、ライチのジュレを重ね、周囲と上にマンゴーのムースを絞り入れて覆う。

③1cm角に切ったマンゴーの果肉と煎茶のグラスをのせ、マンゴーのエスプーマを絞って覆う。

④黒糖のクランブル、抹茶をふり、ナスタチウムの花をのせる。

"カカオポット" アマゾンカカオ ピスコ バナナ
カラー—157ページ

アマゾンカカオのムース

卵黄180g、グラニュー糖80g、生クリーム90gをボウルに入れ、湯煎で温めながら泡立て器で撹拌する。もったりとしてきたらショウガのすりおろし40g、溶かして55℃としたアマゾンカカオのクーベルチュール*345g、泡立てた生クリーム（泡立てる）690gを順に加え混ぜる。

*アマゾンカカオのクーベルチュール▶アマゾンカカオ750g、アマゾンカカオのカカオバター250gを溶かし混ぜる。粉糖200gとともに、フードプロセッサーで撹拌する。

バナナのムース

①バナナのピュレ（冷凍）145gを冷凍した状態できざみ、ボウルに入れ、湯煎で溶かす。レモン果汁25gを加え混ぜる。

②①の一部を鍋にとって温め、板ゼラチン（水でふやかす）3gを溶かし入れる。①に戻し入れ、ボウルを氷水にあてて冷やしながら泡立て器で撹拌し、ヌーベとする。ピスコ5gを加える。

③イタリアンメレンゲ50g（卵白60gを泡だてながら、グラニュー糖105g、水25gを煮溶かしたシロップを少しずつ加えて冷ます）のうちの1/3量、泡立てた生クリーム100gのうちの1/3量を順に加え混ぜる。同様に、残りも順にさっくりと混ぜ合わせる。

＊ピスコ▶ペルーの蒸留酒。ブドウ果汁が原料

バナナのグラス

①牛乳500gを温め、バナナ250gとともにミキサーで撹拌する。鍋に戻し入れて温める。
②卵黄2個、グラニュー糖80gを湯煎で温めながら泡立て器で撹拌し、もったりとしたら①を少量入れて混ぜ合わせる。これを①の鍋に戻し入れ、混ぜながら加熱して炊く。
③②に生クリーム60g、ハチミツ10g、ピスコ15gを混ぜ入れる。漉し、アイスクリームマシンにかける。

アマゾンカカオのソース

①カカオウォーター＊200g、アマゾンカカオのペースト＊100gを混ぜ合わせる。直径2cmの半球型のシリコン型に入れて凍らせる。
②凍った①をベジタブルゼラチンにくぐらせて膜を作る。冷蔵庫で自然解凍する。

＊カカオウォーター▶アマゾンカカオの殻100gを1ℓの水に浸し、冷蔵庫で一晩おいて、漉したもの
＊アマゾンカカオのペースト▶アマゾンカカオの種子をすりつぶし、ペースト状にしたもの

バナナのキャラメリゼ

グラニュー糖を鍋で溶かし、色づいたら適宜に切ったバナナを絡める。ラム酒をふる。

セルフイユの枝

①セルフイユの茎と水を専用の袋に入れて真空にし、茎に水分を含ませて張りのある状態にする。
②卵白50gと粉糖50gを混ぜ合わせてグラスロワイヤルとし、水気を拭いた①にぬる。アマゾンカカオのカカオパウダーをまぶし、66℃の食材乾燥機で一晩乾燥させる。

チョコレートの液体窒素

グラニュー糖30g、水300gを鍋で沸かして煮溶かす。アマゾンカカオのクーベルチュール80g、カカオパウダー30gを加えて混ぜ合わせる。ボウルにとり、冷めたら泡立て器で撹拌しながら液体窒素を注ぎ、凍らせる。

カカオポット

アマゾンカカオのクーベルチュールを風船にぬり、ココアパウダーをふる。冷やし固めたのちに風船を割り、取り除く。

仕上げ

①セルクルの中の1/3の高さまでアマゾンカカオのムースを絞り入れ、バナナのムースを中央に絞り入れる。セルクルの高さまで、再度アマゾンカカオのムースを絞り入れる。冷やし固め、セルクルから取り出す。
②バナナのキャラメリゼを皿に盛り、アマゾンカカオの種子（ローストして砕く）をのせる。これを覆うように、ビスキュイ・ショコラのパウダー（解説省略）をふる。
③②の上に①をのせ、その上にバナナのグラス、アマゾンカカオのソースをのせる。フェンネルの花、ヴィオラ、コーンフラワー、オキサリスをのせる。カカオポットをかぶせ、セルフイユの枝を添える。この状態で客前に出す。
④③にチョコレートの液体窒素をかける。温めたピスコをかけ、カカオポットの上部の一部を溶かす。

＊「青梅のタルト」は解説省略

3–04

藤田政昭
LACERBA

2017年12月のコース

鶉卵
カラー160ページ

ウズラの卵のマリネ

①鍋にバルサミコ酢、赤ワイン、鶏節のだし＊、ガルムを入れて加熱し、¾量になるまで煮詰めてマリネ液とする。冷めたら冷蔵保存する。
②白ワインヴィネガーを少量加えて沸騰させた湯で、ウズラの全卵を1分40秒間ゆでる。
③②の殻を取り除き、ぬるま湯の流水で洗い、水気をふき取る。
④冷たい①に、温かい③を2時間浸ける。

＊鶏節のだし▶鶏の胸肉をカツオ節と同様の作り方で節にした製品、鶏節。これを、対流する沸騰直前の湯に加え、30分間弱火で炊いて漉したもの。だしがらの鶏節は黒いパウダーに使用

黒いパウダーとチュイル

①鶏節のだしをとった後に残っただしがらと、鶏節のだしを合わせてミキサーで撹拌し、ピュレ状にする。
②塩、竹炭パウダー、コーンスターチを加えて再び撹拌する。
③天板にシルパットを敷いて②を薄く流し、140℃のコンベクションオーブンで1時間加熱して乾燥焼きする。
④取り出して粗熱をとり、一部は仕上げ用の黒いチュイルとしてシート状のまま取りおく。残りはミルサーにかけ、粉末状にする。

仕上げ

①ウズラの卵のマリネの水分を軽くふき取り、黒いパウダーをまぶす。
②飾り用の黒豆を敷き詰めた器に黒いチュイルを置き、その上に①をのせる。黒い殻＊を被せて提供する。

＊黒い殻▶ヤシの一種の実の殻を半分に割ってウズラの卵のマリネが隠れる程度に中をくり抜き、直火で表面が炭化するまでまんべんなく焼いたもの

鯖　もろみ
カラー160ページ

サバ

①サバの頭を落として内臓を取り除き、三枚におろす。骨が付いたまま網を敷いたバットに並べ、重量の4%の塩をふって一晩冷蔵する。

②流水で①の塩を洗い流し、水気をふき取る。

③鍋に白ワイン、白ワインヴィネガー、ネズの実、コリアンダーシード、ピンクペッパー、黒コショウ（スパイス類はすべてホール）、ローリエ、塩を合わせて沸かし、アルコール分がとんだら②を加えて30分間弱火で炊く。

④③からサバを取り出して水気をふき取り、骨を取り除きながら身をほぐす。

⑤④の身をフード・プロセッサーにかけ、絞り袋で絞れるくらいの繊維状になるまで撹拌する。この時、ペーストになりすぎないよう注意する。

⑥ボウルに金山寺味噌のもろみと⑤を合わせて混ぜ、絞り袋に詰める。

カカオのカンノーロ

①薄力粉、全卵、カカオパウダー、バターをボウルに入れ、まとまるまでこねる。丸めてラップ紙で包み、1時間やすませる。

②①の生地を厚さ0.5mmくらいにのばして8cm角に切る。円筒状の型に巻きつける。

③②を180℃の油でカリッとなるまで揚げる。

④③から型を抜き取り、冷ます。

仕上げ

①絞り袋に入れたサバを、カカオのカンノーロに詰める。

②器にカカオニブを敷き詰めて①を挿して立たせ、上に金山寺味噌のもろみとマイクロ赤ジソをのせる。実が付いたネズの木の枝を周囲に飾る。

"牛"蒡
カラー162ページ

ブレザオラ

①牛の腿肉の塊から脂肪を取り除き、塩をふる。脱水シートに包んで一晩冷蔵する。

②鍋に赤ワイン、白ワイン、ローズマリー、黒粒コショウ、コリアンダーシード、タイム（フレッシュ）、ローリエを入れて加熱し、アルコール分がとんだら火を止めて常温まで冷ます。

③専用の袋に①と②を入れて真空にかけ、2日間冷蔵する。

④③の袋から肉を取り出し、厚さ5mmに切る。食品乾燥器で乾かす。

⑤ある程度乾燥した④の肉をフード・プロセッサーにかけ、繊維状にほぐす。乾燥剤を入れた保存容器で保存する。

ゴボウの揚げ団子

①ゴボウを軽く洗ってサイコロ形に切る。

②①を、白ワインヴィネガーを加えた湯で1分〜1分半ゆでて、水気をきる。

③水、薄力粉、塩を合わせて練った生地に②を加え混ぜる。

④③を団子状に丸め、180℃に熱したサラダ油でカラリと色づくまで揚げる。

仕上げ

①溶きほぐした卵黄をゴボウの揚げ団子の表面にぬり、ブレザオラをまとわせる。

②器に乾燥ゴボウ（解説省略。あくまでも飾りであり、食べられない）を敷き詰め、②を置く。

鰆　黒大根
カラー162ページ

鰆

サワラの頭と内臓を取り除き、三枚におろす。中骨を抜き、ふり塩をしてラップ紙で包み、2日間冷蔵する。

ドレッシングに浸したパン

①ボウルにバルサミコ酢、赤ワインヴィネガー、E.V.オリーブオイル、塩を入れてよく混ぜ合わせ、ドレッシングを作る。

②別のボウルに自家製パン*をほぐし入れる。パンにほんのりしみ込む程度に①をかけ、和える。

*自家製パン▶全粒粉と中力粉を使って焼いたもの。営業で余ったものを使用する

パンのソース

①自家製パンのクラストを取り除き、クラムを適宜細かくする。

②鍋に①と鶏節のだしを入れて加熱し、混ぜ合わせてとろみが出たら塩と白ワインヴィネガーを加えて調味する。

③②をハンドミキサーで撹拌し、泡状のソースとする。

仕上げ

①黒ダイコンを輪切りにして沸騰した湯でゆでて、水気をきる。

②ラディッシュを薄切りにする。

③鰆のラップ紙をはがして、そぎ切りにし、皮目をガスバーナーであぶる。

④器に③を盛りつけ、上にドレッシングに浸したパンをのせる。①と②を散らし、その一部にもドレッシングに浸したパンをのせる。キャビアを数ヵ所に盛りつけ、パンのソースをかける。アマランサスと赤いペンタスの花を飾る。

鰻　柿
カラー162ページ

鰻の柿酢ソース焼き

①ウナギを腹開きにして焼きやすい幅に切り、串を打つ。軽く塩をふる。

②炭火で背側から焼きはじめ、途中面を返して両面を素焼きする。

③表面がキツネ色になってきたら、身の面だけに刷毛で柿酢のソース（後述）をぬり、そのつど表裏を返しながら焼く。これを3回くり返すが、途中で皮目が先に焼き上がるので、後は身だけにタレをぬり、身を焼いてはバットに置いて少し待ち、再び身にタレをぬって身だけ焼く。その際、ウナギから出たジュがバットにたまるので取りおく。

柿酢のソース

①保存瓶に柿酢と皮をむいて角切りにした熟れたカキを詰めて密封し、冷暗所に1週間おく。

②鍋に①の液体とハチミツを入れて加熱し、酸がとんでとろみがつくまで煮詰める。

③②にガルムを加え混ぜ、火を止める。保存容器に詰めて密封し、常温保存する。

柿のコンフィ

①カキの皮をむいて厚さ1mmのかつらむきにし、専用の袋の幅に合わせて長さを切り揃える。

②専用の袋に①を並べて入れ、リンゴジュース、カキジュース*を加えて真空にかける。

③②を120℃のコンベクションオーブンで4分間加熱する。

④袋からカキを取り出し、再度端を切り揃えて幅を均一に整える。一口大に切る。

*カキジュース▶熟れすぎたカキの皮をむき、ミキサーにかけたもの

仕上げ

①柿酢のソースとウナギを焼いた時に出たジュを合わせて鍋で温め、ガルムを加えて調味する。

②鰻の柿酢ソース焼きを適宜に切り分け、皿に盛る。スライサーで薄切りにしたラルドを被せて、上に柿のコンフィを並べる。①を少量かけ、マイクロセルフイユをのせる。手前にチーズおろし器で削ったホースラディッシュをこんもりと盛る。

鳥取猪 乾燥ポルチーニ
カラー164ページ

猪と乾燥ポルチーニの煮込み

①ポルチーニ（乾燥）を水に浸してもどし、もどったら掃除する。もどし汁は取りおく。

②イノシシ（鳥取県産）の肩ロース肉をスライサーで厚さ約1mmに切り、イノシシの重量の1.4%の塩と、黒コショウをふる。

③イノシシの重量の半量のタマネギをスライスする。

④鍋に③、ニンニク、E.V.オリーブオイルを入れて熱し、タマネギが透明になるまで炒める。

⑤②に軽く薄力粉をまとわせ、オリーブオイルを熱したフライパンで炒める。

⑥肉に火が通ったら④に加え、残ったフライパンには赤ワインを入れて加熱する。沸いてアルコール分がとんだらデグラッセし、④に加える。

⑦④の鍋に、①のポルチーニともどし汁、ローリエ、ローズマリーを加えて約15分間炊く。

⑧火を止めてシュンギクを加え、和える。

キクイモのピュレ

①天板にキクイモを並べ、100℃・湿度100%のスチームコンベクションオーブンで柔らかくなるまで蒸す。

②①をタミで皮ごと裏漉しし、塩を加えて混ぜ合わせる。

コンソメの餡

鍋にコンソメ（解説省略）、鶏節のだし、塩を入れて加熱し、コーンスターチでとろみをつける。

仕上げ

①人数分の猪と乾燥ポルチーニの煮込みを土鍋に入れて温める。

②器にキクイモのピュレを敷き、コンソメの餡を流す。①とともに客席に運び、客前で上に①を盛る。

鯛 カーボロネロ
カラー164ページ

ビゴリ

①セモリナ粉100g、中力粉250g、黒コショウ適量、きざんだフェンネルシード適量、塩4g、全卵（M玉）3.5個をボウルに合わせ、グルテンによる強い弾力を感じるまでこねる。

②①をビニール袋に入れて2時間冷蔵する。

③袋から生地を出して電動パスタマシンにかけて板状にのばし、丸めてトルッキオに詰め、ハンドルをまわして麺状にする。

④適当な長さに切ってバットに並べ、ラップ紙で覆って冷蔵保存する。

イワシ

①イワシを三枚におろして、表面にオリーブオイルをぬる。

②①をフライパンで皮目が軽く色づくまで焼く。

仕上げ

①ソースパンに、ニンニクオイル（解説省略）とざく切りにした黒キャベツを入れて軽く炒める。

②①にイワシと、水でもどしてきざんだ干しブドウ、ざく切りにしたフルーツトマトを加え、イワシをつぶしながら炒める。

③ビゴリを塩湯でアルデンテにゆでる。

④②に野菜のブロード（解説省略）を加えて黒キャベツがくたっとするまで炊き、③の水気をきって加え、よく和える。皿に盛る。

蝦夷鹿 紫キャベツ
カラー166ページ

蝦夷鹿のロースト

①エゾシカのロース肉をバットにのせ、数日間冷蔵熟成させ、水分が減りつつも肉質がしっとりと柔らかい状態とする（熟成は、肉に水分があれば冷蔵庫の風をあてて、水分がない場合はさらしで覆っておくなど、肉に合わせて調整）。

②①から数人分の塊を切り出してバットにのせ、塩、黒コショウ、すりおろしたニンニク、E.V.オリーブオイルをまぶして1時間冷蔵する。

③②の肉を冷蔵庫から取り出し、塩をふり冷たい状態からフライパンで表面を焼く。

④表面が焼けたら網を敷いたバットにのせ、120℃のオーブンで中心がロゼ色になるまで面を返しながら焼く。加熱中に出てきたジュは仕上げ用に取りおく。

紫ニンジン

①紫ニンジンを沸騰した湯でゆでる。

②①を適宜カットして、食品乾燥器で1時間乾燥させる。

紫キャベツ

①紫キャベツの葉を1枚ずつばらし、表面にE.V.オリーブオイルをぬる。

②①を天板に並べ、140℃のコンベクションオーブンで加熱する。様子を見ながら乾燥焼きし、縁が焼けてしんなりした葉から順次取り出す。

ビーツ

①ビーツを皮付きのまま専用の袋に入れて真空にかけ、62℃のウォーターバスで1時間半加熱する。

②①をスライスして、180℃のサラダ油でカラリとなるまで揚げる。

紫キャベツのパウダー

①紫キャベツを沸騰した湯で軽くゆでる。

②①を食品乾燥器に入れてしっかり乾燥させ、ミルサーで粉末状にする。

仕上げ

①ソースパンに八丁味噌とハチミツを入れて加熱しながら混ぜ合わせ、シカのフォン*と取りおいたシカのジュを加え混ぜる。

②蝦夷鹿のローストを適宜に切って器に置き、①を流す。紫ニンジン、紫キャベツ、ビーツ、オキサリスを盛りつけ、紫キャベツのパウダーを散らす。

＊シカのフォン▶シカの端肉、骨、タマネギ、ニンジン、セロリ、ニンニクを200℃のオーブンで焼いて鍋に入れ、その天板を赤ワインでデグラッセし、ローリエ、ローズマリー、水とともに鍋に加え、約1時間炊いて漉したもの

林檎

カラー166ページ

焼きリンゴのジェラート

①リンゴ（紅玉）4個の芯を除き、皮はつけたまま12等分に切る。適量のバター、砂糖とともにフライパンでしっかりと炒め、焼き色をつけながら水分をとばす。カルバドスで風味をつける。
②牛乳1ℓと①をミキサーで撹拌し、ピュレ状にする。
③卵黄200gと砂糖200gを白っぽくなるまで泡立て、温めた②と混ぜ合わせる。火にかけ、よく混ぜながら66℃まで温度を上げる。
④パコジェット用のビーカーに入れ、冷凍する。パコジェットにかける。

紅玉リンゴのクネル

①リンゴ（紅玉）2個、砂糖20gをミキサーで撹拌し、カルバドス50gを加える。
②①を適量鍋にとり、温め、水でふやかしておいた板ゼラチン2枚分を煮溶かす。これを①に戻し入れ、全体にゼラチンをなじませる。
③卵白25gと砂糖8gをしっかりと泡立て、②に加える。
④クネル型に流し込み、冷蔵庫で保存する。

りんごのリボン

①リンゴ（紅玉）をかつらむきにし、リンゴジュースとともに専用の袋に入れて真空にする。42℃の湯せんに15分間加熱する。
②袋から取り出し、幅1cmほどのリボン状にカットする。丸めて筒状にする

アールグレイのチップス

①アールグレイの紅茶を煎れ、砂糖、コーンスターチを加えて煮てピュレ状にする。
②①をシルパットに薄く広げてぬり、

90℃のオーブンで乾燥焼きにする。

仕上げ

①皿にほぐしたナッツと干しぶどうのパン（解説省略）を敷く。リンゴ風味のカラメルソース（解説省略）を点状に皿に絞る。焼きリンゴのジェラート、紅玉リンゴのクネル、リンゴのリボンを盛りつける。
②アールグレイのチップスを添える。リンゴの皮のパウダー（解説省略）を散らす。ペンタスを飾る。

＊「小菓子」は解説省略

2019年5月のコース

黒毛和牛　川鱒キャビア

カラー161ページ

和牛のタルタル

①牛（黒毛和牛）のランプ肉を1mm角に切る。バットに広げ、バーナーであぶる。
②①をボウルにとり、塩、コショウ、ごく細かいみじん切りにしたエシャロット、シブレット、自家製のマヨネーズ、セロリドレッシングを加えて混ぜ合わせ、味をととのえる。

＊セロリドレッシング▶セロリとリンゴをミキサーでまわし、塩で味をととのえる

竹炭のカンノーロ

①薄力粉、全卵、竹炭、バターをボウルに入れ、まとまるまでこねる。丸めてラップ紙に包み、1時間やすませる。
②①の生地を厚さ0.2mmにのばし、8cm角に切る。円錐形の型に巻きつける。
③②を180℃の油でカリッとするまで揚げる。型から抜き、冷ます。

仕上げ

竹炭のカンノーロに和牛を詰め、川マスの卵の塩漬けを盛りつける。レンズ豆を詰めた器に刺す。

黒豚　パルミジャーナ

カラー161ページ

①豚足をクールブイヨン（解説省略）でゆでる。肉が骨からホロリとはずれるほどまで煮たら、火からおろす。ゆで汁は取りおく。
②骨から肉をはずし、厚さ1mm、3mm×1.5cmの小さな帯状に切る。
③豚の肩ロース肉を、厚さ8mm、3cm×5cmに切る。ボウルに入れて、薄めの塩をなじませる。
④フライパンで③の表面にしっかりと焼き色をつけるように焼き、取り出す。フライパンを白ワインでデグラッセする。
⑤薄切りにしたニンニクとタマネギを鍋でスュエしたところに②、④の肩ロース肉とデグラッセした液体、裏漉ししたトマトの水煮、①のゆで汁、ローリエ、ローズマリー、トウガラシのパウ

ダー、黒粒コショウを入れて沸騰させる。蓋をして200℃のオーブンで1時間煮込む。

⑥オーブンから取り出し、火にかけ、木べらで肉をほぐしながら1時間ほど煮る。煮詰まり、水分がほぼなくなったら、すりおろしたパルミジャーノを混ぜ合わせる。

⑦⑥をバットにとり、冷めたら冷蔵庫で冷やす。スプーンですくって適当な大きさに切ったラップ紙にとり、球形に包む。ラップ紙ごと凍らせる。

⑧すりおろしたパルミジャーノをバットに敷く。凍っている⑧をラップ紙から取り出し、パルミジャーノを表面につける。180℃の油で揚げる。

⑨棒に刺し、レンズ豆を詰めた器に刺す。

小豆 赤米 せせり
カラー161ページ

小豆のチップ

①柔らかくゆでた赤米をミキサーで撹拌し、ゆるいピュレ状にする。水分が足りないようならゆで汁を加える。

②①に、やや触感が残るまでゆでた小豆を入れ、完全にピュレになる前の、かろうじて小豆の粒感が残る状態となるまで撹拌する。

③②をスプーンですくい、オーブンシートに薄くのばすようにのせ、90℃のオーブンで乾燥焼きにする。

④完全に乾く前の、表面が乾いて扱いやすい状態になったらオーブンシートからはがし、自然な湾曲をつけて整形する。揚げる。

仕上げ

①小豆のチップにレバーペースト(解説省略)をぬり、炭火で焼いた鶏のせせりを小さく切ってのせる。黒七味のパン粉をふる。ナスタチウムの花をのせる。

②赤米を詰めた器にモダマ*を置く(ともに飾り用)。①をのせる。

*黒七味のパン粉▶タマネギのフリットをフード・プロセッサーでパウダー状にする。パン粉、黒七味と混ぜ合わせる
*モダマ▶沖縄以南の熱帯に分布する、大型のマメ。濃い茶色で、直径5cmほどの平らな形

青大豆 イカ ボッタルガ
カラー161ページ

①卵白に乾燥卵白、トレハロース、少量の砂糖を加えて硬く泡立て、ウスイエンドウのピュレ*を混ぜ合わせる。オーブンシートに丸く絞り、90℃のオーブンで焼く。

②2枚の①の間に青大豆のピュレ*を挟む。

③平らな石に、青大豆のピュレで固定して②を立てて盛りつける。上に小さく切ったケンサキイカをのせ、すりおろしたボッタルガをまぶす。ナスタチウムの葉をかぶせる。

④乾燥の青大豆(飾り用)を敷いた器に③をのせる。

*ウスイエンドウのピュレ▶ウスイエンドウをゆで、ミキサーでピュレ状にする。塩で味をととのえる
*青大豆のピュレ▶乾燥の青大豆をもどし、ゆでる。ミキサーでピュレ状にする。塩で味をととのえる

鯵 赤紫蘇
カラー163ページ

①アジを三枚におろして厚めの薄切りにし、1.2%の塩をふる。提供直前に再度塩をふる。

②キュウリを細切りにし、立て塩に浸ける。水気をきり、軽く搾る。

③九条ネギを細切りにし、30分間ほど水にさらす。水気をきり、塩とゴマ油で調味する。

④紅芯ダイコンをかつらむきにし、細切りにする。

⑤赤ジソと梅のソースを作る。赤ジソのパウダー*、水をミキサーで撹拌する。塩で味をととのえ、凝固剤(SOSA ジェルエスペッサ)でとろみをつける。

⑥盛りつける。器に②と4つに切ったプティトマトを盛り入れ、⑤を流す。①を盛り、③、④をのせる。ローストして粗くきざんだカシューナッツを散らす。マイクロ赤ジソをのせ、赤ジソのパウダー、少量の塩をふる。E.V.オリーブオイルをたらす。

*赤ジソのパウダー▶赤ジソの葉をゆで、乾燥させてからパウダー状にする

白バイ貝 フィノキエット
カラー163ページ

①フィノキエット(野生のフェンネル)のソースを作る。フィノキエットを適宜に切り、タマネギの薄切り、E.V.オリーブオイルを鍋に入れてスュエする。鶏節のだし*を加え、軽く煮る。ミキサーで撹拌する。

②白バイ貝を殻ごとヴァプールモードのスチコンで20分間加熱する。殻から身を取り出し、ワタを取り除き掃除する。食べやすい大きさに切る。加熱の際に出てきた蒸し汁はとりおく。

③②の蒸し汁と白バイ貝の身を鍋にとり、加熱する。ガルムで下味をつける。

④アスパラガスをゆで、斜めの小口切りにする。②の蒸し汁とガルムで下味をつける。

④皿に③、④を盛りつけ、温めてハンドミキサーで泡立てた①を流し入れる。フィノキエットの花、アサツキの花、イタリアンパセリの芽を飾り、オオバの発酵パウダー*をふる。

*鶏節のだし▶鶏節の厚削りを80℃の湯で10分間、弱火で煮出し、そのまま15分間置いてから漉す
*オオバの発酵パウダー▶塩もみしたオオバを専用の袋に入れてゆるく脱気し、適宜袋ごともみながら、常温で1週間～10日間発酵させる。水気を絞り、食品乾燥器で乾燥させ、ミルサーで粉末にする

鰻 花オクラ
カラー165ページ

①ウナギをさばき、串打ちし、炭火で焼く。途中から、煮詰めた白バルサミコをぬりながら焼く。1人分の大きさに切る。

②ソバ米を、ゆるく流れるほどの柔らかさに炊く。塩で味をととのえ、多めの油を熱したフライパンにスプーンですくって落とし、揚げ焼きにする。

③①のウナギの切り落としを5mm角に切る。オクラ、ナガイモも同様に切る。丸麦を炊く。これらを混ぜ合わせ、塩で味をととのえ、オクラの花に包む。

④ツルムラサキをゆで、ミキサーでピュレにする。塩で味をととのえる。

⑤黒米をゆで、ミキサーでピュレにする。塩で味をととのえる。

⑥皿に④、⑤を敷き、①、②、③を盛り

つける。さっとゆでたツルムラサキ、花穂ジソを添える。

毛蟹 ピーチ
カラー165ページ

①強力粉500g、水200g、塩10gをしっかりとこね合わせる。麺棒でのばし、端から細長く切る。切った生地を手で転がしながら細長くのばす。

②毛ガニを殻ごとヴァプールモードのスチコンで蒸す。身を取り出す。残った殻を鍋で焼き、水を加えて煮出して漉し、だしとする。

③ニンニクのみじん切りをオリーブオイルで炒め、4つに切ったプティトマトを加える。プティトマトが煮崩れてきたら②の毛ガニのだしを加えて軽く煮る。

④③にゆでたピーチを加え、②の毛ガニの身を加える。

⑤皿に盛り、すりおろしたミモレット、イタリアンパセリのみじん切りを散らす。

松阪豚 南高梅
カラー167ページ

スペアリブ

①豚（三重県産松阪豚）のスペアリブの表面の膜のような脂身をはぎ、骨に付いた血を削り落とす。塩を軽くふって30分間おく。

②①の表面にニンニクのすりおろしをすり込み、白ワインヴィネガーを加え混ぜた麦芽糖をぬる。冷蔵庫の風のあたる場所に半日おき、表面を乾燥させる。

③②を専用の袋に入れて真空にかけ、63℃のアノーバ（低温調理器）で24時間加熱する。

④③の粗熱をとり、袋からスペアリブを出して水分や油脂をきる。骨先の肉を削り落として、骨まわりをきれいにする。

⑤フライパンにピュアオリーブオイルを熱し、④の表面を香ばしく焼く。

南高梅のピュレ

①鍋に完熟したフレッシュの南高梅と水を入れて沸かし、柔らかくなるまで炊く。

②粗熱をとって種とヘタのあたりを除き、フード・プロセッサーで撹拌する。途中グラニュー糖を加え混ぜ、甘ずっ

ぱいピュレとする。南高梅を炊いた汁の一部はソース用に取りおく。

ソース

①スーゴ・ディ・カルネ（解説省略）に、南高梅のピュレ、赤ジソのパウダーを入れて熱する。

②①にE.V.オリーブオイルを加えて軽く混ぜ、取りおいた南高梅の炊き汁を加えて濃度を調整する。

＊赤紫蘇のパウダー▶229ページ「鯵 赤紫蘇」の＊部参照

仕上げ

①スペアリブの骨以外の全面に南高梅のピュレをぬる。

②半乾燥のグリーンカール＊にオリーブオイルをたらして軽く塩をふり、①とともに網にのせて220℃のコンベクションオーブンで3分間ほど加熱する。

③皿に②のスペアリブとグリーンカールを盛りつけ、南高梅のピュレと新メークインのピュレ（解説省略）を添える。ニラの花、金山寺味噌を添えて、ソースを流す。ラディッキオの発酵パウダー＊をふる。

＊半乾燥のグリーンカール▶グリーンカールの株から外側の葉を落として少し小ぶりにし、ぬるま湯でさっと洗ってから水気をきり、食品乾燥器で2時間半ほど水分をとばしたもの

＊ラディッキオの発酵パウダー▶オオバの発酵パウダーと同じ要領で、ラディッキオを用いて作る

バナナ
カラー167ページ

黒豆とリコッタのトルタ

①卵黄90gとグラニュー糖150gを白っぽくなるまで混ぜ合わせ、リコッタ250g、ふるった薄力粉100g、アーモンドパウダー150gを加えて混ぜ合わせる。ゆでた黒豆、松ノ実を混ぜ合わせる。

②卵白180gにグラニュー糖110gを加え、しっかりと泡立てる。

③①に②を加えて混ぜ合わせる。タルト型に入れ、180℃のオーブンで20分間焼く。

バナナのソルベ

バナナ、シロップ、レモン果汁、ウォッカそれぞれ適量をミキサーで撹拌し、

アイスクリームマシンにかける。

仕上げ

①黒豆をもどし、柔らかくゆでる。ミキサーでピュレにする。

②マンゴーのピュレ（冷凍）を解凍し、水でのばす。

③皿に①と②を、円を描くように絞り出す。カットした黒豆とリコッタのトルタを2切れ盛りつける。半分に切った後、縦に4等分に切ったバナナをのせる。バナナのソルベを添え、メレンゲ（解説省略）、ベコニアの花と葉を飾る。

＊「小菓子」は解説省略

取材店一覧

Florilège
東京都渋谷区神宮前2-5-4 SEIZAN外苑 地下1階
tel: 03-6440-0878
https://www.aoyama-florilege.jp

La Cime
大阪市中央区瓦町3-2-15 瓦町ウサミビル 1階
tel: 06-6222-2010
http://www.la-cime.com

hôtel de yoshino
和歌山市手平2-1-2 和歌山ビッグ愛 12階
tel: 073-422-0001
http://www.hoteldeyoshino.com

HOMMAGE
東京都台東区浅草4-10-5
tel: 03-3874-1552
http://www.hommage-arai.com

MOTOÏ
京都市中京区富小路二条下ル俵屋町186
tel: 075-231-0709
https://kyoto-motoi.com

Le Musée
北海道札幌市中央区宮の森1条14-3-20
tel: 011-640-6955
http://www.musee-co.com

RESTAURANT KEI
5, rue Coq Héron 75001 Paris FRANCE
tel: +33 1 42 33 14 74
https://www.restaurant-kei.fr/welcome-japan.html

abysse
東京都渋谷区恵比寿西1-30-12 ebisuhills 1階
tel: 03-6804-3846
https://abysse.jp

LATURE
東京都渋谷区渋谷2-2-2 青山ルカビル 地下1階
tel: 03-6450-5297
https://www.lature.jp

Crony
東京都港区西麻布2-25-24 NISHIAZABU FTビル
半地下1階
tel: 03-6712-5085
http://www.fft-crony.jp

sio
東京都渋谷区上原1-35-3
tel: 03-6804-7607
http://sio-yoyogiuehara.com

Ñ
大阪市中央区安土町1-6-3 エステムプラザ本町クロス 1階
tel: 050-3503-1420
https://www.enye.jp

SHÓKUDŌ YArn
石川県小松市吉竹町1-37-1
tel: 0761-58-1058
https://shokudo-yarn.com

Quintessence
東京都品川区北品川6-7-29
ガーデンシティ品川 御殿山 1階
tel: 03-6277-0090
http://www.quintessence.jp

Ode
東京都渋谷区広尾5-1-32 ST広尾 2階
tel: 03-6447-7480
https://restaurant-ode.com

Sincère
東京都渋谷区千駄ヶ谷3-7-13 原宿東急アパートメント
地下1階
tel: 03-6804-2006
https://www.facebook.com/fr.sincere

le sputnik
東京都港区六本木7-9-9 リッモーネ六本木 1階
tel: 03-6434-7080
https://le-sputnik.jp

LACERBA
大阪市北区堂島浜1-2-1 新ダイビル 2階
tel: 06-6136-8089
http://www.lacerba.jp

おまかせコースのつくり方

18店・22通りのコースで学ぶ
ガストロノバーの表現法

初版印刷　2019年9月1日
初版発行　2019年9月15日

編者ⓒ　柴田書店

発行者　丸山兼一

発行所　株式会社 柴田書店
　　　　〒113-8477
　　　　東京都文京区湯島3-26-9 イヤサカビル
　　　　電話　営業部　03-5816-8282(注文・問合せ)
　　　　　　　書籍編集部　03-5816-8260
　　　　http://www.shibatashoten.co.jp

印刷・製本　シナノ書籍印刷株式会社

本書収載内容の無断掲載・複写(コピー)・データ配信等の行為はかたく禁じます。
乱丁・落丁本はお取替えいたします。

ISBN978-4-388-06314-7

Printed in Japan

ⓒShibatashoten 2019